어느 수도인의 회상

어느 수도인의 회상

1판 1쇄 인쇄 2023. 11. 29.
1판 1쇄 발행 2023. 12. 15.

지은이 김일엽
발행인 고세규
편집 윤정기 디자인 이경희 마케팅 백선미 홍보 최정은
발행처 김영사
등록 1979년 5월 17일(제406-2003-036호)
주소 경기도 파주시 문발로 197(문발동) 우편번호 10881
전화 마케팅부 031)955-3100, 편집부 031)955-3200 | 팩스 031)955-3111

값은 뒤표지에 있습니다.

ISBN 978-89-349-1105-0 04080 | 978-89-349-4318-1(세트)

홈페이지 www.gimmyoung.com   블로그 blog.naver.com/gybook
인스타그램 instagram.com/gimmyoung   이메일 bestbook@gimmyoung.com

좋은 독자가 좋은 책을 만듭니다.
김영사는 독자 여러분의 의견에 항상 귀 기울이고 있습니다.

어느 수도인의 회상

김일엽 지음

김일엽
문집1

김영사

차례

맺음말

노스님의 원고를 베끼고 나서 / 월송스님 • 362

존재적 가치표준은 내가 내 생활을 하는 독립적 존재 위에 서게 되는 것이니, 나라는 것은 나를 내 맘대로 하는 데 비로소 의의가 설 것이다.

내 맘대로 되는 데는 불평과 불만이 있을 리가 없을 것이 아닌가?

그러므로 자유와 평화는 외계에서 구하는 것이 아니라 일체 존재의 각자적 자신인 것이다. 그러므로 일체 존재적 살림은 자체의 반영인 것이다.

아무튼 가치적 표준이 선 곳인 최귀적最貴的 위치는 인간의 차지라는 것이 우주적 공증인 것이다.

그런데 당연히 자신의 생활을 하여야 할 만물 가운데 최귀한 인간들은 왜 그리 부자유하고 불만불평이 많으냐? 그것은 나 곧 근본 정신을 잃어버렸다는 증명이 아닌가.

그러므로 나를 비춰주는 거울 안 세상살이를 하는 존재들이 된 것이다.

나는 불문佛門에 들어와서 세 번 크게 놀란 것이 있다.

맨 처음은 내가 실성인失性人인 것을 알았을 때 놀라고, 그다음은 이 지구란 실성인의 집단체임을 알게 되었을 때 놀라고, 세 번째는 전 인류가 모두 실성한 자신을 모르고 도리어 각자가 다 자기는 잘난 인간인 체, 무엇이나 다 아는 체하는 것이다. 그러나 행동을 하면서도 행동하게 하는 것이 무엇인지조차 알아볼 생각을 못하는 데 더욱 크게 놀란 것이다.

그보다도 내 마음대로 못하는 것은 내 것이 아니라는 그 생각도 왜 아니 나느냐 말이다. 그 생각이 난다면 내가 내 마음대로 못하는 지금의 내가 나일까, 하는 의심이 나지 않을 수 없을 것이 아닌가?

나 외에 무슨 물건도 내 것이 아니면 못 쓰게 되는데, 직접적인 내가 내 임의로 못 쓰는 나는 내가 아닐 것이니 생각이 있는 인간이라면 나를 먼저 알아야 하겠다는 생각이 날 것이다. 그런데 그런 생각이 나지 않는 것은 실성한 인간인 까닭이다. 곧 나를 잃어버렸기 때문이다.

나라고 생각하는 나는 내가 아니다.

불출구不出口의 나 상기 전 자아라 나다.

입 밖으로 나온 나[상기 후인 현실]는 남의 대상인 나다.

물체는 동립同立되지 못하는 것이니 입 밖으로 나온 나를 다 버려야 생각 전후 나를 다 얻는 것이다.

다 버려야 다 얻어지는 것이 우주적 원리원칙이다. 그리하여 자타가 하나요, 마불의 합치인 것, 나 곧 시공 내외를 단일화한 내가 완전한 나이다.

아무튼 일체가 나로 화하기 전에는 내 마음대로 되지 않을 것이고, 내 마음대로 안되는데 자유와 평화가 있을 리가 없다.

문제의 시초로부터 일체 문제의 종결은 인생이 이루어진 때라, 인생만 되면 한 문제도 남지 않는 것이다.

그러면 완전한 나를 어떻게 알아 얻겠느냐? 그것이 크나큰 문제인 것이다.

이 긴급한 문제가 해결된 뒤라야 인간이 된 것이요, 인간이 된 뒤라야 인간 생활이 개막되어 가족 생활이니 사회적 공헌이니 하는 일거리가 생길 것이 아닌가?

인간이란 완전, 곧 원圓을 이룬 존재인 것이다. 땅이나 생각이나 나는 둥글기 때문에 결국 출발지점으로 돌아오게 되는 것이다. 그러므로 앞뒤 두루 생각을 끊는 이 생각이 시공 전체인 것이다. 이 한 생각만 남김없이 파악하여 운용할 수 있으면 내 마음대로 내 생활을 하는 인간이 되는 것이다.

나의 생각에 천변만화적 작용으로 천능만상千能萬象의 존재를 만들었으니 나를 찾아 얻은 법도 천만 가지 법과 방편으로 된 것이라. 이제 나는 가장 쉬운 법으로 설說해본 것이다.

어쨌든 사전에 일이 있음을 누구에게라도 알려야 할 것을 절실하게 느낀 나는 부득이 성급한 붓을 들게 된 것이다.

그러나 생각 전도 나요, 생각 후도 나로 무슨 나로든지 우선 나로 사는 인간이다. 전후합치인 나는 미처 알 생각이 나지 않더라도 이 내가 존재한 것은 사실이니만큼 이 육체적 존재 전후 일, 곧 나의 전생, 후생 일이나 좀 규명되어야 생활에 대한 예산과 계획을 세우게 될 것이 아닌가? 그런데 그 일조차 알아볼 생각은커녕 그런 말하는 사람을 도리어 실성인으로 알게 된 것이 지금 이 세상 사람의 지적 수준인 것이다.

그러므로 전생 일을 말한대야 극락이나 천당 간다는 일, 즉 다함이 없는 생활의 한 막 바뀌는 그 일이나, 겨우 알릴뿐 세세생생世世生生 생사반복의 원리원칙을 알면서도 말도 못내는 이 세상이다.

그러므로 부득이 어린 아이에게 사탕에 싼 쓴 약을 먹이는 것 같이 나와 남의 지난 날의 꿈, 곧 인정담人情談 속에 일체 문제를 해결시키는 불설佛說[우주적 원리원칙]을 결부시킨 비빔밥 같은 글을 모아 엮어 발표하게 된 것이다.

그리고 천편일필적인 같은 내용의 글을 여러 편 겹쳐 엮어 놓은 뜻은 다 읽기 싫어서 심심풀이로 한 편이나 겨우 읽어보는 독자에게까지 나는 나를 잃어버린 인간이니 진짜 인간이 되려면 나를 알아 얻어야 되겠다는 생각을 일으키게 하는 방편으로 쓴 포교문인 때문이다.

포교문 하면 벌써 매력을 잃어버리는 인간들은 종교가 무엇인지 모르기 때문이다. 종교 교육이 일체 교육의 종합이요, 일체 문제의 종결법이라 종교 교육을 마친 존재라야 존재적 가치를 가지게 되는 것이다.

백 년, 일 년사도 큰일이라 하는데 생이 다하는 날은 있지 않는 바에 그 무한겁적생無限劫的生을 위하여 생적 채비는 차려야 할 것이 그 얼마나 큰일이겠는가. 생적 채비가 곧 사死의 대비인 것이다. 사에 대비가 튼튼하게 돼야 생의 위험이 없게 되는 것이다.

사의 대비가 곧 심폭의 무한량인 기본 정신인데, 그 정신이 곧 부동심으로 기반한 존재는 불변적 안전지대를 얻은 것이다. 그 불변적 안전지대에는 침략자의 발은 못 들여놓는 것이다.

일체생령一切生靈은 생전사후적 크나큰 이 일부터 해결해야 할 것이 가장 화급한 일인 것이다. 이 글이 그 해결법인 것이다. 그러나 정법을 다 이루지 못한 나의 글이니만큼 이 책의 내용이 정법에 어긋나는 말이 많은 것은 자인하는 데 따라 스스로 죄송하여 마지않는 바이다.

그러나 서상敍上은 인간이 되려면 생각하기 전 존재인 행동력 곧 본정신을 급속하게 회복하여야 하겠다는 충격은 일으킬 만한 인간만년계의 참고문임은 스스로도 믿어지는 바이다.

덕숭산德崇山 수덕사修德寺 견성암見性庵에서

1

모래 한 알도 모래 한 알의
생각이 있다

—

인
생

인생

누구나 인생 문제에 대하여 관심만은 아니 가질 수 없기 때문에 각자적 입각지에서 각면 다각적으로 논의되어 갑론, 을박을 하는 것이다.

그러나 인생 문제를 논의하기 전에 내가 인생인지 아닌지 그것부터 알아봐야 할 것이다. 문제의 시초부터 마지막 해결로 인생이 이루어지는 것이기 때문에 인생만 되면 일체 문제가 이미 해결된 자리인데 인생이 무엇인지 모르기에 논의되는 것이다.

존재적 가치표준은 내가 나의 생활을 하게 되는 존재 위에 서게 되는 것이다. 내가 내 생활을 하는 존재가 최고가적最高價的 존재라니 누구일까?

만물 가운데 오직 사람이 가장 귀하다고 우주가 공증하는 그 인간을 가리키는 것이 명확한 일인 것이다.

나라고 하면 내 마음대로 하게 되어야 나라는 의의가 설 것이다. 그러면 내 생활을 내 마음대로 하는 인생이 인생일 것이 아닌가? 그런데 우리 인생들은 왜 일체처에 임의대로 안 되는 나를 '나', '나' 하고 허세만 부리는가.

도대체 나라는 의의니 뭐니 하는 술어까지 쓸 것도 없지 않은가?

내 마음대로 못 쓰는 내 것이 어디 있어 하는 생각은 어린애라도 날 것이 아닌가? 그런데 내가 나를 못 쓰는 내 생활을 하면서도 인생 생활이라고 자타가 긍정하는 우리가 인간적 정신이 있다고 할 것인가. 그래도 살았으니 나에게는 자유와 평화가 절대요건이라 부득이 부르짖게 되는 것이다. 아무튼 내 마음대로 되는 데는 불평과 불만이 있을 리 없는 것이다.

그렇다면 자유와 평화는 각자적 내 자체인데 왜 외계에서 구하려고 헤매게 되는가.

더구나 내 마음대로 하는 존재라면 우주라는 대권大圈 곧 시간의 숫자와 공간의 한자에서 벗어나야 할 텐데 왜 시공적 제재 하에서 육체적 생사까지 자유로이 못하느냐?

그 여러 가지 이유는 인간은 인간이지만 일체 요소를 갖춘 창조성, 곧 내 본정신을 잃어버린 까닭이다. 그러므로 내 현실인 문제, 즉 왜 내가 내 마음대로 못하는가 하는 생각부터 나질 않는다. 우리는 희로를 느끼는 물질적 정신, 곧 생각하는 생각 [魂業]의 부림을 받는 수인인 것이다. 생각하기 전 생각인 나의 본정신, 곧 무적 정신의 주재하에서 살게 되어야 인간적 생활을 하게 되는 것이다. 무적 존재인 인간적 본정신을 찾아 임의로 쓰게 되는 때라야 인간적 생활이 개막되는 것이다. 그때는 환경에 휘둘리지 않는 독립적 인간이 되어 어느 때 어느 몸으로 어디서 어떤 생활을 할지 안신입명[安身立命, 열반]을 하게 되는 것이다.

실성한 사람이 자기가 실성한 줄만 알면 정신 회복기에 들게 되는 것같이 내가 인간이 못된 것을 알기만 하면 인간이 되게 마련이다.

인간이 되어야 일체 문제가 해결되는 것인데 이 지구 안 인간들은 동업중생만 살기 때문에 인간은 다 그런 거니, 하고 인간이 무엇인지 알아볼 생각조차 아니 하는 것이다. 인간인지 아닌지 모르기 때문에 인간적 정신을 수습하는 공부[수도]를 아니 하게 된 것이다. 공부를 아니하면 무수래無數來의 전정前程을 어찌할 것이냐가 문제인 것이다.

정신적 수지收支와 육체적 노력으로 생적 대가를 못다 치르면 이 비소한 인간 몸도 내생에는 받지 못하게 되기 때문이다.

인간이라면 생이 길기 때문에 노력도 길다는 인간적 초보지식은 우선 가져야 하고 생적 책임은 똑 떨어지게 내가 져야 하기 때문에, 부모가 주네 친구가 돕네 하는 것은 교환조건부로 조식組識된 세상살이라 공비空費의 시간을 가질 수 없다는 인간적 책임감은 가져야 할 것이다. 그리고 사랑과 자비도 있지 않은 세상인 것이다. 누구를 사랑하고 위하는 내면에는 나의 이득심이 숨어 있고 부처님이나 하느님의 사랑도 당신들의 자체니 돌아보는 것뿐이다.

우주는 자체의 기멸적 모순으로 반복되어 끝나는 날이 없고 존재는 결합 해소 이중작용으로 생사가 상속하여 무량겁無量劫에 미치는 것이다.

그러므로 이 육체와 혼의 수명은 무량겁 곧 영생이다.

그런데 우리는 생적 근본 문제는커녕 불가량不可量 불가수적不可數的 생사막에서 겨우 한 막밖에 없는 가장 짧은 생활 곧 천당을 생의 한계로 삼거나 그도 안 믿는 자는 현실의 현실인 내생 일도 부인하고 생사의 의복으로 간단없이 갈아입어야 하는 한 번의 생사를 시종으로 알고 사는 인간들인 것이다.

그런 인간들은 인형人形만 가지고 인간적 정신력은 못 가졌기 때문에 죽게 되는 때면 붕어가 물 갈아주는 데 느끼는 무서움을 느껴 벌벌 떠는 것이다.

내일 만나자는 파리 친구를 향하여 내일이 어디 있느냐고, 그런 엉터리와는 절교한다는 하루살이 같은 인간들인 것이다. 사실 육체라는 것을 믿는 인간은 하루살이 같은 믿음성 없는 존재인 것이다.

똑딱똑딱 시계추는 우리를 죽음으로 잡아가려고 쫓아오는 무상살귀無常殺鬼의 발자국 소리다. 숨 한 번 들이쉬고 내쉬지 못하면 내생인데 사死에 대비가 없으면 어찌 될 것이냐? 우리 중생에게는 이것이 제일 큰 문제이다.

지금 이 정신의 연장이 곧 내생이므로 지금 이 정신의 확립이 사에 대비인데 확립된 정신은 존재적, 정상적 정신으로 우주의 원리 원칙으로 보조가 맞기 때문에 그 정신을 통해서야 평안함을 얻는 것이다. 생의 주체가 평안 그것이다.

평안함이 없는데 심요한 것이 무엇이더냐 말이다. 인생 문제를 해결하는 데에 일체 문제가 해결되고, 일체 문제가 해결되면 대평안을 얻는 것이다.

아무튼 대평안은 피차가 있고 한계가 서는 데서는 얻어지지 않는 것이다.

일체 존재의 뿌리는 하나, 하나라는 것도 할 수 없이 붙이는 이름이다. 나가 있으면 둘이 있어 무슨 뿌리, 무슨 뿌리 각종 뿌리로 벌어져서 네 뿌리, 내 뿌리의 차별이 생기기 때문이다.

마찰이 일어나기 때문이다.

그러므로 무적無的 뿌리 곧 우주 창시 전 부처님이니 하느님이니 하는 이름도 붙기 전 존재인 것이다. 이 뿌리를 여의지 않는 존재는 평안하고 내 뿌리를 떠난 낙엽적 생은 물을 여읜 고기같이 고갈에 고민하게 되는 것이다.

그러므로 귀의불[歸依佛, 귀의자체歸依自體]인 것이다.

대목이 되기 위하여 소목은 소멸되어 대소목의 합치에서 소목도 대목을 이루는 것이다.

다 버려야 다 얻어지는 것이 원리이기 때문이다. 아무튼 인생이 각자적인 자기의 창조성의 본 뿌리를 찾는 한 길에 지향하여 정진할 뿐 간단하게 해결될 인생 문제인데 제각기 자가적 고집론으로 서로 논박을 하는 것이다. 더구나 일체리는 합리와 모순의 합치체이기 때문에 물이 얼어 얼음이 되고 얼음이 녹아 물이 되는 그 논의를 미래세未來世가 마치도록 하여본들 무슨 해결이 날 것인가?

그러므로 교리나 학리로 다투는 종교인, 학자가 일인 등장에 일인 후퇴의 교대가 되는 것이다. 다만 물과 얼음의 근본체를 발견하여야 할 뿐이다. 그리고 논리의 체계니 합리적인 법이니 하는 것은 껍질일 뿐이다. 그 껍질로는 도저히 해결될 수 없는 것이요, 다만 논리의 알맹이를 파악하여 현실화시키는데 해결법이 있는 것이다.

석가부처님은 사십구 년 동안에 공중에서 뼈 생기는 이치까지 유설하신 인생론을 마지막에는 다 부인하신 것이다.

진리는 불출구이기 때문이다.

그러나 인생은 그 말씀으로 감응할 수 있고 감응 내 감응한 자리에서 자아를 발견[각覺]할 수 있는 것이다. 자아나 창조성, 본정신, 불성, 진리, 본마음 등은 다 같은 뜻으로 일체의 대칭대명사이기 때문에 본의의는 그림으로 그릴 수도 이름을 지을 수도 없는 존재–존재 전인 일체 존재의 정체인 것이다.

일체 존재는 그 정체의 분신이다.

천당지옥天堂地獄, 불마佛魔, 인수人獸, 고락苦樂, 생사生死, 선악善

惡, 대소大小, 광장廣長이 다 그 소작이다.

그 정체, 곧 내 본정신이 물체를 만들고 작용을 하기 때문이다.

계신 하느님 나신 부처님 산 생물, 있는 무정물을 모두 다 창조한 것이다.

그 정체가 창조주인 나다.

석가불이 천상천하天上天下에 유아독존唯我獨尊이라 한 만능적 자아 곧 피차 하나인 무아無我다.

나를 이룬다는 말이나 인간이 된다는 말은 같은 뜻이라 정신의 집결력이 나인데, 나로 사는 인간이 인간이다. 다만 인간만이 되어야 할 것을 확실히 인식할 때 사상적 방향이 선다. 따라서 인간적 사업의 방안도 세워지는 것이다. 그리고 내 생활은 내가 책임져야 할 것을 알게 되어 뒤에 올 어려운 일을 예측하기 때문에 내 앞에 닥친 일에 극복하기가 쉬워지는 것이다.

그런 사람은 지도자가 되고 그런 사람의 지도하에서 살게 된 국가와 사회가 되어야 비로소 너와 내가 모두 다 안도감을 가지고 공비적 시간이 없는 노력적 인간으로 불가능한 일이 없게 되는 것이다.

부처님과 하느님을 창조주로 아는 것은 오인이다.

그들은 자신의 창조성을 파악하여 쓸 줄 알기 때문에 자신과 남의 몸과 혼을 자가적 작품으로 만들 수 있는 대문화인大文化人일 뿐이다.

창조주인 인생이 되려면 인생이 되게끔 가르치는 종교[종합적 교육]을 선택하여야 한다. 우리 사바세계娑婆世界의 주세불인 석가 부처님은 모든 다른 부처님으로 우주를 초월하여 무아 무처로 대기 중에서 인연따라 무슨 몸이든지 갖게 되는 대로 천당, 인간, 지옥, 축생畜生, 도途로 오갈 뿐이다. 중생계에 하나인 이 지구란 별은 무량적 성군으로 더불어 중앙세계로 겨우 인간급에 드는 인형적 인간이 살게 되고, 아래로는 비문화계로 비인간이 거주하고, 위로는 각층적 천상계 곧 극치적 문화계이다. 그곳에 거주하는 모두 하느님이라는 호號로 통칭하는데 그 천주天主들을 믿는 교를 인천교라 하여, 이 지구상에는 욕계에 최고천을 믿는 교인이 대다수로 이백여 교파로 나누어졌다는 것이다.

불교는 인천교를 초단계로 하여 교리적으로 무수적 계단을 넘어 천상도 지나 진공도 뛰어넘어 진공이란 이름도 못 붙일 대가 끊어진 무시무종적無始無終的 창조품을 파악하여 그 자재를 사업비 곧 영겁적 생의 생계비를 삼아 비인간계, 욕계, 색계, 진공계에서 인간으로 할 일, 무정유정물로도 하여야 할 최후의 일까지 다하여 마쳐서 이理와 사事가 남김없이 무득자재無得自在하게 되면 견성성불見性成佛 곧 완인完人이 되었다고 인가하여 주는 교인 것이다.

완인은 완전完全이라. 완전은 일체우주가 자체화한 것이다. 똥덩이, 흙뭉치까지 하나로 뭉쳐진 완전무결체인 것이다.

각자적 자체가 완전한 뭉치기 때문에 모래 한 알도 우주적인 뭉치라 완인은 모래 한 알을 가지고도 자신화할 수도 있고 먹을 것, 쓸 것, 동물, 식물, 산하, 대지 등 아무것이라도 되라는 대로 되는 것이다. 다시 말하면 모래 한 알도 모래 한 알의 생각이 있는 것이다. 모래 한 알의 현실은 상기뿐이지만 사실은 상기상멸적 일체화의 정신이 내포되었으므로 일체화, 곧 우주 전체가 되어 있기 때문이다.

그러므로 모래 한 알이 우주 자체화의 완전한 인간이 되는 날이 있는 것이다.

그리고 너무도 암매暗昧한 인간에게는 부처님도 인천교 교리로 가르치기 시작하였지만 현대 천주교나 예수교에서 주장하는 믿음만으로 구경을 삼는 것은 아니다. 독립적 인간이 되는 과정으로 행의 결과, 곧 인각자因各自가 지니고 있는 그 생각 전후를 일단화시켜 써보면 온갖 것으로 현실화되는 것이다. 생각 전후를 함께 쓰는 인간이 물건을 창조할 수 있기 때문이다.

그러나 생각이 전체화되기 전에 쓰기부터 하려다가는 만능적 자아발견이라는 본목적을 그르치게 된다 하여 수도 중에는 금단시되는 일이다.

물체 없는 그림자가 있지 않는 것과 같이 상기된 생각이란 껍질이다. 껍질 속에는 알맹이가 반드시 있기 때문에 어떠한 생각이라도 현실화, 곧 행동할 수 있는 것이다. 보라, 지금의 상기대로 과거에 기억하는 장면을 사건들이나 지금 상상하는 일, 미래적 가상이 시간적으로 거리적으로 원근이 없이 곧 현실화하지 않는가. 생각이 현실이란 현실도 지나가고 행동의 반면을 전환시킬 능력이 없으므로 행동 못 하는 것이다. 행동력은 생각의 반면, 곧 생각 전 존재이기 때문이다. 아무튼 육肉, 업業, 법法 삼신三身이 합치되지 못한 까닭에 행동이 임의롭지 못한 것이다. 행동력이 곧 생각 즉 나이기 때문에 생각[육, 업, 법의 삼신적 생각]을 다 거두어 자기화시키면 시간과 장소는 다 이 자리 이 시간인 나 곧 시공이 다 나뿐이다.

그러므로 천상천하에 열재한 공간이 자체화한 인간[불佛과 대보살]들끼리는 가고 올 것 없이 이 자리에서 좌담하는 것이다.

나는 내 것이란 한계 내의 존재가 아니기 때문에 나를 내 맘대로 자유자재 쓰게 되는 것이다.

현대 사람들은 생각이나 말이 표현 곧 껍질이며 껍질 속에는 알맹이 무형의 법신이 반드시 있음을 모르는 것이다. 가장 비근한 그 진리조차 모르면서 과학은 어찌 안다고 비과학적이란 무책임한 말을 하는지 모르겠다. 무지가 죄라고 하지 않는가. 사상계의 왕자라고 일컬음을 받는 현인인 톨스토이 옹도 부처님의 열반법을 오인하여 현실을 부인하고 이다음에 열반락을 얻으려고 하는 도리라고 한 것이다. 불법佛法은 현실과 현실의 내적 본질을 남김없이 파악하여 통용하는 완전한 법인 것이다. 정가로 가는 지로침을 거꾸로 놓은 것이다. 좀 잘 알아보아서 석연한 현실을 가지게 되어야 인생의 정로적 지점이 발견될 것이 아닌가. 아무튼 부처님이나 하느님이 부인하더라도 나만은 의심 없는 한길 곧 일조一條의 활로를 찾고서야 비로소 안도감을 느낄 것이 아닌가? 따라서 육체와 혼의 소비에 대한 그 보충인 사업으로 해나갈 방안도 세워질 것이 아닌가.

그러나 정법으로 가르치는 선생을 만나야 하고 만나서는 아집을 버리고 절대적인 믿음으로 지시를 받아야 하는 것이다. 정법은 상대가 끊어진 일체법의 총섭이기 때문에 시간적수時間的數와 공간적 한계를 초월한 무시無始 무종법無終法이다. 각자적 나의 생은 정법으로 더불어 영원이고 법은 생의 원천이다.

아무튼 현대 인간들은 합리화적 이론에서 무엇이나 '다' 얻어지는 줄 아는 것이다. 모순은 곧 합리다. 합리화시킬 수 없는 이론이 없기 때문에 합리화적 이론에만 의존하는 신자는 이론을 넘은 온전한 해결은 보지 못하는 것이다.

그러므로 불가정통에서는 현세교주인 석가불이 직접 설하신 구경설究竟說 곧 불을 물화시키는 도리까지 합리화시킨 부처님의 교법인 경經을 공부로 삼는 이를 외도법에 시간 소비하는 자라고 한다. 이론법 곧 생사법을 읽힐 바에는 차라리 학교로 가라는 것이다. 표현된 논설인 상대법으로는 도저히 해결되지 않는 것이 일체 문제이며 인생 문제이기 때문이다.

그러므로 마르크스의 유물론적 변증법이나 톨스토이의 유심론적 사랑법이나 두 법의 차별계가 없는 것이다. 상상 이내인 상대성 원리에서 벗어나지 못하기 때문이다. 다만 마르크스는 모순법을 기반으로 합리화시킨 논법으로 세상을 어지럽게 하고 인생항로적 최고 표침인 종교 교육을 부인한 큰 허물을 저질렀을 뿐이고, 톨스토이는 인과법을 의지한 교시, 곧 세속적으로 가장 좋은 법이기 때문에 인생에게 소극적 이득을 줄 수 있으나 영원의 순역자의 지로침을 바로 놓아주지 못한 허물은 거의 같은 것이다.

마르크스는 진리의 껍질 중에 악질적인 것을 취한 것이오. 톨스토이는 선을 취한 것으로 골체를 파악하지 못하는 것이 다르지 않는 것이다. 그러나 어차피 합리가 모순이요, 모순이 합리일 바에는 그때 그 현실에서 합리적인 법을 베풀어 장면적 해결을 짓게 되는 것도 기류차제적인 법으로 면하지 못할 일이다. 다만 이론을 넘어서가 아니면 이론의 실체를 요득할 도리는 있지 않을 뿐이다.

현대 종교가와 학자 사상가들은 믿음의 대상으로 하느님 신이 아니면 이데아 중 하나를 선택하는 데 아무래도 사상적인 목표를 두기 때문에 생각하는 진리, 학리, 사색의 한계 내에서 해결을 얻으려 하지만 믿음의 대상은 구원의 나라 국경선에까지 가서는 밀쳐버리지 않으면 구원을 얻을 그 나라에 들어가는 국경선을 막아 입국하지 못하게 되는 것이다. 믿음의 대상은 구원을 얻을 길을 가르칠 뿐 구원은 내가 얻는 것이다.

그리고 학자나 사상가도 이론과 생각이 통일된 뒤인 상기적 구경에 이른다면 거기서 한번 맹렬한 용기를 내어 상멸인 무상의 단계로 뛰어들어야 거기서 각_覺을 얻어 해결을 짓게 되는 것이다.

믿음, 연구, 사고가 다 생각 하나이므로 존재는 생각의 전체이다. 존재 전 곧 생각하기 전은 존재의 정체로 그 정체를 파악하여 통용하게 되어야 완전한 존재로 자유와 평화의 합치적인 대평안을 얻게 되기 때문이다. 한 생각이 일어나 일파재동만파수一波纔動萬波隨로 온 우주를 이루고 모든 존재를 만든 것이다. 내가 만든 세계에서 나의 분신들이 각각 계류중생으로 끼리끼리 생활권을 만들어 따로따로 사는 곳이 미진수인 것이다. 생각을 거두면 일체 존재적 거소가 이 시간 이 자리건만 건망증 걸린 우리라 그 소리가 들리지도 그 모양이 보이지도 않는 것이다. 단순히 건망증 들렸다는 것보다 내 생각의 파편에 집착하여 대우주적인 나를 잃어버리고 미진같이 작은 나를 큰 나라는 그 소아집에 걸린 실성인인 것이다.

불가사적 생각의 파편화한 그 반면이 내 우주의 내적 본질, 곧 자성인 나의 정체인 것이다.

우주가 나 하나라는 것은 우주 자체화된 나란 말로 생각을 아니하는 무념에서 각한 전체적 정신의 주인인 개체적 인간이다.

천년 사업과 백년사고력의 '에너지'는 무념에서 얻어지는 것이다. 무無의 시간을 잠깐이라도 가져보지 못하면 한 성공도 못하는 비결이나 알게 되어야 비로소 인간적 정신을 수습하는 공부를 할 자격이 생기는 것이다.

시공의 제재에서 벗어난 무적 시간이 시공화한 그곳에서 한

걸음 더 나아가 일체 현실화적 인간을 발견하게 되는 것이다. 아무튼 생각할 수 있는 존재는 껍데기 즉 그림자인 줄 알아야 그 정체를 알아볼 생각이 나는 것이다.

어쨌든 중생은 그림자랄까 나의 분신이랄까 생각의 파편이랄까에 의존한 중생이기 때문에, 보고 듣고 아는 것이 극히 좁은 한계 안이고 생활도 그리 부자유하고 여의치 못한 것이다. 나의 생각의 파편인 물 한 방울에도 존재적 일체 요소는 갖추었으니까 어느 때나 생각 없을 때는 없으니 그 생각이 일어나기 전인 생각 그 반면만 뒤집으면 나의 '화수분'이 발견되는 것이다.

누구나 자기 생각과 그 반면을 일단화시켜 합치적 행동을 하게 되면 이 육체라는 의복은 오래 입고 싶으면 오래 입고 곧 갈아 입고 싶으면 갈아 입게 되는 것이요, 행동도 자유자재로 하게 되는 것이다.

이 몸이 있을 때 속성速成을 하려면 승단僧團으로 와야 하고, 못 오게 되더라도 무엇을 하는 인간이든지 그 입각지에서 정신을 모으고 모아 전정신력全精神力을 얻게 되어야 내 행동을 내 맘대로 하게 되고, 내 행동을 내 맘대로 하게 되어야 안도감을 가지고 조정적 생활을 하게 되는 것이다.

그러나 행동면을 보고 완전한 인간을 이루었는지는 모르는 것이다. 육체를 안 가진 영리한 신들은 사람보다 신통력을 얻기가 대단히 쉬워서 존재 중 신통력은 제일이기 때문에 선신善神들은 팔부적八部的 부서로 조직된 불법 옹호단으로 부처님을 여의지 않고 수도하고 있으나 구족신具足身을 못 가진 존재이므로 사람은 신이 아니 되려는 것이다.

마군魔軍이나 외도外道나 육체적 수명을 그대로 몇 겁식劫式 지속해가는 신선들도 오신통五神通을 자유로 쓰는 수도 있고 나무나 들의 요정들까지 신통력이 있는 것이다.

그러므로 신통력이 있고 없는 것으로 성인인지 범인인지 분간할 수 없고 나를 이루면 나의 자력으로 행할 수 있는 신통력에 미리 정신이 쏠리면 공부에 장애가 되는 것이다. 성인이 다 되어서도 성불하기 전에는 자신을 못 가지게 되는 것이 잠깐 방심하는 동안에 마魔나 요정妖精의 섭攝으로 신통력이 생기면 자만심을 내어 정진을 하지 않고 그만 퇴전退轉된다는 것이다.

나는 본래 내가 아니기 때문에 나라는 선생이 있고, 남이 있는 동안은 나만 내가 아니기에 나라는 선생 외에 남이라는 선생을 모시게 되는 것이다.

그리고 인간을 목표로 전진하는 데 일체를 돌보는 생각이 끊어지고 무엇에 걸림 없이 직행하기 위한 방편으로 굳세게 배타적 행동을 할지언정 시공이 다 하나 하나로 막아 곧 나요, 요정이 나의 망상인 줄은 알아야 하는 것이다.

나는 상기상멸想起想滅의 양면적 존재로 상기想起는 현실, 현실멸現實滅은 내적 본질, 곧 창조성인데 이 양면을 합치시킨 것이다.

상기적 존재는 마魔로, 건설자라 선악 간에 행동면 전체를 차지하게 되면 마왕이 되는데 마왕의 절대적인 큰 사업은 중생인 우리는 상상할 수도 없는 것이다.

그러므로 물질적 진선진미의 인과로 모든 불보살의 휴게실인 도솔천내원궁兜率天內院宮보다도 더 높은 천당인 대자재천 천주가 마왕 파순波旬인 것이다.

다만 수도하는 데 대립적 존재로 가열한 전쟁을 하게 되는 것은 마의 일은 양量이 늘어야 하고 정진은 양을 소멸시키는 법이라 정반대적 일을 하기 때문이다.

나를 완성한 불은 마불의 합치적 존재로 일체우주가 자체기 때문에 어느 때 어느 몸이 어느 곳에서 무엇을 만나든지 마음과 마음의 조화를 얻게 되고 천당, 지옥을 가리지 않고 인연따라 거닐면서 중생적 생활을 하는 것이다. 성불成佛이 곧 성인간成人間이다. 우리는 신선이라면 진선진미적 몸으로 가장 화려한 생활을 하는 존재인줄 알지만 신선이란 정신적으로 안정을 얻어 번뇌에서 이탈된 인간을 일컫는 것이다. 불이 불변적 신선, 곧 영원히 평안의 평안을 얻은 인간이다.

그러므로 너, 나, 천당인, 지옥인, 곧 자타가 일시로 평안함을 얻게 하는 존재 곧 안정된 우주를 자개화한 인간일 뿐이다.

부처님은 인생난득人生難得, 장부난득丈夫難得, 출가[입산入山]난득出家難得, 불법[성불成佛]난득佛法難得의 4난득을 말씀하신 것이다. 출가라는 것은 입산수도하는 것뿐 아니라 각자의 입각지에서 선생님의 지시에 의하여 심신합치의 노력을 일관하되 물욕과 이기심을 떠난 행동면으로 뚫어나간다면 이속離俗한 재가 출가인이 될 수 있는 것이다.

우리는 인간급에는 들었으니 이 인간정신으로선 현상유지라도 하며 이 법을 놓치지 않고 생생生生 무수래無數來로 이어갈 수 있는 결정적 정신을 가졌다면 우선 안도감을 가지고 살 수 있는 것이다. 정신의 연장이 내생이라 이 정신의 확립을 믿지 못한다면 무량겁의 내생 일을 어찌 할 것이냐가 문제인 것이다.

근본적으로 생사 문제를 해결할 만한 인간은 못 되더라도 될 수만 있으면 인간이 옷 갈아입는 일, 곧 육체적 생사쯤은 임의로 하게 되는 일이지만 중생인 우리는 사선을 넘을 때 최고극말의 고난을 겪지 않을 수 없게 되어 그때 정신 차리기가 가장 어려운 일이다.

중생에게는 인생의 정로로 걸어갈 만한 정신을 잃어버리지 않는 일 곧 사의 대비가 제일 화급한 일인 것이다.

아무려나 일체 존재는 생을 포기할 수 없는 것이 원리 원칙이다.

생이 있으면 평안이 따라와야 살게 되는 것이다. 생과 평안이 한 데 합쳐지지 않는다면 버릴 수는 없는 생과 그 생의 고苦가 현재적 우리의 당면하고 있는 현실인 것이다.

존재적 희구의 적은 편안일 뿐이다. 우선 배고프니 먹어야 평안하지 않는가. 하고 싶은 일을 해야 안심되지 않는가.

대평안이 있는 곳에는 일체 요구될 것이 다 동존하게 되는 것이다. 그러므로 요구하는 게 없는 자족의 세계가 되는 것이다.

편안, 그것은 무가보라, 상상할 수 있는 물질적인 대가로는 얻을 수 없는 것이다. 다만 정진과 노력뿐이다. 삼시 밥 먹으려면 늘 밥 지어야 하는 것같이 늘 살기 위하여 무가보를 늘 써야 하기 때문에 그것을 얻기 위하여 정진과 노력도 긴 것이다.

시종이 없는 생을 위하여 시간적 숫자, 공간적 한계를 정하지 말고 언제나 정진, 모으는 정진과 육체와 혼의 생적 대가를 지불하기 위하여 사업적 노력이 내외적의 일을 쌍수하게 되어야 인간이 될 것같이, 인간 생활을 하는 것이다.

아무튼 해야 할 일을 하면 될 일인데 어찌 천 년이 멀고 만 년이 지루하다 할 것인가. 이제 우리의 위치는 인생적 초단계라, 그래도 일체 요소를 다 갖춘 창작력을 가졌고 무량수적 시간이 내 것이고 더구나 시간과 장소와 귀천을 가릴 것 없는 무차법無差法, 즉 아무 수속도 없이 다만 아무 때나 간절한 마음으로 연락만 되면 가르쳐주실 부처님이란 대선생이 계시지 않는가.

부처님은 영원이요, 무한대의 씨 즉 석가불이 산석産席에서 천상천하에 유아독존이라 하신 일체아를 알아 얻어 쓰는 자유로운 인생이 되게 하시는 분이다.

2

문화인이 되려면

―

불교와 문화

불佛이란 일체의 대칭대명사로 우주의 명호요, 각자적 나의 본명이다. 곧 세상내외면면전체世上內外面面全體가 오직 불자 하나뿐이다. 상상할 수 있는 현상, 곧 감각 계도의 분별로 버려져 있는 온갖 현실상은 불의 외면이요. 불의 내면은 생각하기 전 존재라 곧 하느님이니 부처님이니 하는 명상名相이 생기기 전이다. 다시 말하면 우주의 일체 요소를 갖추고 내적 본질인 창조성으로 일체 존재의 만능적 자아인 것이다. 이 자아는 불출구의 진리요. 자체를 가지지 않은 창조주라, 무념무형이지만 모든 물체를 만들고 온갖 작용을 하는 것이다.

불의 외면인 세상은 성쇠적 역사의 되풀이라, 그러므로 불이 성한 때가 지적 수준의 최고로 성화시대이기 때문에 세상이 성하고 불이 쇠할 때는 우주의 괴겁으로 민도의 수준이 최하로 낮아지기 때문에 세상도 쇠하는 것이다. 보라, 오늘의 불법의 노쇠된 세상살이와 불법전성시대에 우리 조선이 정상화된 평화계에서 그리 잘살던 천 년도 못된 가까운 지난날의 비중을….

존재적 가치요소는 자아[본정신, 마음대로 하는 마음]를 파악하여 통용하는 데에 서게 되는 것이다. 자아를 파악하여 통용하는 인간은 생적 절대 평등권을 찾았기 때문에 어느 때 어디서 무슨 몸으로 무슨 생활을 하든지 열반락[安身立命]을 얻게 되는 것이다.

일체 존재는 유정有情, 무정無情, 대소강약을 막론하고 개체, 개체가 다 우주 전체라 우주적 정신만 찾았다면 모래 한 알로 구르더라도, 한 가닥 풀로 나부끼더라도 자유와 평화를 누릴 수 있는 것이다. 개성적 절대자유는 벌레도 이미 지녔기 때문에 창공을 베어낼 만한 칼이 있어도 벌레가 기어가는 자유적 방향을 돌이킬 수 없는 것이다.

생적 절대 평등권적 인식이 부족한 인생인 우리는 벌레를 업신여기는 마음으로 자신의 가치를 떨어지게 하기 때문에 감히 부처님이나 하느님을 우러러볼 수도 없는 위대한 존재로 무서워하게 되는 것이다. 누구나 아래로 업신여길 것이 없고 위로 우러러볼 존재가 있지 않다는 균형적 정신을 가져야 인간인 것이다.

하느님이 '아담', '이브'에게 금단의 선악과를 주어 신信을 길러 하느님화하려 하여도 그들이 배신을 하고 죄인화한 것이다. 그 신자들은 하느님이 자유를 주셨다는 것이다. 자유를 주면 욕심에 찬 인간이 더 잘 먹을 것은 뻔한 일인데 하느님이 자유를 주실 리 없는 것이 상식이다.

아무튼 인간이 일체 존재 중 최고위를 차지하게 된 것은 환경에 휘둘리지 않는 독립적 정신을 가지고 내가 내 생활을 하게 된 까닭이다. 그런데 우리 지구 안 인간들은 내게 달렸지, 내 마음먹기에 있지, 하는 말만은 할 줄 알면서 내가 내 생활은 할 수 없는 것이다. 나라고 하면 내 마음대로 하는 데 나라는 의의가 설 것이 아닌가. 아무튼 내가 못 쓰는 것이 내 것이 될 턱이 어디 있어, 하는 생각은 철없는 어린애도 할 것이 아닌가. 그런데 우리는 내가 내 임의로 쓸 수 없는 나를 가지고 살면서도 이미 내포하고 있는 내 마음대로 하는 나를 찾을 생각조차 내지 못하는 혼미한 인간들인 것이다. 그러므로 자유로운 나를 찾는 그 공부를 시키는 불교 교화가 요청되는 것이다. 우주는 성주괴공成住壞空, 존재는 생로병사, 각각이 사대원칙적 궤도하에서 미래세가 다함이 없는 생사를 상속하는 것이다.

이 지구는 이십억 년 전 창건으로 시간이 흐르는 대로 우주의 정기正氣가 점차로 소모되게 되고 정기가 소모되는 대로 일체존재의 정신도 쇠퇴되어 최귀적인 존재로 일체 자연물, 동물, 정동靜動, 천생물天生物, 아수라 지옥 중생들까지 교화시킬 책임자인 인생이 본정신을 잃어버리고 망상적 습기習氣의 집적이요, 연장인 혼미한 업신의 지배하에서 수적 생활을 하는 인간 곧 겨우 인형만 가진 인간이 되어버린 것이다.

그리하여 행동은 하면서도 행동하게 하는 정체가 무엇인지 생각해볼 정신력조차 잃어버린 것이다.

그러므로 이 지구란 자아를 잃어버린 실성인의 집단체인 것이다.

그러므로 남이 곧 나라는 것을 알 까닭이 없고 일체가 자체라는 생각이 날 리가 없는 것이다. 그러니 골육이 상잔하는 최대 비극이 일어나지 않을 수 없는 것이다. 상기 전에는 나 하나 뿐이지만 상기만 되면 너, 나 이것저것이 벌어져 한자리에 둘이 서지 못하고 나 살기 위하여 남을 취하지 않을 수 없는 것이다. 그러나 이 현실은 현실이 명확하지만 꿈이다. 태어났나 하면 죽고 낮인가 하면 밤이 되는 것이다. 그러나 영원히 알 수 없는 꿈, 꿈인 줄만 알면 서로의 생명의 교환이 곧 피차 먹기 위한 물물교환이요, 생적 마찰이니 서로 울음으로 생사 고개를 오고가며 악의 없는 손찌검인 극적 전쟁을 하게 될 것이다.

더구나 꿈은 간단없이 교환이동되는 것이다. 좋은 꿈도 지나가고 나쁜 꿈도 사라지는 것 꿈인 줄을 알고 또 선악 간 자취自取한 꿈으로 안다면 순역경에 아무 고통이 없을 것이 아닌가. 불교는 몽각일여夢覺一如함을 가르치는 교이다. 각이 몽, 몽이 곧 각이라. 몽각은 하나이기 때문이다. 생존경쟁의 바쁜 인간도 깨지 못할 꿈에 헤매는 존재도 다 나[我]이다. 내가 하는 일에 내가 조정을 하게 되면 선악, 고락 간에 정상화적 내 생활을 하게 되는 것이다.

이 나는 부처님이니 하느님이니 하는 우상도 여의고 불교니 예수교니 하는 조직체도 벗어난 자타 하나화한 절대자유인 존재이다. 불교에서 선원禪院이란 정신 수습하는 공부를 시키는 최고 교육원을 마쳐 인가를 얻은 뒤의 일이다. 곧 사전 일을 마쳐마 인간이란 증명상을 가지고 인간계로 들어서게 되는 것이 인간 생활의 순서인 것이다.

내 임의로 살게 된 인간에게 불평불만이 있을 리 없는 것이다. 자유와 평화화한 인간이 된 것이다. 자유와 평화는 이명동체異名同體인 나 자체인데 외계에서 자유와 평화를 구하려는 것이 불이 불을 얻으러 다니는 것과 같은 일이다.

그러므로 우리 인생들은 나를 버려두고 남을 따라 나를 찾으려고 산으로 들로 헤매는 것이다. 사람과 그 말소리가 서로 보지 못하지만 동체인 것이다. 나는 볼 모습이 없지만 현실로 남들[제불諸佛]이 찾아 쓰는 것을 누구나 보고 있는 것이 아닌가. 인간이라면 불을 모르기 때문에 나를 모르는 줄이나 알아야 할 터인데 이 지구상에는 지도층에 있는 인간들까지 불법이 나라는 것은 미처 모르더라도 잃어버린 정신을 회복시키는 교육원이 불교인지조차 모르는 것이다. 범인이라도 자신과 노력이 지극에만 이르면 어떤 엄청난 상상이라도 똑떨어지게 현실화되는 것인데, 근대 인간은 내가 나를 무능한 인간으로 버리기 때문에 성공에 이를 만큼 노력을 할 용기를 내지 못하는 것이다. 그러므로 불가능한 일이 없는 나를 알아 얻으려는 생각은커녕 안 해서 못할 뿐이요, 해서 안 되는 일은 있지 않는 것을 모르는 인간들이기 때문이다.

그러나 불에만 국집하는 것도 불은 아닌 것이다. 다만 근세에 최고 성현들의 공중하에서 불자를 완전화에 자字로서 성불이 존재적 위치에 정점이라는 것뿐이다. 일체리의 총섭으로 불자와 같은 의미로 쓰게 된 것은 문화의 구경이다.

불법이란 문화, 비문화의 단일화인데 상기된 물질문화는 문화라 하더라도 자연을 정복할 만한 능력이 없기 때문에 평화적 문화가 못 되는 것이다. 오직 상기 전 문화, 곧 물질의 창조성을 소재로 하여 건설된 문화라야 대평화적 물질문화의 극치로 가장 문명한 세계가 천상계이지만 진선진미에만 치우쳤기 때문에 번뇌적 잔재가 남아서 정신을 수습할 수 있는 극락에 도취되어 지나는 동안에 번뇌의 싹이 자라서 부자가 파산에 비운 같은 지옥고가 따르는 것이다. 오직 불법화의 세계에는 선악조차 끊어져 번뇌 없는 대평안, 열반이 있는 것이다. 요새 승려들이 매불자생賣佛資生하는 것 같이 근대문화인들은 매문자생賣文資生하는 것이다. 문화인이란 개인이나 사생활에 착심을 하지 않고 공심하에 붓을 들게 된 것이다. 그리하여 문화인이란 완인을 가리킴이요, 예술가란 우주일가를 이룬 인간이다.

그러므로 불법전성시대에는 문화인이라, 예술가라 하지 않고 시공자체화한 대문화인을 그저 완인의 통칭호로 도인道人이라 하였던 것이다.

대문화인이란 한 몸으로 모든 사람의 동작을 다 짓는 배우, 온갖 산 물형을 만들고 그리고 건축하는 창조주라 먼저 문화재, 곧 일체 요소를 갖춘 창조성인 자기의 본정신부터 파악[집중]하여 거기서 행동력을 얻어 창작하는 것이다.

그러므로 삼한 때[최고문화시대 곧 불교전성시]에는 음악의 본음인 '짓소리'에 통달한 대성악가의 문하생이 되려면 내 정신을 청각에 집중시켜 그 선생의 말소리가 백천 리 밖에서라도 들을 수 있나 하는 시험을 하여야 하고, 먹을 갈아 물에 떨어뜨려 풀어지지 않아야 대화가의 제자가 될 자격이 되었던 것이다.

불법화니 문화니 하는 것은 전능적 정신화이다. 경주 불국사에 무영탑無影塔을 조성한 당인唐人[본래는 승僧]도 자기 실력을 시험하려고 돌로 닭을 만들어 동리에 수십 마리 닭 무리에 데려다 놓으니 닭은 텃세를 몹시 하기 때문에 수십 마리 닭이 집단적으로 막 달려들어 쪼아대는데, 만들어진 닭은 혼자서 다 이겨내는 것을 보고야 자신을 얻었던 것이다. 중국에 소동파蘇東坡도 그 아버지가 한 페이지의 글을 십 년을 읽으라고 했는데 그 어머니의 방해로 팔 년만 읽었기 때문에 문장만 이루고 도道는 통하지 못하였는데, 그 후에 다시 수도하여 글과 도를 함께 이룬 것이다. 로마, 희랍, 그리스의 문화도 불교문화라는 것은 불멸 이백 년 후 아육왕阿育王으로 가부색가왕迦賦色迦王 때까지 근 십 년간에 중남인도로 멀리 로마제국까지 불법 선포의 연대를 따져 필자는 증명하게 된 것이다. 그러므로 지금 로마 법황의 통어인 가톨릭교[인천교人天敎 곧 불교초단계]가 불법이 무너지고 겨우 남은 교단인가 하는 것이다. 불교의식이 비슷하고 더구나 교당을 사원이라 하고 교직원을 승려라 하는 것도 그 증명이다. 불멸근 삼천 년의 연륜이 흘러간 지금은 정법이 흐려져 있지만 그래도 문자불교적 국교불자들이 한국의 도인이 무섭다는 말이 있다는 것이다. 서양에서도 물질문화에 불만과 권태를 느끼는 전위수적 문화인들은 불법으로 귀의하게 되는 것이 오늘날 세계사상의 경향인 것이다.

아무튼 이때에는 진문화체는 다 무너진 것이다. 그래도 한국에는 불법을 알아 얻은 분 곧 진문화인이 더러 현존한 때라 불법화한 인간이 문화체를 재건시키게 된 때이니 진문화에 지향하는 이들은 문화의 핵심인 불법을 알아 얻어야 할 뿐이다. 그러므로 고故 만공화상滿空和尙이 늙은 물질문명에 지쳐서 넘어오는 서양의 문화들을 동양한국불교에서 기회 놓치지 말고 잘 맞이해서 동서합치적 진문화계[불화佛化]를 이루게 하라고 평소에 늘 말씀하신 것이다. 현대문화인들이 생명은 움직이는 것이라는 것은 상식인데 생명이 있는 듯한 작품에 만족한 것은 문화적 핵심인 생명으로 조성하여야 된다는 것을 알지 못하는 때문이요, 문화적 핵심은 나의 본정신이요, 불법의 골수요, 우주의 정체임을 모르는 까닭이다. 더구나 우주의 정체요, 존재적 자성은 상상 전 존재임을 모르므로 사색하는 것이 인간이라는 말이 철언이라 믿게 되고, 생명은 짧고 예술은 길다 하는 소리를 대예술가의 말로 아는 것이다. 생각이나 예술품은 작자의 그림자인 데 창조주요, 자기를 부인하고 물체 없는 곳에 그림자가 있다는 환각인 곧 실성인들이 곧이 듣는, 같은 실성인들이 도리어 문화 인으로 자처하는 것이다. 현대에는 문화인도 실성인이기 때문 에 참된 문화인이 되려고 문화재를 채취하고 있는 비구니를 세 속에서도 하향일로로 떨어져 흘러간 여인의 행렬에 넣어 발표 한 글이 문화인들에게까지 입에 오르내리게 되는 일조차 있게 된 것이다. 우선 문화인의 가치표준은 불교문화체로 한계된 것 이나 알아야 할 것이다. 이름을 불에 붙이지 않더라도 문화적 창조성으로 된 구현적 문화체를 말하는 것이다. 문화인이 드문 현대라 구현화적 문화체의 감식안을 갖춘 이도 있을지 모르지 만 잘 감식할 수 있다면 불교적 문화체도 이 세계에서 더 많이 발견될 것이다.

이 덕숭산德崇山에도 감식은 잘할 수 없다면서도 목조木造로는 세계적 문화체를 압도할 만하다고 고고학자들이 공증하는 백제 건물인 문화체, 곧 대웅전이 있는 것이다. 고고학을 전공한다는 미국인의 말이, 이 대웅전은 경주 불국사의 여러 국보적 유적보 다 수승殊勝하여, 석굴암 부처님을 조성할 사람은 혹 있을지 모 르지만 이 대웅전을 지을 사람은 현세에는 나지 않았다는 것이 다. 그리고 일체니 구체적이니 구현적이니 하면 실질적인 구체 요, 나머지 없는, 남김 없는 나 자체라. 내 것이라 하면 한계 내 에서 쓰게 되지만 나라 하면 구현화로 내가 되라는 대로, 하라는 대로 하는 것이다. 창조주와 창조물이 둘이 아니기 때문에 도인의 작품인 이 대웅전은 창조주가 있어 시키면 시키는 대로 할 수 있는 것이다. 곧 산이 되라든지, 물이 되라든지, 오라든지, 가라든지 자유로운 나를 이룬 주객의 합치체인 까닭이다. 정신적 비중으로 세계나 인간이 문화, 비문화로 갈리는 것이다.

이 지구와 같은 궤도 내에 금목수화토金木水火土 비성悲星 등 8개 위성은 악성惡星이라 비문화 세계에 속하였고 그 외 무수한 성군星群은 겨우 문화급에 들까 말까 하지만 접시비행기가 날아다니고 무선 전화가 오는 것이다. 이 지구상 현대문화 곧 과학은 망원경을 대고도 제일 가까운 별세계도 못 보고 겨우 위성을 발사하여 별세계에 여행을 하게 될까 말까 하는 정도에서 과학만능이라는 것이다. 두꺼비 꼬리 흔드는 셈이다. 가장 소아적 정신을 가진 때문이다. 정신의 비중으로 현실적 위치도 가지게 되는데 성숙 세계는 중앙에 위치하고 이 나라는 아주 비문화계로 비인간이 살고 이 위는 진선진미의 무색계까지의 최고문화계인 것이다. 극치적 문화계인 천당 생활도 지옥을 상대하고 있는 환幻의 세계라 멸하는 날이 있는 것이다. 참된 문화생활은 천당과 지옥이 둘이 아니고 선악미추가 하나인 균형적 생활을 말하는 것이다. 참된 문화생활은 정신적 평안함을 얻은 경지를 가리키는 것이므로 전화戰火 중에도 마음의 평화를 잃어버리지 않고 썩은 다리 밑에서 누더기에 쌓여 있어도 안신을 하게 되는 것이다. 물질적 구속을 벗어난 해탈인이 문화인인 것이다. 문화인의 불변적 대편안은 어떤 경계에서도 정상적 생활을 하게 되는 것이다. 이미 구족具足할 만한 영구적인 생계비요. 자유와 평화의 원소인 전체적 정신을 얻은 때문이다.

대문화인으로 대편안을 얻은 시공을 초월한 대선생, 곧 문화인의 선생은 부처님인데 자기 선생도 모르는 문화인들이 누구에게서 문화재를 채취하는 법을 배울 것인가? 부처님은 당신의 분야적 위치 때문에 선화적 명배우의 역할을 하였지만 희비선악적 대문화인으로 일체 존재의 예술적 기능은 다 발휘할 수 있었고 사십구 년 법설도 최고최완전의 대예술품이요, 무상적 걸작인 것이다. 선생이란 말도 너무 멀게 하는 말이다. 부처님은 각자적 내 본체다. 뿌리를 여읜 나무같이 된 우리 인생들은 우선 고갈적 생활을 면하기 위하여 귀의불[귀의자아歸依自我]하라는 것이다. 부처님이 자비심으로 인생을 돌보는 것이 아니요, 일체 존재가 분신이기 때문에 이반된 존재만 아니면 아무나 다 자체화시키려고 노력하시는 것이다. 곧 자개적 무지의 국사國土를 봉쇄하여 부처님의 혜명慧明을 침투하지 못하게 하는 불신자도 수인의 생활의 권내로 드는 것이다. 부처님을 이반하는 무지인이 곧 비문화인인 것이다. 세조대왕 같은 문화인은 배불拜佛의 지혜인이고 연산군 같은 비문화적 폭군은 배불자이던 것이다. 아무튼 세속적 판단력인 지적 정신을 가진 세속적 문화인도 비세속적 문화인들에 비하여 물욕과 이기심에서는 해탈한 인간들이다. 그러므로 자기들의 선생인 부처님의 지시만 받으면 곧 참된 문화인이 되는 것이다. 짚신 한 켤레를 따로 삼으려 해도 선생이 있어야 하는데 정신[문화재]을 개조하려는 문화인이 선생님을 모실 것을 모르니 어찌 문화인이 될 가능성이 있겠는가.

대문화인의 문하생은 대문화인이 되기 위하여 먼저 비문화적 내 존재는 소멸시켜 대아와 합치되게 되어야 하는 것이다.

살아서 육체와 남이 되고 의식인 혼까지 사라져야 하는 것이다. 다 버려야 다 얻어지는 것이 원리이기 때문이다. 다 무너진 합치경은 피차 아我한 무념처이다. 거기서 한 걸음 더 나아가 피차 합치적인 대아[대문화인]를 발견하게 되는 것이다.

그때는 생활의 총체의 창조성을 알아 얻은 만능적 창조성을 알아 얻은 만능적 창조주가 되는 것이다.

창조성인 문화재는 일체 존재는 다 생각 없지 않은 게 그 생각의 반면인 것이다.

그러므로 문화재가 무엇인지도 모르고 생각하는 법인 사물에서 얻으려는 현세 문화인은 생명 있는 창작을 하지 못하는 것이다. 나는 새도 아닌 새를 날은 듯하다고 생명 있는 그림이라 하고 행동력을 못 가진 인형을 만드는 조각이나 아녀자들의 감정이나 흔들어 놓는 문예인들을 가리켜 일가를 이뤘다고 공증하게 되는 것이 현세 문화계인 것이다. 우주 자체화를 일가라는 것도 모르는 문화인들인 것이다. 백 년의 구상보다 천 년의 시작보다 일 분의 무념처에서 얻은 창작력의 효도効兜가 나은 것이다.

불교문화적 역사가 오래지 않은 동양에서는 아직도 불교적 정신의 기반으로 다 버려야 다 얻어지는 원리를 말 그대로 받아들이는 인간들이 있어 한 가지 성공을 위하여 아내를 두고도 단방斷房을 하고 시간적으로 완전히 뒷생각이 끊어진 무념을 파악하려는 것이다. 무념은 만공滿空인 일체구족경一切具足境이라, 거기서 이루어진 문화계가 물심합치의 진문화계 곧 문화, 비문화가 하나된 평화세계이다.

문맹이 문명화하고 문명화가 불혜화한 참된 문화계로 모기, 빈대도 문화적 존재가 되고 돌멩이, 흙덩이도 예술품이 되어 온 세계는 불신佛身 하나로 장엄한 문화체인 것이다. 그러므로 일체인 불을 따로 내세운다면 불이 아니라 깨어진 기왓장 한 개도 나도 불이라 하고 나설 만한 절대평등권은 가진 까닭이다. 더구나 최고위적 인간만이 생각하는 문화대불법을 논할 것이 없는 것이다. 그러나 건망증에 걸린 현세인간인 우리에게는 아직도 본정신을 지니고 있는 인간이 불교 내에 있기 때문에 누구나 불교로 입교하여야 정신을 회복하게 되는 것이다.

의식하는 이 정신은 피조적 정신인데 이 정신으로 이루어지고 사라지는 줄 아는 인생이기 때문에 망상으로 엮어진 습기의 집적이요, 연장인 이 정신[혼 곧 업신]의 사도로 살게 되는 것이다.

문화인이 되려면 생각은 업신의 사도를 면하고 내 주인인 본정신의 주재로 사는 인간 곧 자유인이 되려는 것이다.

아무튼 내가 생기기 전이요, 문화체가 이루어지기 전 나라고 하든지 정신이라고 하든지 그것의 행동력이 먼저 있었기 때문에 모든 물체를 만들고 온갖 작용을 하는 것이다. 그 행동력이 생명인데 그 생명은 포기할 도리가 없는 것이다.

생의 의미가 있든 없든 살지 않으면 아니 될 그 삶의 채비가 넉넉하여야 생의 용기와 의욕이 왕성하여 평안한 생을 누릴 터인데 그 마련은 내가 하여야 할 것이다.

그것이 정작 문제가 되는 것이다.

더구나 인간의 작품인 문화체는 아무리 불체佛體니 최고문화체니 하여도 세월이 흐르는 대로 그 정기와 심광이 소모되어 연륜만으로 남았다가 얼마 후에는 사체死體로 나중에는 사체까지도 많은 다른 평범한 물체로 더불어 같이 스러지고 마는 것이다.

온갖 물체가 무너지는 것을 볼 때 나도 같이 스러질 것은 결정적이 아닌가.

무너지는 현실적 문화계에 문화인이 되기보다 나의 정체요, 모든 물체의 창조성이요, 온갖 문화체의 문화재인 근본체, 곧 영존성인 생명선을 놓치지 말아야겠다는 문화적 정신을 확립시켜, 중생으로의 생사는 큰일이니 사의 대비는 늘 하고 있어야 할 것이다. 생생무수래의 생사 고개를 오가는 동안에 사의 대비인 문화적 정신만 아니 놓치면 필경 문화체의 문화재인 전체적 정신을 다 얻어 불법화적 대문화계에 창조주가 될 것이다. 창조주는 문화, 비문화의 합치체이다.

3

15주 기일을 맞으며

만공대화상을 추모하며

유난히 따뜻한 첫겨울 그 어느 날에 온 세상이 그대로 잦아지는 듯이 고용高聳하게 스님이 입적하시던 그때도 어느덧 15주기일이 지난 옛날이 되어 버린 것이다.

백운청산하에 새들이 겁외劫外의 노래를 부르는 대자연 속에서 천진스럽게 살아가는 중생을 어째서 구제한다고 스님께서는 분주를 피웠으며 그보다도 입적하시는 극적 장면을 보여주신 뜻은 무엇일까?

그것은 다사로운 봄일을 마치고 나면 가을이 저절로 와서 잎이 누르러 떨어지는 것이 자연법칙인 까닭이다.

더구나 인생 생활의 주체가 되는 생로병사와 희로애락까지도 다생으로 얽혀온 습성의 집적이며 연장이라. 인생 생활은 그대로 몽유병자의 행동에 지나지 않는 일이지만 그래도 이 일생이 지나고 나면 또한 생이 금시에 닥쳐오는 것이 마치 활동사진의 '필름'이 간단없이 교환이동하여 금방 다른 장면이 나타나는 것 같이 이 몸이 다하고 난 그 후마다 선악 간에 각자가 지은 업대로 무슨 생활이든지 일막일막 상속하여 가는 그 일의 끝을 볼 날은 있지 않는 것이니 부처나 중생이 어찌 그것을 문제시하지 않고 말 것인가!

다시 말하면 인생의 삶이란 포기할 수는 없는 까닭에 영겁에 고락적 순역으로 망상의 소생이거나 몽유병자의 행동이거나 간에 미래세가 다함이 없는 현실 생활을 언제라도 상속하지 않을 수는 없는 것이 우주적 원칙이라는 말인 것이다.

> 신등벽공身登碧空　족하비로足下毘盧
> 안리동해眼裡東海　세안세족洗眼洗足
> 불시고야不是苦也

이런 시로 정신은 초연해도 현실에는 벗어날 수 없음을 읊은 것이다. 어쨌든 이 현실이란 껍질이요, 그림자이다.

믿을 수 없고 떳떳하지 못하는 까닭이다. 태어났다 하면 죽게 되고 낮인가 하면 밤이 되고 만났나 하면 떠나게 되고 선이라고 생각하는데 악으로 뒤집어지는 일은 현실이 증명하는 것이다.

그러나 껍질에는 알맹이가 있게 되고 그림자의 귀에는 물체가 반드시 서 있기 때문에 그림인 이 현실의 반면에도 생명의 원천이요, 창조성인 '정체'가 없지 않은 것이다. 정체가 있기는 있지마는 표현은 없는 완전체, 곧 명목은 나타나지 않고 일체 행동을 하는 무중유無中有인 것이다.

온갖 모양을 가진 행동은 무중유의 작용인 것이다.

무란 그 행동력만 남김없이 알아 얻었으면 환경의 지배를 벗어난 독립적 인간으로 생사고락 간에 유유한 자유생활을 하게 되는 것이다. 자유로운 데 불평은 없게 되는 것이다.

자유와 평화는 각자 자체라. 곧 불법이 자체화한 것이다.

자체가 불법화되기 전까지는 존재의 공통적 희구의 평화는 올 길이 없는 것이다. 그러므로 스님도 불법이 수면상태에 빠져 불평과 부자유로 온 세상이 울부짖는 오늘날에 덕숭산德崇山에 출현하셔서 불법에 중흥조中興祖로 불교 부흥적 사업을 하시던 중 금세에 불교정화에도 스님이 초출발[20년 전에 발족되었던 불교정화 운동을 스님이 발기]을 하신 것이다.

그리고 스님은 덕숭산을 배경으로 하여 45년 동안에 불사도 많이 하시고 전 한국적으로 교화를 널리 하시며 불법의 골수법을 전계傳繼하여 정법의 상속자와 법제자 신도가 무수하였던 것이다.

오늘 불교계에 중진 인물이 다 스님의 법제자와 후배가 아니면 스님의 교화력으로 이어서 불교사업에 노력하는 이들인 것이다. 그러나 오늘에 정화운동선상에 힘찬 일꾼이 적어서 부정한 티끌을 소제할 길이 없어 애쓰게 되는 것은 스님의 교화력은 힘입을 인간이 그리 많지는 못하였다는 증명인 것이다. 스님은 법연인을 많이 만났기 까닭에 스님의 법량대로의 법력을 널리는 펴지지 못하고 입적하신 것이다. 일반민중적으로 보아서는 '인생의 정로'를 가르칠 지존적 큰스님이 나셨던 일조차 아는 이가 극히 적은 것이 다 흐르는 시간적 정비예로 인간성이 향하일로로 걷기 때문에 인간이 모두 공겁으로 떨어져가는 때라. 범성을 잘 가리지 못함이라.

무명의 인간들은 지보至寶는 밟아 없애고 해물害物은 가슴에 품어 놓치지 않으려는 것이다. 그런 인류계인지라. 법력을 공비할 까닭이 없음을 아신 스님은 그만 조용히 천화遷化하신 것이다.

스님의 한막 생활과 나의 느낀 바는 대의적으로 이만치 늘어놓으면 그만인 것이다.

그러나 스님의 면모를 희미하게나마 나타내어 독자로 불법에 귀의하는 동기가 되게도 하고 추모라는 인정적 표제를 쓰게 되니만큼 스님을 모시고 지나던 감상을 좀 더 여러 말씀으로 서술하게 되는 것이다.

어쨌든 스님은 스님의 팔자를 임의로 하신 것이다. 그러나 문하에 있는 우리도 생존 시에는 스님의 법적 용량을 몰랐던 것이다. 물物에 임하면 물세계로 불佛에 이르면 불세계 그대로 유유한 내 생활화시킬 만한 정신력을 가진 인간이라야 내 앞뒤 팔자를 임의로 하는 인간인데, 스님은 앞뒤 팔자를 당신 임의로 하는 분이었던 것을 법체를 바꿀 때에 더구나 명확하게 알게 된 것이다.

그리고 스님은 뉘 팔자든지 가려줄 수도 있는 분, 곧 뉘 팔자든지 책임져줄 수 있는 분이였던 것이다. 다행하게도 나는 스님께 팔자를 맡기려는 생각은 났었던 것이다.

그러나 나의 업력은 나의 믿음을 눌러 아직도 팔자를 아주 맡겨버릴 신심 곧 몰아경에 들 수 없게 하는 것이다.

다만 가느다란 믿음 '생명선'의 줄이 스님 없을 만큼 내 생활에 중심이 되었을 뿐이다.

스님은 과연 다생루겁多生累劫에 생적 채비를 많이 하신 것이다. 그러므로 생의 용기와 의욕이 초인간적으로 풍부하였던 것이다. 그리하여 스님의 생전생태로써 정신적 생활비[일체 요소를 갖춘 마음]가 넉넉한 것을 증명하였던 것이다.

곧 스님은 전 거동은 물체를 만들고 작용을 하는 만능적 자아를 파악하여 운용하는 표징이었던 것이다. 순역경에 똑같은 기세요, 희비의 장면에 모두 적역適役의 인간이 되었던 것이다.

연세가 팔십 줄에 드셨건만 언제나 젊고 유쾌하고 너그럽고 한가한 생활양태, 그러나 임하는 그때 그 장면대로 그 인간화한 행동과 그 생활을 하실 뿐 당신 따로의 살림이 없었던 것이다.

그러므로 아직 상법에서 초연하지 못한 우리들은 스님의 백세형수百歲亨壽와 함께 화기애애한 이 회상 기력도 달라지는 날이 있지 않으려니! 달마다 해마다 스님께 오는 모든 신남信男 신녀信女들에게도 언제나 똑같이 무량적 생명수를 내어주시려니 하였던 것이다.

스님 같으신 선지식善知識[돈지인頓知人, 곧 일체 리에 요달了達된 지식인]의 생전생후에 나기가 쉽지 선지식이 날 때 같이 태어나는 일은 천재일우인 것이다.

나는 스님 입적 후 그 일이 절실히 더 느껴져서 14년간이라도 스님 문하에 있었던 행복에 또다시 감사한 생각이 깊어지는 것이다.

위에 적은 바이지만 스님은 15년 전 음력 10월 19일 제일 맑은 날 이른 아침에 온 천하가 그대로 고요하게 잦아지는 듯한 기분 그 속에서 숨 한 번 들이쉬고 그만 다시는 호흡을 끊으신 것이다. 스님의 건강 상태로는 스님의 육체를 바꾸시는 일이 너무도 이른 데 대하여 우리는 놀랐으나 무상 법문을 눈앞에 보여 주시는 줄 아는 우리이기 때문에 각자적 깜냥대로 옷 바꾸어 입듯이 육체를 벗어 내리는 것을 뵈옵고 물체 전에 행동력이 있었던 증명을 더 잘 알게 된 것이다.

입적하실 그해 봄에는 "선지식이 필요 없는 세상이니 물러갈밖에…" 하시는 말과 함께 몸을 바꾸실 준비를 갖추하시던 것이다. 하루는 견성암見性庵으로 누덕두루마기 하나를 가지고 오셔서 늘리고 꿰매서 당신의 몸에 맞게 해달라고 하시며 "누더기 입던 납자가 누더기로 회향을 해야겠으니까…" 하시었던 것이다.

그래도 뜻있는 스님의 말씀이 우리에게는 멀리 들리었던 것이다. 그리고 그해에는 법문도 기회 있는 대로 또는 기회를 만들어서서 더욱 간곡하게 많이 하여주시던 것이다.

　누구에게나 언제나 유머러스한 태도로 임하시고 대하시기 때문에 언제나 스님이 있는 곳은 '웃음판'이란 그 말 그대로 벌어지게 하시면서도 누가 정진적인 기분인가, 아닌가 그것만 살피시고 무심히 지나는 이를 발견하면 정신 못 차리는 기계적 인간이라 하신 것이다. 시간이나 장소도 가림이 없어 마당가나 모시고 가는 길에서나 누워 쉬실 때까지도 스님 곁에 있는 남녀신자에게, 제자에게 마음 들여 설법을 하여주시며 "내가 죽기 전에 내 회상에 있는 납자나 신자들은 공부의 길이라도 얻어야 할 텐데…. 멀리 가서 어렵게 얻어질 것이 아니요, 각자적으로 날마다 일용하는 마음 자체가 무엇인지 의심하는 그 생각만 간절하면 그만 마칠 일을. 끌로 파고 넣어줄 수라도 있는 일이라면 그렇게도 할 수 없는 일이고. 암만 내가 알려주고 너희들이 배우고 싶더라도 오탁악세五濁惡世에 중독된 정신이라 되지를 않으니 서로 껴안고 통곡이나 할까? 별 도리가 없구나! 아, 이 얼마나 애달픈 일이냐? 백 년 일평생사도 큰일인데 세세생생적 크나큰 이 일을 금생에 못 이루면 또다시 무상법을 만날 것이냐…" 하고 탄식하기 마지않으신 것이다.

　참으로 혼미한 우리들은 스님의 그렇게도 고구정녕苦口叮嚀히 가르치는 말씀을 명백하게 납득되지 않은 대로 긴긴한 해가 몇 번이나 몇 번이나 지나가서 경술년庚戌年 10월 스무날께가 되었던 것이다.

그해 봄에, '10월이나 되면 추수도 다 되고 한가한 때가 되어 초상 치르기에 대중의 괴로움이 좀 덜할 듯한데' 하시던 말씀대로 그해 10월에 몸을 버리신 것이다.

당신의 옷가지나 쓰시던 그릇 나부랭이까지 다 처리하셨던 것이다.

시간적으로만 바꾸셨는지 장소까지 달리하셔서 이 회상에는 영 아니 오실는지 궁금한 일이지만 스님의 그 존귀한 몸은 그만 해소시키신 것이다.

28년 전에 나는 스님의 문하로 들어올 때 석가모니불이 유성출가踰城出家하시던 그런 장쾌壯快를 느끼었던 것이다. 세간에서 그리 알뜰히 쓰일 만한 인물이 못된 나로 강근强近의 친척조차 있지 않은 외로운 한 여성이었으니. 나 하나가 그 많은 인총 중에서 그 넓은 천지에서 슬그머니 빠져나오는 그 일을 어느 누가 그리 큰일로 알 것도 아니건만 그래도 그때에 나 혼자서는 가장 훌륭한 남자가 어떤 좋은 조건을 다 갖추어 내게 바치더라도, 천하에 하나 되는 선남자의 사랑의 품에 안겨졌더라도 마음이 동해질 이가 없는 인간이 된 줄로 자인하여 생리적으로 아주 딴 인간이 되어진, 내가 물욕까지 다 소제해버리고 오직 내가 홀로 발견한 미답의 초연한 세계로 상승하는 듯한 기분이었던 것이다.

그리하여 이 산중으로 들어오는 산 어귀에서는 산이나 나무까지 맞아주는 듯하였던 것이다.

그렇게 자처하였던 것이다. 더구나 그때 나 스스로는 건강하고 잘난 흔치 못한 지식을 가진 젊은 여자였고 지나간 남성의 그림자조차 청산할 만한 정신이면 언제나 처녀라 하여 나 혼자의 깨끗한 처녀로 그리고 내 내적 생활의 만족을 얻는다면 남의 이목이나 체면에 걸려 못하지 않을 만한 대담한 여자로 이 길을 택했기 때문이다.

아주 장한 듯한 태도로 스님 앞에 와서는 나의 심경을 그대로 거침없이 토로하였던 것이다.

"소녀 적에는 예수교 신자였으나 퇴타심退墮心으로 천당지옥설까지 부인하여 자유행동을 하며 문학에 뜻을 두고 지내다가 불교에 귀의하여 인생 생활의 전체가 되는 생로병사와 희로애락이 전생루겁으로 익혀온 망령된 습성의 집적이고 연장일 뿐, 인생 생활이란 그렇게 아무 의미 없는 것이라고 생각되었습니다.

그렇다고 되는대로 살다가 죽으면 그만인 일이 아니니 문제는 다시 일어나게 되는 것인 줄 알고 그 문제가 해결되는 법은 불법뿐이니 불법을 내가 먼저 알아 그 법을 남에게 선포해야겠다는 생각으로 선생님을 찾아온 것입니다. 다시 여쭈면 우리 인생 생활은 무량겁으로 순역적 생활로 의미가 있든지 없든지 죽으려야 죽을 수는 없고 각자가 내가 지은 업신 곧 혼의 대소강약, 우열을 따라 무슨 몸이든지 또다시 받아가지고 미래세가 다함이 없도록 현실 생활을 상속해가지 않을 수 없는 것이라는 것을 신도로 절에 다니며 알았습니다. 어쨌든 혼의 크고 강하고 우수한 그 기준대로 인격을 이루는 것인데 완전한 인격을 이루려면 정신, 곧 혼적魂的 수입이 넉넉해야 정신력이 생기게 되고 정신력이 완인이라야 시종이 없는 내 생활을 내 정신으로 할 수 있는데 정신적 수입은 참선법으로만 성취하게 되는 것을 알고 참선학자이신 선생님을 찾아 왔습니다" 하고 줄줄 늘어놓고 앉은 나에게 "허허" 유쾌한 웃음으로 대해주시는 스님을 나는 나를 대단히 환영하시는 듯하게 느끼어 더욱 스님 앞에 무난한 태도로 무슨 말이건 다 여쭙게 되었는데 그때 나는 무슨 말을 하였는지 다 기억하지 못하나 많이 지껄였던 것만 희미하게 상기되는 것이다.

다만 자랑스러운 태도로 지껄여대는 나를 칭찬하는 체하는 말씀 중에서도 분명히 나의 믿음의 부족을 발로시키시어 스님 앞에서 물러날 그때 나는 실망되는 듯한 기분 가운데서 나를 다시 반성하게 되었던 것이다.

그때 스님은 어쨌든 세속 여자로는(달녀達女 하고 볼 수도 없겠지만) 혼자 말씀으로 하시고는 이윽고 나를 바라보시며 아래와 같은 설법을 하시던 것이다.

참선이란 별것이 아니요, 참선하겠다는 그 마음의 마음을 알아 얻는 법인데 마음의 마음은 일체 창조주 곧 불이라는 것이다.

세상 사람이 다 나를 잃어버린 줄도 모르는 것은 불이 무엇인지 알아볼 생각조차 아니 하기 때문이라고, 불은 일체의 대칭대명사라, 대칭대명사로 할 바에는 불이라고만 이름 지을 것이 아니라 정신, 진리, 도道, 자아, 마음, 생각 등 무슨 이름을 붙여도 될 것이라고.

그런데 이 소아적 나는 소멸돼야 본체인 대아大我의 불과 합치되어 일체화한 불을 이루는 것이라고 귀의불이 곧 귀의자아라는 말이라고. 지극히 얻기 어려운 인신, 몸만이라도 유지해가려면 이 법에 지향만이라도 해야 한다고. 지향하는 마음이 곧 종교심이라. 종교심이 없으면 나무가 뿌리를 떠난 것 같아서 존재적 생명선을 놓치는 것이라고. 부처님이나 하느님을 믿는 것만 종교심이 아니고 누구나 나의 지도자로 성의껏 섬기거나 무슨 일에나 몸과 마음을 다하여 하는 것은 다 종교심이요, 행인 것이다. 그러나 인간적인 이 마음은 미약하기 때문에 믿음의 대상이 못 되는 존재나 내가 하는 일에는 역경을 만나면 그만 무너지고 회의가 생기고 기로가 벌어지게 되기 때문에 시공 너머의 선생, 곧 일체심을 알아 얻어 쓰는 완인인 부처님이니 조사祖師니 하는 분을 선생으로 지표를 정하고 일관되게 나아가야 하는 법이라고. 그리해야 일체능의 마음 곧 부처만 이루면 시공자체화 곧 일체가 된다고. 가령 이런 인간으로 밥 짓는 부엌데기가 되어 밥 한 그릇을 짓는다면 몸과 마음을 남김없이 일체화한 밥이라 부처님께 공양한다면 부처님, 하느님, 인간, 객귀, 걸귀까지 다 맛있는 음식 곧 일체화한 밥 한 그릇으로 되어 시방十方[상하上下, 사방四方, 향방向方]에 미진수 같은 세계인에게 고루 향연을 베풀어지는 것이라고. 그리고 졸병 한 사람이 자기가 천만 목숨을 가졌다면 천만 목숨이 아깝지 않다는 용감한 군인적 정신을 가지고 한 방을 적을 향해 쏜다면 천만 대병의 합치인 병력을 당할 수 있는 것이 원리원칙인 것이라고. 어쨌든 그 위치에서 그 정도대로 마음과 몸을 다하여 당면한 일에 충실하여 마음의 마음을 수습하는 참선을 한다면 쌍수적 수련을 하는 법인데, 그리하는 것이 사상적으로 방향을 정하고 행동적으로 지표를 정한 것이라고 중생적인 이 마음은 본마음의 파편이지만 일체적 요소는 전부 갖추어 있기 때문에 이 마음만 다하여 한 일을 이룬다면 시종적 큰일이 이루어지는 것이라고….

내일의 대성大成으로 내가 완인이 되는 것이라고, 생이 길기 때문에 일도 긴 것이라고, 영존인 일체 존재는 자기보존을 위하여 무형무념에서 얻는 정신적 수입과 혼과 육체의 노력인 사업적 매진, 곧 쌍수적 벌이를 영겁으로 해가지 않을 수 없는 일이라고, 이 일이 무시무종의 정칙적인 일이면서 정함이 없는 법이라 애써 만들고 익혀서 달라지게 되어 성불하는 법으로 아무튼 쌍수적인 이 일이 인생의 영구적인 당연이라 할 일인 줄 알고 실천하여 가게 되면 그때에 비로소 불변적不變的 안도감으로 더불어 무한대의 생명력을 얻게 된것이라고. 그리하여 어느 때 어디서 무슨 몸으로 무슨 생활을 하든지 탈선되지 않는 것이라. 그런데 누구나 무궁한 내 생활의 생활비를 장만하는 일에 종사하려면 먼저 현실적인 내 생활의 계획과 예산을 세울 정신이 지금 나야 할 것이 사실인데 내 생활의 예산을 세우려면 내가 존

재한 것은 사실이나 이 존재 전에도 존재하였던가? 존재 후에
는 어찌 되는가? 그 의심이 나게 되고 의심이 풀린 후라면 점점
미루어 우주 창시 전 때를 알아야 할 생각이 나면 그때 비로소
자기 자신의 근본도 모르는 인생임을 알게 되어 자신이 인생이
아님을 느끼게 되는 것이다. 그때가 비로소 정신 회복기의 초발
족이라고. 결국 성인이 되는 것이라고….

아무튼 근대인은 사전 일을 생각지 않고 순서 없는 생활을 하
기 때문에 몸과 혼에 안정을 얻는 날이 없는 것이다.

나는 스님의 설법을 듣고 선실로 나와서 그 시간부터 부동세
로 돌아 앉아 내 생각의 생각이 무엇인지 의심을 지어 가지 시
작하였다. 나의 업력은 내 마음대로 정진을 하게 하지 않는 까
닭으로 무한히 애를 쓰게 되는 것이다. 그러나 일체 문제를 해
결하신 대선생 밑에서 나도 일체 문제를 해결하게 될 것을 미리
기뻐하는 마음으로 무한히 만족했던 것이다.

스님은 불법이라는 형식을 그리 존중히 알지 않던 것이다. 스
님은 이理와 사事가 다 갖추어진 다각적 문화인이요, 또한 대예
술가로 평상시에 생활양태, 곧 그 생동적 장면 장면을 희비극화
하였고 더구나 어느 장면에서나 독무대로 스님의 일신으로 각역
을 도맡아서 남녀노소적 적역자로 울고 웃으며 노래하고 춤추
는 식으로 불법화시키던 것이다.

진광국사眞光國師의 전수傳授인 천상 음악인 우주적 정기로 가
장 어렵다는 '짓소리', 배에서 우러나는 소리에 아주 능하시고

불법 묘기를 남김없이 표현한 승무를 체현시키시던 것이다. 세계에서 독특한 별도의 예술 분야를 찾은 분으로 누구나 다하는 연출 누구에게나 다 맞는 묘기, 곧 백천삼매적 연예를 능연하시던 것이다.

스님의 직계제자인 한 분의 말씀이 연예에 관한 것뿐 아니라 스님은 대시인이요, 서도書道, 역도力道, 조화造花에도 능하심으로 스님을 만능이라 한 것이라고. 그리고 첫 솜씨로 부처님을 잘 조성하여 금선대金仙臺라는 스님 처소로 봉안하신 일이 있으셨다는 것을 들으면 조각에도 능하셨던 것이다.

그리고 신통력도 없지 않아서 부득이한 경우에 쓰실 때도 있었지만 평소에는 아주 숨기시던 것이다. 그리고 스님은 법왕法王으로 엄연히 앉아 계실 때는 숨결까지 낮추게 되지만 임의롭게 담소하게 될 때는 몸소 아무 장면에나 마치 변장되기 때문에 확 풀린 분위기에서 누구나 자유롭게 놀게 되던 것이다. 더구나 응구첩대에 능란한 스님은 마디마디 사람의 마음을 유쾌하게 또한 깨달음 있게 평어로 도담을 하시고 평소의 문답에도 곁에 사람까지 통쾌하게 웃지 않을 때가 없게 하셨던 것이다.

한번은 극장에 가서 입구로 밀려드는 여인이 하도 많으니까 속으로 "여편네들 많기도 하다" 하시는 소리를 들은 곁의 여인이 "여편네, 여편네, 자기 여편네인가?" 하는 말에 스님은 "제 서방인가, 탓을 하게" 하셨다. 나는 그때 웃음이 든 그 생각으로 지금도 웃어짐을 금할 수 없다. 그리고 스님은 언제나 아침에 일어나시면 기침소리를 크게 내시는데 그 소리는 납득하는 사람이 누구냐고 항상 말씀하셨던 것이다.

그것은 참선학을 마치신 분이라야 아는 소식인 까닭이다.

또다시 스님이 우리에게 늘 하시던 설법을 상기하자면 참선학이란 내가 나를 알아 얻어서 영구적인 내 생활을 정신의 주동으로 해나가게 되는 그 공부[수도]를 하는 것이다.

내가 나를 알면 남도 다 알게 되는 것이라고 내가 나를 아는 사람이 없기 때문에 스님을 찾아오는 사람이 끝이 없지만 스님의 의복衣服인 육체나 보고 참 몸을 보는 사람이 없으니 말소리 속에 말을 알아듣는 인간이 없다고….

인생이 가장 귀하다는 것은 내가 내 생활을 하는데 있는데 이 세상 사람은 행동은 하면서도 행동하게 하는 나를 모르니 짐승이나 다름없이 식색食色에만 매달려 동물적 생활을 하는 것이다. 내가 못 쓰는 것은 내 것이 아닌데 내가 마음대로 쓰지 못하는 나는 내가 아닐 터이니 내가 나를 알기 위하여 내가 내 정신을 수습해가는 이 공부를 하여야겠다는 생각이 있는 사람으로서야 어찌 아니 할 수 있을 것인가!

일체 존재의 뿌리[내적 본질, 곧 생명의 원천]는 하나인 것이다. 근세 인들이 다론한 갈래의 사상으로 각면各面 다각적 이론으로 갑론을박을 하게 되는 그 인생관은 실성인 때문이다.

한 뿌리지만 일어난 현실계에서는 너와 내가 있고 이것저것이 갈라졌으니 피차라는 마찰이 없지 않게 되고 각자적인 다른 입각지에서 출발하게는 되겠지만 사상적 방향은 공통적으로 되어 내적으로는 우주가 평화일계화로 되어야 될 것이 아닌가?

그런데 일체 존재는 다 같은 혈연으로 된 것을 모르기 때문에 다종의 종교, 각파의 사상, 각 부문의 학문, 여러 분야의 예술, 다단한 사건 등으로 혼란이 극에 이르러 전생영全生靈은 영일寧日이 없는 것이다.

더구나 요사이는 자타가 하나화한 인간이 없기 때문에 남이 곧 나요, 세계가 다 자국임을 모르는데 따라 아존我尊을 위하여 남을 해치고 자국의 이득을 취하려고 타국을 침략하다가 마침 내 인간의 잔인성은 골육이 서로 해독을 끼치게 된 것이다.

이것을 짐작이라도 되어 입산하여 참선을 한다면 한 학문도 전후 생각도 다 버린 백지화한 정신으로 정진을 하게 되어야 할 터인데 그런 정신으로 할 것인가! 그렇지 못한 것인가? 그것 하나가 큰 문제가 될 뿐인 것이라고, 이 법은 의식적으로는 알 아 얻을 수 없는 법이므로 살아서 육체라도 남이 되고 의식인 혼까지 소멸시켜야 된다고, 아무리 좋은 무엇이라도 물질적 영역 안의 것에 대한 미련이 있다면 참선학을 할 자격이 없는 것이라고 볼 것이라고. 스님은 내게 대하여 그대는 세속에서 여류시인이라는 말을 들었다는데 지금까지 쓰던 시는 새 울음소리고 사람의 시는 사람이 되어 쓰게 되는 것이나 그래도 시라고 쓰게 되고 그 문학적 수양을 하게 되는 것만도 그 방면에 연습을 다생에 하기 때문이라. 그 업을 녹이기는 대단히 어려운 일인데 글을 쓸 생각, 글 볼 생각을 아주 단념할 수가 있겠는가?

그릇에 무엇이 다른 것이 담겼으면 담을 것을 담지 못하지 않는가?

나는 빈 마음을 이미 가지고 왔습니다, 하고 여쭙고는 십여 년간을 글을 보지도 않고 쓸 생각도 없이 지나며 곧 견성성불見性成佛될 것을 희망하고 10시 전에 누워본 적이 없고 2시 안으로 일어나 보지 않은 때가 없는 것이다. 지해知解에는 좀 밝은 편이라 천박한 문제에 대한 해답이나마 하는 것을 보신 스님은 쉬이 깨달을 것 같이 여기다가 사실 어두운 여성인줄 아시고 가르치기 어려운 사람이라. 나나 되기에 가르쳐가게 되었다고 말씀하시는 것을 보면 나는 스님의 은혜를 보다 더 많이 입은 인간이라고 생각될 때 다시 머리 숙여 감사의 눈물을 흘리는 것이다.

나는 스님 문하 처음 왔을 때 부처는 누구고 그대는 누구냐 다 같은 소질을 가지고 왜 성불을 못할 것이냐 3일도 멀고 7일도 오랜 것이다.

불이란 생각하는 나와 생각하기 전이나 곧 창조성의 단일화의 완인인데 창조성은 생각의 반면인 무념이라. 생각을 철저히 전환시키면 이때 이 자리에서 얻어지는 법이기 때문이다.

옛날에 어떤 강사[불교적 대학자]가 어느 선지식을 찾아가서 도를 물으니 "무엇으로 강講을 하였나!", "마음이 하였습니다.", "아니지.", "그러면 허공이 하였다는 말씀이오?", "그렇다." 그 강사는 불복하는 마음으로 물러가자, 선지식이 "○○야" 하고 돌아앉아서 가는 강사스님의 이름을 불렀다. 그 강사가 뒤돌아보는데, "돌아보는 놈이 무엇인고?" 그 말씀에 그 강사는 곧 활연대오豁然大悟하여 도로 와서 절을 하는 것을 그 선지식은 "너같이 둔한 놈이 절을 하면 무엇하느냐"라고 하였다는 것이다.

그런 말씀을 들은 나는 스스로 아주 둔한 사람으로 치고 석 달만 정진하면 되려니 하고 돌아앉아서 스님이 가르치신 만법萬法이 하나로 돌아갔다니 하나는 무엇인고! 하고 의심삼매에 들려고 애썼던 것이다.

만 3년쯤 지나서는 의심삼매[시공제재 없는 무無]의 시간을 제법 많이 가지게 되니 지해가 생겨 스님의 법문을 더러 해답을 하게 되니 의심이 도리어 옅어지게 되고 자신 있던 해답은 걱정만 듣게 된 것이다. 곧 될 줄 알았던 성불은 아니 되고 시간만 자꾸 흘러갈 때 초조는 심하였던 것이다.

생활에 대한 계획과 예산이 세워진 일 곧 전정을 위하여 아니 할 수 없는 성불은 될 가망이 없고 사에 대비가 없이 이대로 지나다가는 느닷없이 닥쳐올 사선! 전로가 망망할 그때! 과연 두려운 일인 것이다.

성불이고 무엇이고 차라리 소멸되는 법이라도 있었으면, 세속에서는 죽음이란 피난처가 있어 최후에 갈 길은 있는 줄 알았었지만 생을 포기할 수는 없는 일이라 죽으려야 죽을 도리는 없는 우주적 원칙을 알게 되고 성불은 언제 될지 모르는데 가슴에서 불만은 은근히 타고 있고 나의 소망은 극에 이르러 속인 적에는 그런 최고 소망은 느껴본 적이 상기되지 않는데 눈물 없이 살 중의 생활인줄 알았든 나는 이런 다함이 없는 눈물 흘릴 일이 발견될 줄은 과연 몰랐던 것이다.

그러나 견성성불한다는 이런 무상법을 발견하지 못한 채로 죽었다면 '인신'이라도 받은 최귀한 금생을 그저 보내게 되는 것이 아닌가. 그렇다면 금생의 연장인 미래세가 다함이 없는 나의 전정은 과연 어찌되었을까! 하는 그 놀라움은 다시 절망絶望의 구렁에서 뛰어 나와야만 할 생각에, 마치 얼음에 쌓이고 바위 틈에 끼인 싹의 애달픈 생의 용기처럼 다시 일어나지 않을 수 없던 것이다.

그러나 역시 미약한 자력으로 매진을 할 수 없이 무한히 애를 쓰게 되던 것이다. 그때 스님이 간절하게 하시는 법문은 시들어 가는 내 정신의 영양소로 마치 초목에 감로수였던 것이다.

스님의 표어인 세세생생世世生生에 참선밖에 할 일이 없느라[참선은 이理와 사事 합치적 일]. 곧 생명이 길기 때문에 일도 긴 것이다, 하는 뜻인데 그 전제적인 불법적 의의로 스님은 늘 설법하시던 것이다.

긴 생명과 긴 일을 가진 나는 어찌 하는 수 없이 긴 생명으로 긴 일을 하여야 할 뿐인 것이다. 그리고 스님의 말처럼 나는 무한극수적 수명, 곧 무량수적 시간을 소유했고 일체 요소를 갖춘 우주능을 지니고 있는 것이 사실이 아닌가. 더구나 이미 증득한 나[만공滿空]라는 현물이 있어 지표적으로 대중 앞에 존재하지 않는가.

아무래도 찾아야 할 나 내가 나를 찾는 내 일을 다른 데서 남에게 구할 것인가. 각자적인 현물 자체에서 직접 찾아낼 가장 쉬운 일이 아닌가.

불경에 "갱대하생도차신更待何生度此身"이라는 말씀이 있는데 그 내적 요지가 내가 위에 여러 방편으로 설한 그 뜻이라. 시공의 합치인 이 찰나밖에 없으니 이 찰나를 온전히 파악하라는 뜻이라고. 그러나 생각이 일어난 이 찰나는 이것도 오가는 시간의 교류적 찰나로 잠시도 머무르지 않는 무적인 명상 곧 관념적 존재이다.

언제나 생각은 남는다.

생각은 낮에도 생각으로 밤에는 몽신夢身, 죽어서는 혼신魂身으로 돌아다니는 물체인 것이다. 이 한 물체가 희로와 생사경에서 따로 기거하게 되고 생각도 그때 그때만 하게 되는 것이 이 세 생각의 정체, 곧 존재적 본정신을 잃어버렸기 때문인데 인간들이란 생각인 혼을 삼체三體로만 알게 되어 종교인들까지 사혼死魂이 따로 있는 줄 알고 영혼靈魂이란 이름으로 달리 취급하게 된 것이다.

이 삼체는 다 상기적인 하나인 현실이요, 상기 전인 정체를 알아 얻어 현실화시켜야 인간이 되는 것이라고. 상기 후의 육신, 상기인 업신, 그 창조성 곧 법신이 삼체가 합치적 행동을 하게 되는 인간이 인간으로 내가 내 생활을 하게 되는 것이라고.

어쨌든 인간이 되어야 할 수밖에 없는 일이라 하면 될 일에 안 된다고 번민하는 그 시간에 손해를 헤아려 보라시던 것이다.

입산할 때는 자부심이 제법 있었지만 인간이면 의심이 당연히 날 일에 멍멍하게 된 나는 자신은 잃어버렸으나 아니 할 수 없는 일을 알게 된 나는 또다시 용기를 내어 며칠씩 갈비대를 땅에 대어보지 않고 의심을 지어갔던 것이다. 하루는 한 생각이 일어나서 아래와 같은 시조를 써가지고 스님께 갔다.

내가 나를 버려두고 남만 찾아 헤맸노라.
사람과 그 말소리 서로 못 봄 같아서야
뵐 모습 없사옵건만 여읠 길이 없어라.

스님은 받아서 보시지도 않고 무릎 밑에 넣으시고 손을 내어미셨던 것이다.

나는 내 두 손을 받들어 드렸다.

아무 말씀 아니 하시고 그 시조를 꺼내보시고는 한 구석 더 넣어야겠군, 하셨던 것이다. 스님이 입적하신 이듬해에 그 시조를 다시 고쳐 만들어본 것이다.

내가 나를 버려두고 남만 찾아 헤맸노라.
사람과 그 말소리 서로 못 봄 같아서야
뵐 모습 없사옵건만 기거起擧 자재自在하여라

겨우 자성[자아, 도]을 짐작한 구勾인 것으로 자신한 것이다.

내 이제 스님께 얻은 도리를 한번 해석하여 볼 것이다.

나와 스님과 부처님 모든 인간과 비인간인 선악의 여러 신神과 동물, 무정물이 현실계에서는 각개적 존재이지만 정신으로는 오직 '나' 하나뿐이라. 정신은 일체 존재의 뿌리라 이것은 이론만이 아니니만큼 우선 이 정신, 곧 뿌리를 파악하여 쓰게 되어야 하는 것이라. 스님은 스스로 체달하여 행동하시던 것이다. 나는 이제 스님이 육체는 안 계셔도 정신은 현실화된 그 장면에서 스님화된 정진을 하는 것이라고 믿고 있는 것이다. 스님화할 생각이 나게 하는 그 생각 곧 스님의 현실화를 보는 눈은 오직 믿음이다. 내가 지녔던 일체의 것을 버린 몰아적 믿음, 그 믿음으로만 보이는 것이다.

몰아적 믿음에 이르지 못한 줄을 아는 나는 스님을 다 보지 못한 것을 모르지는 않는 것이다. 이 회상에 있는 대중 가운데에도 나보다 믿음이 철저하여 스님화한 이도 있고 나보다도 믿음이 부족한 이가 다만 인연의 의존으로 함께 살 뿐인 남승이나 니승도 없지 않을 것이다. 어쨌든 믿음의 정비례가 나를 이루게 되는 것이다. 믿지 않는 이 세인이기에 스님도 가시고 불보살도 때를 기다리고 숨어계신 것이다. 믿음은 기초가 될 뿐이니 건설이 있어야 하는데 건설은 무의 정화인 나를 이루는 일이다.

일체를 나로 화化하는 법은 오직 성성惺惺한 무념처無念處가 나의 독무대화되어야 내 몸소 일체중생역一切衆生役에 능하게 되는 것이다.

어쨌든 일체중생이 다 내가 되려면 일체중생의 창조주인 만능의 자아, 곧 정신을 파악해야 하는데 그 정신이 정신이라는 생각이 난 이 정신이 아니기 때문에 무념처라고 이름 지어둔 것이다. 이 생각이 생각의 파편이지만 일체 요소를 갖춘 생각 곧 무념을 여의지는 않았기 때문에 이 시공의 시始와 종終이라 이 생각 하나만 온전히 파악하면 일체 생각을 운용하는 것이다. 앞뒤생각이 뚝 끊어진 자리 곧 시공의 제재를 벗어난 그곳이 나로 화하여 남김 없으면 행동화하게 되는 것이다. 기적이니 신비니 하고 현실화되는 것을 믿지조차 못하는 그 정신력은 우선 겨우 인형을 지니고 있지만 내생에는 결코 인신을 못 얻는 것이다.

시공이 자체화하면 만유 곧 나기 때문에 만유의 생리와 기능을 임의로 발휘하게 되는 것이다.

인간에게는 불가능한 일이 없는 것이란 그 말도 철두철미 현실화되는 것이요, 우주가 나라는 그 원리도 사실화로 남김없이 되는 일인 것이다. 다 이루지 못함은 관념으로라도 따로 가진 것이 있는 때문이라. 무아 곧 자타가 끊어진 일체화만 되면 다 버려서 다 얻어지는 원리대로 무유 전체가 내 차지가 되는 것이다. 이런 망상은 망념구妄念句를 내는 것이다.

시간이 제 오가고 공간 또한 제 돈다.
시공 함께 내 원내라 공손외호恭遜外護 하는구나.

다만지 연연演然의 웃음소리 겁외에서 들려오네.

　오래 애쓰고 설법 많이 들은 그 결과로 짐작된 그것이 내게 무슨 큰 실리를 준 것은 없고 다만 나의 믿음에 대한 척도를 좀 짐작하게 되는 데에 따라 스님의 가르치시던 말씀이 재인식되는 것이다.

　내가 믿을 만한 대상이라면 그에게 목숨을, 혼을 다 바쳐 합치경을 넘어야 하는 것을 알았을 뿐이다. 옛날에 명학이라는 중은 그 제자 되는 도인을 믿다가 죽었는데 믿음은 있었으나 너무 욕심이 과한 까닭에 죽어 큰 구렁이가 되어 생전에 탐착하던 곳간을 지키고 있는 것을 그 49재齋에 그 제자가 죽을 한 동이 쑤어다 주어 다 먹고 난후에 돌에 머리를 부딪쳐 인신으로 몸을 바꾸라고 그 제자가 강권하니까 죽기가 싫어서 눈물만 흘리는 것을 또다시 호령을 하니까 할 수 없이 그 제자의 명령대로 부딪쳐 죽었는데, 인연 있는 모태로 인도하여 그 모태에서 열 달 자라 나와서 다섯 살 될 때 데려다가 가르쳐서 오 세에 득도하기 때문에 오세암五歲庵이 있는 것이다. 몸이 구렁이가 될 때도 믿음만은 남았던 것이다. 나의 믿음은 아직은 아주 보증하기에 미치지 못함을 알아 스스로 슬픔을 느끼나 그래도 이 믿음은 이제 죽어 내 정신력이 부족해도 구제해줄 스님이 계신 것은 믿어 아주 매昧하지는 않을 것이다. 그래서 스님께서는 대중에 나는 만공스님 제자요, 하는 말만이라도 혼이 있지 않게 하라 하시던 것이다. 어쨌든 살아 있는 동안에는 시간을 아껴 공부하여 내 정신력을 익혀야 할 뿐인 것을 정진이란 말세인간인 우리에게는 믿음을 길러가는 것임을 나는 아는 바이다. 다시 말이지만 이미 무량수의 시간과 만능의 자아를 지녔고 미래세가 다함이 없는 전정을 보증해 줄 수 있는 선생님이 계시니 하면 될 일 할 수밖에 없는 이 일에 어째 수년이 멀다하고 만 년이 지루하다 할 것인가?

우리 말세중생은 다생루겁에 무명법만 익혀왔으므로 최고극말적最高極末的 고경에서 시간적으로 익힌 이 정신의 무게가 좀 더 무겁기 극히 어렵기 때문이다. 스님이 생존 시에 누구나 공부를 잘못해서 염라국에 잡혀가더라도 '참선하는 사람이오' 하는 말만 아니 잊어도 악도惡途에 떨어지지 않고 다시 인신을 얻게 되어 공부를 이어갈 수 있다고 말씀하였던 것이다. 사실 참선법이 생각으로라도 여의지만 않으면 다함이 없는 전정을 위하여 아무 걱정되는 일이 없는 것이다.

그래서 나는 스님 유훈 중에서 오 조항을 택하였는데 그중에도 특별조로 세세생생에 선지식을 여의지 않고 참선할 원력을 세운 것이다. 참선은 생자가 삼시 밥 먹어야 하는 일같이, 생각이 있다면 놓치지 못할 영존자의 생계비인 까닭이다. 나는 스님을 모시게 된 후로 스승, 제자의 의의를 비로소 알게 된 것이다. 남의 스승이 되면 사람을 근본적으로 개조할 수 있는 법을 가진 자신을 가지게 되어 한 사람의 전정의 시작부터 구경까지 책임질 수 있는 능력을 갖게 되어야 하는 것이다. 곧 구세주가 되어야 하는 것이다. 제자는 천만 목숨을 바쳐도 아깝지 않을 만치 스승을 존중하게 여기고 믿으며 스님의 명령이라면 안위를 돌아보지 않게 되어야 하는 것을 알게 된 것이다.

그래서 스님은 제자의 공부는 선생을 믿는 그 척도대로 성취된다 하신 것이다. 그러므로 나는 스님의 가르친 것 중에 '성품이 백련白蓮같이 되어 물들지 않게 된 후에 이 산에 나리라'는 말씀을 들은 후 마음으로 하는 일은 임의롭지 못하지만 행동으로 할 일이야… 하는 생각에서 28년간에 떠날 일, 떠나야 할 일을 돌아보지 않고 이 산중에만 있었던 것이다. 불장은 다 도량이지만 세월과 함께 장소적 정신도 쇠퇴되기 때문에 생불도량인 이 도량에서 감화받아야 하는 것이다. 어쨌든 스님은 스님 될 자격이 충분하지만 나는 아직 제자 될 준비가 되지 못한 것을 안다.

그것은 행동적으로 하는 일에도 스님의 가르치심에 십 대로도 실천에 들어가지 못한 까닭이다. 그러나 제도濟度될 자신은 이미 가진 것이다.

이 육체로 살 이 평생사를 맡아 보아줄 사람이 있다 하여도 감사하기 끝이 없을 것인데 하물며 영구적 생활을 책임져줄 분을 만나게 된 내가 그 얼마나 만족감이 느껴질 것인가.

이 조그마한 나를 바치면 크고 완전한 나와 바꾸어줄 터이기 때문이다.

나는 아는 다른 이에게도 스님께 귀의하도록 권하였던 것이다. 귀의한 그들은 않고 살던 걱정 근심은 우선 스님 한번 뵈옵기만 해도 스님의 훈훈한 협동적 분위기 곧 도력화기道力和氣에 녹아버리고 말던 것이다. 적의를 가지고 온 자도 스님 앞에만 이르게 되면 스스로도 모르는 결에 스르르 무장이 해제가 되어 그만 스님께 귀의하게 되던 것이다. 스님은 40여 년 동안에 그 기류자제機類資第대로 허다한 사람들을 교화하여 그 정신을 다 돌이키신 것이다.

금방 울면서 스님 앞으로 나아가던 이가 스님의 법문을 듣고 '나는 다시 울지 않게 되었어요' 하며 웃음을 띠고 나오게 되는 일도 종종 있었던 것이다. 그런데 최고 단계인 법에 대한 대화나 법거량法擧揚하는 일에는 나의 정도로는 미치지 못하는 점이 있기 때문에 법法에 허물을 끼치지 않으려고 이 추모문에는 말씀을 아니 하는 것이다. 따라 스님의 읊으신 많은 즉흥시나 오도시悟道詩나 스님이 받고 주신 전법게傳法偈 등도 약略해버리는 것이다. 그래서 좌담식의 법설만 대략적인 것이다.

내가 알던 어떤 늙은 신여성은 나의 소개로 스님의 신도가 되었으나 가정 사정으로 집에서 공부도 안 되고 법문 들을 기회도 늘 놓치어 아래와 같은 탄식의 노래를 지어 스님께 보내었던 것이다.

어제는 이저 시름. 오늘 또한 이 일 저 일. 또 하루 해 저물어.

내 할 일은 늘 놓치네.

서산에 넘는 해를 못 붙잡아 한이니라.

견성암見性庵 수도장修道場을 때 바빠서 못 찾으니

똑딱똑딱 시계 소리 무상살귀無常殺鬼 발자취라.

만萬에 만만만만 리에 내 앞길을 어이하리.

스님은 '백초百草가 곧 불모佛母'라는 외글 구로 답장을 하였던 것이다. 그 여인은 스님의 답장을 보고 불이 곧 세법이라는 불법이면佛法裏面을 살피게 되어 길이 안도감을 느끼고 살게 된 것이다. 어쨌든 터럭 끝 하나 남음이 없는 정신적 전환이면 그만인데 아직 그러한 구경처에는 이르지 못하더라도 스님을 어지간히 믿고 스님의 법문을 듣는 사람이면 삶의 용기와 일의 판단력을 얻게 되며 스님은 그들에게 관용의 끊임없는 근원이 되어 쉽게 마비되는 책임감을 즐겁게 융화시키게 되고 저하되기 쉬운 생활의 향상력을 복돋아주는 대상이 되셨던 것이다.

어쨌든 신자나 제자들은 스님의 감화력으로 누구나 생적 정신인 생명이 길기 때문에 일도 길다는 그 사상을 가지게 되는 것이다. 그래서 정신적 수입인 염불과 참선을 하며 각자적 자기 책무에 진실된 노력이 있게 되었던 것이다. 스님을 믿는 이의 수가 좀 더 많았더라면 우리 한국이 오늘같이 혼란하고 빈약한 민족으로 내적 곤란과 외적 침해를 받지 않게 되었을 것이다. 같은 민족인 남북의 갈등으로 서로의 곤란도 겪게 되지 않을 것이다. 그러나 스님은 이 한국의 불법이 정화되어 세계화될 것을 예언하시고 세계화의 상징으로 무궁화를 '세계일화世界一花'라 하신 것이다. 그리고 이 배달민족 중에는 참 정신[정법]이 이른 봄 녹지 않은 눈 속에서 남모르게 자라는 엄처럼 숨겨 있어 때가 오면 그 서광이 세계에 빛나게 되리라고 말씀하시던 것이다. 그리고 이 덕숭산 전체는 스님의 40여 년간 감화하여 불법 발원지로 일일발전이 있어 많은 도인이 날 것이라고….

어쨌든 스님이나 신도들은 사장으로, 부형으로 믿고 스님의 위안과 지도하에 인생의 정로를 걸어가는 중이지만 아직 육체의 이별인 현실의 슬픔을 느끼기 때문에 스님이 의외로 떠나시니 각 선원禪院에서나 각 불교단에서는 물론이지만 전한적으로 애도하는 이를 셈으로 셀 수 없었던 것이다.

벼르고 별렀으나 스님 생존 시에는 와서 뵈옵지 못한 이들도 스님 가신 후 스님의 각영전에 달려와서 스님의 무언의 법설을 들으며 길이 슬퍼하는 일도 끊이지 않는 것이다.

어쨌든 정한적으로 스님을 애모하는 이의 눈물을 모아 동이나 독에 담는다면 동이로 독으로 채울 만큼 많았을 것이다. 현재 세계불교가 아직 문자불교적 영역을 넘지 못하였는데 세계에서는 존재도 잘 모르는 조그마한 이 한국에 스님 같은 큰 도인이 출세하였던 일은 얼마나 기적적인가.

사상계의 왕자라고 받드는 '톨스토이' 옹도 석가모니불의 '열반'이라면 법설을 자기를 부인하고 미래에 열반락을 구하는 법이라 한 것이다.

'열반'이란 현실의 내외를 남김없이 파악하여 운용하게 되는 때 곧 무슨 일에든지 일체화로 쓰게 된 때라. 일에는 불가능함이 없고 마음은 편하지 않을 때가 없이 된 대안大安을 얻는 것이다. 다시 말하면 어느 때 무슨 몸으로 어느 세계에서든지 시공의 자극을 벗어난 생활 곧 생사고락 중에서 무위락을 누릴 수 있는 안신입명처를 말씀하신 것이다.

톨스토이의 자가종自家宗은 사랑인데 사랑은 미움의 대상으로 사랑과 미움이 하나인 법은 닭이 알을 낳고 알이 닭을 낳는 일밖에 모르는 말이다. 생의 절대 희구는 평안 그뿐이라. 한 생각이 일어나면 편과 불편이 생기기 때문에 사랑하기는커녕 사랑한다는 생각부터 멸한 열반경에서야 대평안을 얻는 것이다. 또 다시 말하면 일체가 자기, 곧 자아 하나로 시간과 장소와 생활이 오직 각자 자체로 자심의 임의라는 철두철미 현실적이고 자기의 무명을 드러낼 뿐 아니라 많은 후배의 앞길을 막아 내린 것이다. 전 인류의 경앙 속에 있는 다른 사상가들도 현실과 현실의 내적 본질 곧 창조성을 온전히 파악하여 운용하는 법으로, 이 법이 아니고는 인간이 되어볼 수 없는 것이 원리원칙인 것을 알아 얻는 법조차 아는 이가 드문 것이다. 그런데 그들이 자가무지의 폭로를 모르고 불법에 관해 허무주의니 염세철학이니 하는 무식한 말을 하는 것이다.

현실은 창조성으로 이루어진 그림자인줄을 모르고 다만 물체의 의존인 물질적 정신만 인정하기 때문이다. 어쨌든 면목은 나타내지 않고 행동만 하는 이 법이라 고등의식의 주인공이 아니면 알 수 없는 비밀이기 때문인 것이다. 오직 물질적 영역 안에 있는 이치는 다 설해 맞춘 '아인슈타인' 옹은 '우주의 진리는 불법佛法'이라고 표명한 것이다.

이 세상에 학자, 종교가 중에 불법화한 스님의 법계法階를 바라볼 만한 정도로 알려있는 자가 그 몇몇이나 있을는지, 그러니 현재 세계 각국의 민도의 수준은 가히 알아볼 일이라, 그래서 신명을 아끼지 않고 세계적으로 펴보려는 교화망教化網을 그만 거둬버리고 스님은 법애적 통한으로 눈물을 흘리시며 교화를 받을 만한 정도 곧 인연이 이를 때를 이루고 그만 자리를 옮기신 것이다.

스님은 늘 아래와 같은 말씀을 하셨던 것이다.

이 회상으로 나를 찾아오는 사람이 무수하지만 만공[스님의 법명]을 보았는가? 하고 묻는다면 바로 대답할 자가 누구냐고 하시던 것이다.

스님의 육체나 행동적 양상 외에 진면목을 보는 자가 없음인 것이다.

더구나 당신의 문하에서 날마다 법문을 듣는 납자들인 우리들을 향하여도 날마다 나의 거동을 보고 가르침을 받으면서도 선생인 나의 일용처를 살피지 못하는데 따라 너희들의 행동의 정체도 알지 못하는 무리니 짐승과 다름이 무엇인가! 하고는 말쓸하시던 것이다.

나는 그 말씀을 알아듣기는 함으로 일갈을 하거나 속으로 두 두물물頭頭物物이나 소리 소리가 다 스님의 일용처로 우리의 행동이 정체인데, 하는 생각이 입가로 빙그레 웃음을 스미게 하던 것이다.

아! 스님은 천상에 나셨더라도 환락에 도취되지 않을 것이요, 지상인의 자녀로 자라더라도 한결같이 정진 중 곧 자타가 일로의一路意에 고요히 거닐 것이다.

정적靜寂의 겨울이 지나면 다사로운 봄이 이르는 것이 자연법칙인 것이다.

스님도 천지가 잦아지는 듯이 정적에 드셨으니 혼잡한 인간계로 돌아오셔서 구세주로의 여전한 분주경奔走境에 드실 것이다. 그러나 스님 재세 때에 스님의 법체로 하신 설법 아래에서 스님의 법과 사업을 이은 직계손直系孫들이 없지 않지만 이理와 사事에 남김없이 계승한 이들이 있는지는 모르는 것이다. 그러나 이제 내가 글로 전하는 스님의 이 설법하에서도 만능적 자아를 발견하여 자아적(우주적) 사업을 이룰 제자가 많이 나기를 바라는 바이다.

어쨌든 이르는 곳에는 웃음판을 만들던 스님의 일거수일투족이 모두 묘법의 표현이던 것이다. 우리 대중은 스님을 따로 봬올 때는 그렇듯 간절히 알려주신 법을 모름으로 법답 못하는 부끄러움과 근심으로 몸을 바로 가질 수도 없는 경우가 많았지만 정신적 공간은 가지지 않았기 때문에 스님의 그 너그러우신 포용력에 심혼이 스며들게 되어 세우에 옷 적셔지는 것같이 법의 함양이 있었던 것이다.

스님은 일체생령一切生靈의 살활의 권權인 법력을 가지셨던 것이다. 일체생령의 살활의 권인 법력을 얻으려면 이理로의 요득 외에 행으로도 불가사적 세포 조직으로 된 우주적 사업, 곧 팔만사천세행을 모두 실천해 맞추어야 이사理事로 일을 다한 '무위락無爲樂'에 드는 것이다.

이 글은 스님이란 인간상인데 그 척도에 안 맞는 것을 곧 서투른 나의 글에 나타난 스님이라. 전면을 나타내지도 못함에 희미하고도 바르지 못한 상像이지만 윤곽만은 비슷하게 그려 이만큼 누구나 이글 보고는 인간이란 저러한 상을 가지게 되어야겠다는 생각쯤 가지게 될 것이다.

만일 이 상을 보고는 중심에서 감응되는 무엇이 없다면 인간성의 결핍의 표징으로 겨우 인형을 얻었던 시간적 인간인 것이다. 현실 곧 정신의 연장이 그대로 후생이니 현장에서 인정 안되는 일은 내세를 보증할 수 없는 것이다.

그러므로 내생에는 현상 유지도 못하게 되어 이 인신도 잃어버리게 될 것이다.

그 점으로 각자적 인간의 가치 비중을 스스로 달아보아 중생으로는 최고극말의 고경인 사선을 넘을 때 정상적 정신을 가지게 될 것인지 알아야 하는 것이다. 곧 사에 대비를 하여야 할 것이다.

이제 나는 스님이 계시던 이 영산회상靈山會上을 여의지 않고 정진하는 것이 곧 사의 대비인 것을 알 뿐이다.

그리하여 사제 간에 의의니 사교제수師敎弟授니 하는 경계선을 깨뜨려 일선화시켜 사師[불] 제弟[중생]의 합치적 정화精華의 꽃이 되는 날 곧 불일재혼일佛日再揮日이 이를 것을 기필하는 바이다.

병신년 10월 20일
덕숭산 견성암 만공 제자 김일엽 씀

4

울지 않는 인간

— 입산 25주년 새해를 맞이하여

25년이란 시간은 우리의 삶에 불가사겁不可思劫 전후 시간에 비하여 극히 짧은 한 토막의 순간인 것이다.

그래도 입산 26년 전의 일인데 물질적인 정신 이대로 생각한다면 그때 일이 아득한 옛일로 아련히 나타나는 것이다. 그때에 조선일보사에 송년사를 아래의 시조를 글머리로 해서 발표하였던 것이다.

평생의 흘린 세월 되걷진 못하여도
이후로나 때붙들어 보람 있게 쓰쟀더니.
이 해도 생마生馬 같아야 나를 차고 닫고녀.

이 글은 그때 나의 실감이었던 것이다. 나는 그전 해부터 새

발족으로 내 분야적 일에 시간을 잘 이용해보려던 것이 아주 여의치 못하였던 것이다. 그때 나는 불문에 들어온 지[신도信徒] 한 5년이나 되었던 것이다. 그 전에 나는 업혀다니면서부터 예수를 믿었는데 아마 여덟 살쯤 되었던 때일 것이다.

그때 예수를 믿지 않으면 다 지옥에 간다는 말을 듣고 어린 생각에 어찌 무섭던지 나와 우리 부모는 예수를 잘 믿으니 아무 염려없지만 믿지 않는 세상 모든 인간들은 얼마나 불쌍하냐, 나는 자라서 전도부인이 되어 식인도食人島에까지 가서 전도를 할 것이다, 하느님의 능력으로 나를 잡아먹게는 아니 할 것이요, 설사 잡아먹힌다 하더라도 죄 많은 나의 몸은 그들의 배를 불리게 되고 영혼은 하느님이 천당으로 데려갈 터이다, 하는 생각으로 얼마나 만족하였던지 몰랐던 것이다. 그러나 심정증명[신심] 만은 (믿음이 아주 철저하지 못한 인간에게는) 그리 큰 힘을 주지 못하게 되는 것이다. 따라서 믿음의 가치를 잘 알지 못하게 되던 것이다. 그때 나는 예수를 믿기만 하고 현실적인 것은 육체로는 보지 못하는 것으로만 알았던 것이다.

그저 하느님의 은혜겠지, 하느님이 보호해주시겠지 하는 식의 믿음만 가진 신자였던 것이다. 표현된 말로 믿게된다면서 현실화를 못 본다면 신자로의 자격도 갖추지 못한 것이다.

그러므로 그때 나는 어린 중생을 인도하는 방편설인줄 모르고 의심만 나게 되었던 것이다. 그래서 믿음이란 귀보貴寶까지 잃어버린 것이다. 무소부지無所不知하신 하느님이 선악과를 따

먹을 줄 왜 몰랐을까? 더구나 자유를 주셨다니 욕심이 가득찬 인생인 아담, 이브라 못 따 먹게 하는 엄명을 어기고라도 따 먹을 것인데 자유를 주면 더 잘 따 먹을 것이 아닌가. 하느님이 근본적 창조주라면 선악의 씨는 아무래도 하느님의 창조적 의도에서 나온 것이니 선악적 책임은 하느님께 있을 것이 아닌가? 나라는 생각도 없던 피조자인 인간이 지옥고를 받을 때 어찌 억울한 생각이 나지 않을 것인가 하는 등등의 의심과 함께 나의 일동 일정을 하느님이 살피신다는 강압적 관념에서도 아주 벗어나 하느님의 뜻을 어기는 탈선적 행동을 하며 천당지옥설까지 부인하는 배신자가 되어 아주 위험 상태에 빠졌던 것이다. 근 10년간 무종교인으로 더구나 사회적 구속까지도 받지 않는 여인이었던 것이다. 체면과 남의 이목에 매달려 자기 내적 생활에 불만을 참고 지내는 인간은 약자요, 어리석은 존재라는 것이었다.

도덕이라는 것도 절대가 아니요, 정조라는 것도 육체의 정, 부정을 논할것이 아니니만큼 정신적으로 이성의 그림자까지 아주 청산된다면 개조처녀改造處女를 얼마든지 창조할 수 있는 것이 자유를 가진 인간이라는 것이었다. 스스로 처녀로 재귀할 수 있는 인간이면 어떤 난관이라도 극복하고 새로 생활을 창조할 만한 대용기를 가진 인간이라고 혼자서의 신정조관新貞操觀을 주장하던 것이다.

그런 여인인 나는 대상이 되는 이성에 지극히 충실하였던 것이다.

그 대신 체념도 쉽고도 단연적이었던 것이다. 그러나 실력 없는 나의 자유는 어린이의 손에 날센 칼을 들린 것 같았던 것이다.

이때에 나를 살린 것은 불법이었다. 불문에 들어와서 크게 느끼던 그 환희는 근 40년 된 오늘에도 꿈에까지 미치는 것이다.

불교에 귀의한 나는 예수 믿을 때 식인도에까지 가서 전도하겠다던 그 마음으로 예수교법에도 비할 수 없이 깊고 오묘한 이 불법을 어찌하면 널리 알려볼까 하는 생각이 북받쳐 참을 수가 없었던 것이다.

시나 수필에 불교 문구나 술어를 애써 따다 얽어서 불교선포문을 만들어 보았지만 여의하게 되지는 않는 것이었다.

그리고 불법에 귀의하여야 모든 문제는 해결된다고 만나는 이에게는 열렬히 이야기하지만 누구 귀 기울여 듣는 이가 없을 뿐 아니라 어떤 무흠無欠하게 지내는 친구는 삿대질을 하며 또 '불교에 미쳤구먼, 미쳤어' 하며 비웃기만 하던 것이다. 그래도 나는 어떻게 하면 포교에 심폭적으로 나의 만족이 얻어질까 깊이 생각한 끝에 대문호大文豪가 되어 많은 작품을 불교화시켜 길이 전해볼 것이라 하였다.

그러나 나의 재분才分이나 지식을 헤아려 스스로 단시일 내 문호가 될 수 없음을 알고 성급한 나는 신통력으로 대작가가 되어 보려고 전문으로 도인이라는 용성龍城스님을 찾아 신통력을 어떻게 얻습니까 하고 물어 관세음보살, 관세음보살 부르는 고성염불高聲念佛을 하게 되어 한 2년 지나는 동안에 현세문호라는 이들의 작품은 생명 없는 허가체虛架體라는 것을 알게 되었다.

소위 불후의 작품이라는 것이 완전적 문예의 소재 곧 무념에서 얻은 것이 아니요, 겨우 혼이니 신이니 영이니 하는 데서 우러난 것이 아니면 오래 익혀온 습기의 움직임의 오색찬란한 환물이었던 것이다. 아무튼 본정신인 창작력으로 된 작품이 아니었던 것이다. 그리하여 행동적인 생명체를 창조할 수 없는 거짓 창조주가 된 것이다. 그들은 불출구의 창조성이 있음은 상상조차 해보는 이가 드문 작가인 것을 피상적으로나 짐작하게 되었던 것이다.

그런 작가가 되는 것을 최상 목표로 하였던 나의 어리석음을 스스로 웃었을 뿐 아니라 내 행동의 주인 곧 나를 모르는 인간이 창조주가 되려는 엉터리 희망은 자연 얼마나 무지한 일이었던가. 더구나 불법은 신통력이 아니요, 물질적인 이 정신도 아니요, 글과 언어와 이론과 사량이 끊어진 근본 정신이라고 불법을 아는 스님들이 가르쳐주었던 것이다.

어쨌든 불법화의 인간 곧 일체를 나화한 인간이 아니면 무엇이나 나를 따르지 않게 되는데 더구나 시간이 내게 붙들릴 리가 있느냐고, 아무튼 불법을 남에게 알리려면 내가 먼저 불법을 알아야 한다고 말씀하여 주었던 것이다.

그때에 비로소 사전 일 곧 인간 생활이 개막되기 전에 인간의

4 · 입산 25주년 새해를 맞이하여

정신부터 갖추어야 될 것을 알았다. 인간부터 되어야 내 임의로 창작을 할 수 있는 창조주가 될 것도 안 것이다.

그리고 하고 싶은 일을 다 해본 결과 아무리 좋은 조건을 다 가져봐도 만족은 있지 않음을 알게 되었던 것이다.

만족이 없는 까닭은 나의 소유의 끝장을 보지 못하여 안타까워하는 나의 내적 부르짖음인 것을 어렴풋이나마 느껴진 것이다.

나의 안팎이 꽉 조여서 완전화하면 한없는 대기大氣의 자유인으로 대공大空에 굴러 부족함이 없을 것도 의희依稀하게 바라보였던 것이다.

더구나 문화인이 되려면 대문화인인 부처님의 문하로 직접 들어와야 할 것을 알고 입산한 것이다.

입산! 의외에도 나의 입산은 정법을 맞게 한 것이다. 소경이 문門 바로든 격으로 인생 문제 곧 인생인 나를 찾는 직로로 향하는 출발점에 이르게 된 것이다.

출발 지점에서는 목표가 바로 바라보이게 되는 것이다. 목표를 바라보며 가슴에 벅찬 그 기쁨! 마치 목마른 사슴이 물 냄새에 느끼는 그 환희와 같은 환희의 마음은 목마른 내가 물찾는 길이 바쁜 것도 불구하고 다른 목 타는 모든 동지를 부르지 않을 수 없게 되어 이제 나는 내 분야적 책임이 아닌 붓을 들게 된 것이다. 내 분야가 아니라는 것은 아직 내게는 새해가 오지 않은 것이다. 아직 수원水源을 발견하는 날이 남은 까닭이다. 세상에서는 20년이란 기나긴 시간에도 발견되지 못한 수원이 언제

발견될 것이냐고 하겠지만 그러면 영겁에 갈증은 어찌할 것인가? 그러므로 동행할 것을 권하지 않고는 못배기는 성급한 마음이 잠자코 혼자 갈 수는 없는 것이다.

아무튼 나의 입산으로 나의 인생관적 표침이 아주 바뀌어진 것이다.

누구는 예술은 길어도 인생은 짧다고 하였지만 나는 인생이 길기 때문에 예술은 멸하지 않는다고 우주적으로 바른 말로 외치게 된 것이다.

존재는 자체의 모순성으로 생멸이 상속하여 영원한 변화적 과정을 되풀이하지만 존재적 본체는 생사가 있지 않은 것이다.

마지 개체적 크고 작은 파동은 그칠 새가 없지만 바다는 항존인 것 같은 일이다. 그리고 누구든 사색하는 것이 인간이라 하였지만 나는 사색이 끝난 존재가 인간이라고 부르짖는 것이다.

사량 분별에 사는 인간은 생각의 파편의 존재로 사는 중생이라. 생멸적 곤란을 면할 날이 없는 것이다. 생각 일체를 한데 뭉쳐 현재 현재 살아가는 인생은 생도 전체 사死는 근본이므로 크고 작은 파동인 환경에 휘둘리지 않게 되는 것이다.

환경에 휘둘리지 않게 된 인간이 나를 완성한 인간인 것이다. 나는 일체 다 나, 하고 나서는 존재 앞에는 소멸되지 않을 존재는 생기지 않기 때문에 나의 군림에는 불초지가 되는 것이다. 나! 나만 이루면 일체 문제는 끝난 것이다. 나는 일체 존재적 시종의 합일체다. 나의 소유의 끝장이 난 것이다. 소유의 끝장이란 내 소유를 다 찾아 맞춘 때를 말함이다. 그리하여 자족自足을 얻은 때이다. 시공은 자체이기 때문에 자유자재하게 되는 때문이다. 사실 시공은 자체이기 때문에 자유다. 인생이 불만에 끝나는 날이 없는 것은 마치 비밀의 끝을 못 보면 궁금증만 더 나는 일과 같은 것이다. 비밀이 있는 것이 아니요, 스스로 의심낼 것을 알면서 어리석었던 나를 웃는 것 같이 소유라는 허무물의 산모가 나인줄 알 때라야 울지 않는 인간이 되는 것이다.

그러나 피차에 합일체기 때문에 내가 생할 때 사적피死的彼와 생을 제약하였기 때문에 나는 필경 죽게 되고, 피彼가 생할 때 나의 생을 제약하였기 때문에 나는 또다시 생하게 되는 것이다. 존재적 정칙의 생사와 존재적 모순의 결합, 해소 이중 작용으로 인연 취사는 반복하여 그치는 날이 없는 것이다.

그러므로 본래 나 자체가 교환체라 내가 남이요, 남이 나다. 물체는 동립되지 못하는 법, 내 자리는 없는 것이다.

시간을 논하더라도 과거는 흘러갔고 미래는 오지 않았고 현재는 과거와 미래의 교류라. 어떤 것이 시간인가?

그러니 어떤 것이 나며 어느 시간을 새해라 할 것인가?

항성도 돌고 행성도 돌고 주야도 바뀌고 생사도 되풀이요, 선악이 하나요, 천당은 대지옥이 있다. 일체가 돌고 돌아 믿을 것이 없고 정함이 있지 않은 환물이다. 오직 천당도 집도 생명도 의식까지 사라져도 남는 것이 있다. 그것은 나, 하고 생각하는 생각의 생각인 것이다.

일체 존재의 개체 개체는 이 생각의 파편이다. 나를 이루었다는 것이 전금후적이요, 이것 저것의 존재적인 생각의 파편을 단일화시켜 내 맘대로 쓰게 된 것을 말함이다.

그러나 나는 생각하기 전에 존재이다. 나는 생각하기 전 내가 발견되어 내가 나를 쓰게 되는 때 곧 인간 생활의 개막인 그때를 나의 새해로 세상에 군림할 날이 있을 것이다. 그날을 미리 알기 위하여 또는 많은 군신을 모으기 위하여 이 붓을 든 것이다.

더구나 좋은 말을 하고 착한 뜻을 전하는 현대인, 현대 작가들은 모두 의식 너머의 이 무상의 소식을 모르는데 나는 전생 어느 때부터 이 법을 만나 이어서 오늘에 지향하게 되었는지 나만이 이 정로를 알아 걷게 된 것 같은 이 기쁨을 하늘과 땅끝까지 전하지 않을 수는 없는 것이다.

그리고 일하는 인간은 일을 시작하기 전에 일하게 하는 정체인 정신의 힘을 얻어야 하는 것이 정신의 집결이 곧 일의 성공의 힘인 때문이다. 이 일을 알게 하고 문화인은 설계와 구상을 하기 전에 그 소재부터 장만하게 되어야 할 것을 알리려는 것이다. 불법화는 곧 인간성을 잃어버리지 않고 살던 문화시대에는 화가가 되려고 대가문하에 들어갈 준비로 먹을 갈아 물에 떨어뜨려 풀어지지 않게 되도록 정신을 단일화시켰고 대음악가의 제자가 될 지망을 가졌다면 청각에 정신을 집결시켜 백천 리 밖 선생이 자택에서 하는 노랫소리가 자기 귀에 응할 수 있는 예비

힘을 가져야 하였다는 것이다.

그리되어야 그림이 행동하게 되고 노래가 무정물을 감동하게 된다는 것이다.

특존特存이 창조주가 아니다. 벌레도 제 정신(창조성)만 찾으면 창조주가 되는 것이다. 세속인들도 생적 절대 평등권을 말로 글로 쓰기는 하지만 인식 부족으로 자권을 찾아 쓰는 법을 모르기 때문에 창조주인 자기 위치를 잃어버린 것이다.

모래 한 알에도 풀 한 가닥에도 일체 요소를 갖춘 창조성을 내포하고 있는 것이다. 나는 소질이 없어 '내가 할 수가 있나' 하는 등의 자신없는 말을 하는 것은 자기를 배반하는 자살적 정신인 것이다.

천재니 소질이니 하는 것이 씨가 있는 것이 아니다. 전생에 느끼고 노력한 그 척도에 따른 기능일 뿐인 것이다.

아무나 다 일하는 시간이 오래 노력의 척도만 맞으면 이루어지는 것이다. 노력하여 안 되는 것은 없는 것이다. 다만 대가 없이 얻어지는 것이 없는 것이 원리원칙인 것을 믿고 공비되는 시간이 없게 해야 할 뿐이다. 대구속大拘束을 치르지 않으면 대자유인이 되어 내 임의로 살 수는 없는 것이다.

나는 세속에서 현금적인 지극한 노력도 없이 그저 시간을 붙들어보려고 들었으니 시간이 어찌 내 말을 들었을 것인가.

나화되지 않은 일체의 무엇이나 다 내맘대로 쓰지 못하는 것을 몰랐던 나이면서 그래도 인간인 체하던 일이 얼마나 어리석었던지 모르는 것이다.

인간이면서 내 것 아니면 내가 못 쓴다는 것은 어린이의 상식이건만 직접적인 나를 내가 쓸 수 없는데 자유로운 내가 있을 것이 어찌 생각나지 않았는지 모르는 것이다.

나는 나를 잃어버렸기 때문에 내가 살아가는 일에 대한 예산과 계획이 세워지지 않았던 것이다.

그렁저렁 살아지는 줄 알았을 뿐 그저 공비의 시간적 생활이었던 것이다. 생리적으로 이념이 실천될 수 있는 가장 귀한 젊은 시간을 소비하는 전일! 중년이 지난 그때에 겨우 무슨 생각이 생겨서 때붙들어 보람있게 쓴다는 말을 하게 되었던 것이다.

그 말이 그래도 입산할 다리가 되었던 것이다. 그것이 다겁 전 인연이라는 것이다. 그 인연으로 나는 미래세가 다함이 없는 내 생활에 일조의 활로를 열어준 것이다. 그러나 업이란 무거운 짐을 지고 약한 이념의 다리로 겨우 걸어가기 때문에 아직도 목적지에 이르지 못한 채 어느덧 20년이란 연륜이 굴러 또다시 새날을 맞이하게 된 것이다.

내 딴에는 힘과 마음을 다하였고 며칠씩은 갈비대를 방에 대어보지 않고 밤길을 걸어가건만 남은 길은 얼마인지 알지도 못하는 것이다.

천 년의 고苦와 만년의 난難이 남았다 한들 어찌할 것인가?

아니 가지 못할 길 가면 반드시 이를 곳 애써 갈 뿐이다.

일평생 백 년의 준비도 몇십 년의 시간을 필요로 하는데 하물며 무한극수적 수명을 가진 생존자인 나의 전정을 위함이랴. 일시적 고생을 참고 만 년의 편안을 얻어야 할 것이 아닌가?

이 육체는 생명의 의복이라. 내 옷은 내가 갈아입을 줄은 알아야 인생이건만 인형만 가진 인생인 우리에게는 사선을 넘는 일이 가장 어려운 것이다. 그러므로 우선 제일 급한 것이 사의 대비인 것이다.

이 몸 가졌을 때, 이 법 들었을 때, 이 법적 정신이 확립되어야 하는 것이다. 이 정신의 연장이 내생이라 사의 대비가 곧 내생의 생명인 것이다.

아무튼 새해가 오느니 묵은 해가 가느니 분주 피우는 희극은 인생의 재미 중에 하나이지만 그해가 그해를 되풀이하는 것만은 사실이다.

오직 언제나 지금만이 있을 뿐이다. 지금이란 이 시간도 묵은 해와 새해의 교류적인 순간으로 잠시도 머무르지 않는 이름만의 시간이다.

그러면 시간을 가졌다는 존재, 곧 인생은 있는 것이냐? 만났는가 하면 떠나게 되고 낳는가 하면 어느덧 죽음이 닥치는 인생을 무엇으로 실實을 삼을 것인가! 다만 남는 것은 생각이다.

이제 내게는 25년간에 전후로 지나간 그 시간들과 원근거리적인 각 장면과 이런 저런 사건들과 그 이면인 느낌까지 시간과 거리와 수적으로 아무 차별이 없이 상기되는 대로 방금 내 현전에 나타나는 것이다. 미래 일도 상상만 하면 이제 내 생각이 되는 것이다. 시공이 생각 하나요, 생각이 곧 현실적인 것을 현실이 증명하는 것이다.

그리고 이것을 생각할 때는 저것을 잊어버리고 저것을 볼 때는 이것의 존재는 아니 보이는 것을 보면 온갖 것이 생각 하나요, 남이 곧 나라는 현실상인 것이다.

이 현상은 생각의 파편인 존재 곧 나의 소아의小我意지만 생각이 하나화한 대아大我라면 생각 전체가 곧 시공 전체라는 증명인 것이다.

한 생각이 수竪로 삼제三際[과過, 금今, 후後의 삼생三生]에 드리우고 횡橫으로 시방十方[사방四方, 사간방四間方, 상하방上下方]에 미처 못 보고 안 들리는 것이 없고 생각내어 하지 못할 일은 하나도 없는 것이다. 일념一念이 곧 만년萬年이란 증명이다.

그러므로 이 한 생각이 천사만봉千思萬峰 밑에다가 만념고해萬念苦海 버려놓고 무시겁래無始劫來로 두고두고 무량중생들을 환롱幻弄커늘 무명의 중생들이 그 비밀을 알 수 없어 희봉喜峰이라 웃음짓고 비해悲海라고 눈물지어 그 희비고락적 생활을 반복하여 끝나는 날은 없는 것이다.

행불행이 제 스스로 있는 것이 아니요, 사람의 생각이 지어낸 헛 느낌이다. 아무리 생각하게 하는 생각만 파악하여 쓸 수 있으면 내 맘대로 생각을 부릴 것이다.

나는 입산 25년인 오늘에야 날 부리던 생각을 내가 되붙잡아 내가 부리게 되어야 내 생각대로 사는 독립적 인간이 될 것을 겨우 알게 된 것이다.

나의 전신은 창조주인 근본적인 생각 곧 만능적 자아를 버리고 피조자인 가假생각의 예속이 되어 다생루겁으로 수인적 생활을 하였던 것이다.

그러므로 나의 지난 송구영신送舊迎新이란 유명무실한 시간적 교류에 지나지 않았던 것이다. 감각하는 이때는 실체적 때가 아니라 감각하기 전인 시간을 나화시켜야 시간이 나의 참된 사자使者로 무슨 일이든지 보조를 맞춰주게 되는 것이다. 그리하여 언제나 내 분야적 책임과 사명을 완수하게 되는 것이다.

나는 입산 25주년 새해로부터 나의 완성의 길을 바삐 걸어 거짓 역사의 한 토막인 묵은 해를 영영 보내버리고 진인간이 사는 새역사[불일재휘佛日再輝의 날]로 몸소 바꾸어 볼 새해 새 날을 기필하는 것이다.

송구영신의 날
때 본래 있잖거니 새해 가는 해 하올것가.
생각이 제 지어서 오간다고 하는고야.
다만지 시공화, 나 뿐이라. 궁글 자재自在하오리.
[불침관不侵官 문 밖에서 큰 걸음 누가 건나?]

정유년 원월元月 원단元旦
덕숭산 견성암에서

5

마음은 하나인가 둘인가

C 선생에게

C선생에게[1]

뵈온 지 30년은 지났나 봅니다.

그동안 서신 한 번 오감이 없었건만 선생의 소식을 이 산꼭대기까지 종종 알려주는 이가 있어 이즈음은 병석에서 기거 중이라는 말을 듣자오니 민망한 마음 사라지지 않습니다.

그런데 오래된 불교 신자인 선생이 근일에 천주교로 개종을 하였다는 소식은 얼마나 의외인지 모르겠습니다.

선생은 불교적 초보지식으로 일체 존재의 창시 전후를 단일화한 법 곧 유무의 합치를 불佛이라 하여 불을 우주의 대칭대명사로 또는 각자적 나의 별호 곧 인생의 이명으로 쓰는 것쯤은 알고 있었을 줄 믿었습니다. 해는 저물고 갈 길은 무궁한데 '인

---

1 C선생은 사학가로, 불교에서 천주교로 개종함.

생의 정로'를 아직도 가리지를 못하였으니…! 인생의 정로가 인생의 영겁적 생명선인데 온 인류가 미로에 헤매는 중에, 오직 선생은 무의식 중에라도 생명의 원천에 들어오게 되었음에도 불구하고 그 길에서 도리어 되돌아서게 된 일은 자타를 위하여 심히 유감되는 일입니다.

생명은 나(나라는 생각 전前 내맘대로 쓰는 나), 내 것이면 내 맘대로 써야 할 것이 아닙니까? 내 맘대로 못 쓰는 것이 내 것인가? 하는 생각은 어린아이라도 생각할 것이 아니겠습니까? 그런데 자체적 자유와 평화 곧 내 맘대로 하는 나를 찾아질 법을 버리고 어째서 외계로 나가 도리어 이것이 내 살 곳이라고 버리느냐는 말입니다.

그리고 존재적 가치의 정비례로 다른 존재에게도 큰 영향을 주게 될 것이 아닙니까?

선생은 한국의 민족적 지도자요, 이 민족이 갈 길의 앞잡이가 아니었습니까? 그러한 분이 스스로 내 길의 표침을 바꾸어 놓은 일이 얼마나 큰일이겠습니까? 그래도 대학자로 선생을 공증하던 이만큼 누구나 선생은 자가적 고집으로라도 한 생각이야 세워졌으려니 믿었을 것 아닙니까?

생각이 세워졌다면 그 생각이 그리 쉽게 변하지 않을 줄을 또한 믿었을 것 아닙니까? '글쎄!' 선생이 사상적으로 방향이 아직 세워지지 않았다고야 누가 생각이나 하였겠습니까? 더구나 대학자라면 완인으로 우주를 자가화한 인간을 가르침이니만큼 학자급에만에서도 정신만은 자율적으로 세워야 학자적 의의가 설 것조차 모르는 학자이었음을 누가 알았겠습니까?

그러나 아무리 사상적으로 헤매는 분의 업적이지만 양量으로야 인물이 귀한 한국에서 선생의 업적이 어찌 적다고야 하겠습니까? 더구나 민족문화의 초계단에서 칠십여 세에 이르도록 조력하여온 그 많은 업적을 여지없이 무너뜨리고 남의 사표師表로 지도해 오던 사실도 다 부인해버린 것은 내 자신에 대한 배반적 행동인줄 모르지야 않았을 것입니다.

그렇다고 과거를 다 청산하고 새로운 길을 걷겠다는 용단적인 일이라고는 더구나 할 수 없는 일이고 어쨌든 종교심은 인생의 전체심인데 선생의 종교적 개심改心은 그저 의문일 뿐입니다.

나의 의심하는 뜻을 선생은 종교가 무엇인지 모르는 모든 세인들로 더불어 이해조차 못하실 것입니다.

도대체 선생은 지난날에 부처님을 섬기는 그 마음과 천주를 믿는 지금 마음이 하나입니까, 둘입니까? 하나라면 종주宗主의 이름을 갈아입을 까닭이 없을 것이고 둘이라면 마음이 또 달라질 후일에는 어떤 종주를 섬길 것입니까? 선생이 후퇴하게 된 것은 시공의 온갖 모양 모든 동작은 내 마음의 파편이라 믿어지는 대상의 마음이나 믿는 내 마음이 둘이 아닌데 그 대상은 조각 조각의 마음을 단일화하여 하나로 쓰는 분이요, 믿는 내 맘은 파편이라 그 파편을 대상의 마음과 합치시켜 나의 종주화하려는 것이 종교의 구경究竟이라는 것을 선생은 몰랐던 때문입니다.

다시 말하면 종교는 종주가 알아 얻어서 쓴 불이심不二心인 만능적 자아를 신자인 우리도 종주의 가르침으로 배워 얻어 쓰려는 것이 아닙니까? 본래 우리도 종주와 같았던 때문입니다.

생적 절대 평등권을 가르쳐 얻게 하는 종주가 부처님입니다. 종주의 가진 절대권이 전수되면 신자요, 제자인 우리도 완전한 인간 곧 종주가 됩니다. 인간만 되면 일체 문제는 해결됩니다. 문제의 시始로 종결은 인간이 되는 것이라, 인간이 됨으로 모든 문제는 끊어지게 됩니다. 모든 문제를 끝마치게 되는 최상종교에서 후퇴하여 종주의 의존으로 종을 삼는 예비종교로 물러가게 된 선생은 종교인이 되기는커녕 종교가 무엇인지조차 몰랐었으니 결국 종교를 등지게 될 것을 두려워하시기 바랍니다. 조석변이라는 물질적 정신을 여의고 순역경에 부동심을 얻으려는 것이 종교적 대의라는 것조차 모르는 분이 거국적으로 최고 지도자로 인증받던 일은 이 한국이란 나라의 민도를 드러내는 일이라 작은 문제가 아닙니다.

더구나 조선이 종교의 종교인 불교를 국교로 정하여 국왕으로부터 전 민족이 불교적 정신을 기반으로 한 생활 곧 불법화한 사리를 하였던 그 생명적인 민족귀民族鬼가 아직도 잔존하여 국가적 희망 세계적 평화를 미래에 두고 수행인의 정신적 수입으로 민중의 육체적 노력으로 불교 재건운동에 전력을 기울이고 있는 오늘에, 불교 신자로 수십 년을 지냈고 그 정신적 혜택으로 지금의 학자적 위치에 이르게 되어 지도자연하기까지 된 선생의 일이 전 민족에게 주는 영향이 그 얼마나 크겠습니까? 그리고 밑에서는 향상적 희망이 있지만 최고령에서 한 발 헛디디면 향하일로밖에 없습니다. 종교라는 종宗 자는 곧 불佛 자라. 종교 교육이 곧 불교 교육입니다. 일체 종합교에서 파생적 종교로 물러간 것은 종교가 무엇인지 모르는 것입니다.

하느님만이 믿음의 대상이 아닙니다. 믿는 마음이 내 마음이라. 나무등걸을 향하여 내 마음을 남김없이 바쳐 믿으면 나무등걸이 행동으로 내 원을 이루어 주는 것입니다.

행동력 전체가 창조주라. 그러므로 행동력의 표현인 외外 우주 전 존재가 행동력입니다. 인간이 인간 노릇을 못하는 것은 나의 전체심, 곧 전체력을 잃어버린 까닭입니다.

한국 민족이 인간이 조선의 자손다운 자손이 못 되고 민족성이 이렇듯이 저열하게 된 원인은 지도 정신이 없는 분인 선생 같은 분의 산하 민족들인 까닭입니다.

이제 나는 선생은 선생의 주심主心 없는 개종심을 돌리기 위하여 육체적 목숨으로 바꾸면서 올바른 유언이나 하여 거꾸러졌던 표침이나마 바로 세워지기를 도모하심이 어떨까? 하는 생각까지 나게 됩니다. 그렇게만 된다면 자타가 함께 제도됩니다. 불법의 전성시대인 삼한 때에는 불교 출신인 인간 곧 도인이 있고 없는 것으로 국가적 가치표준을 세웠기 때문에 아무리 빈약한 나라에라도 도인 한 분만 계신다면 멀리 우러러 예배할 뿐 아니라 그 한 분 신상을 염려하고 수명의 장수를 빌 만한 나라이라야 정신 있는 민족이 사는 국가로 인증받게 되었다 합니다. 도인이 있는 나라를 침략하는 야만적 민족도 도인이 귀한 줄은 알아 그 나라 최고 국보인 도인을 볼모로 모셔가면 도인은 우주적 자부慈父라. 그 나라에서도 교화사업에 전력하였다는 불교사실이 많습니다. 그때는 전쟁까지 실감적 싸움이 아니었다 합니다.

일체 존재는 한 씨로 된 생명인 줄을 알아 얻게 하는 불교 교육을 받은 민족들이기 때문이었다 합니다. 불이란 세상 내외면 전체를 말함인데 현실인 외형적 불법 곧 세상은 성쇠적 역사의 되풀이라 오늘의 쇠퇴적으로 최고극말에 이른 이 민족성을 되살리려는 오직 불법의 골수요, 각자적 본정신을 회복시키는 법 곧 불법을 재건하는 데 달린 것입니다.

그러나 초단계에 있는 불교의 현상태나 불교도들의 내분소內紛搔에 어지러워진 안전교단을 보고 신심이 떨어진 선생은 물러갈 마음이 자연 생기게 된 듯도 합니다.

그러나 바야흐로 불법은 부흥적 조짐이 농후하게 된 오늘에 한국불교 교단에서는 물질문명이 노쇠해진 서양문명이 자가갱생의 새로운 생각으로 정신적 불교문화를 사모하여 건너오는 데 기회 놓치지 않고 대환영을 할 준비를 하는 중입니다.

종교인이나 사상가들이 불교적 경향으로 기울어질 뿐 아니라 문화인들의 전위수前衛邃로 자처하는 자들이 많이 불교에 귀의하게 되어 한국불교의 서광으로 인하여 세계에는 불일재휘佛日

再揮의 날이 머지 않음을 예증하게 됩니다.

더구나 그들은 무한극수적 수명을 지닌 일체 존재의 일막 생활이 바뀌는 일 곧 천상에 나는 일이나 겨우 알던 터요, 육안으로 보지는 못하더라도 우선 자기들의 최면술로라도 전생, 후생 일을 증명하였기 때문에 불법에 대한 매력을 느끼게 되어 일 년에도 수백 명씩 귀의하게끔 되었다 합니다.

정신차린 남들은 귀의하여 들어오는 지금에 선생은 거슬러 물러가게 된 일을 행여나 알게 되기 바랍니다.

내가 이 글을 공표하는 것은 선생을 논박하려는 의식을 가진 것도 아닙니다. 교리적으로 우열을 논하려는 것도 아닙니다.

다만 백천만 겁에 다시 만나기 어려운 무상법에 입문되었다가 놓쳐버린 선생의 유감된 사실을 석연하게 알려 인생이 가야 할 길에 헤매는 모든 인간들에게 전감이 되게 하려 함입니다. 그래도 미안한 맘으로 실평實評은 바로 다 못하는 점 양해하시고 행여 깨치심 있을까 바랍니다.

일체 우주와 백천만의 존재의 시始를 모르니 종終을 어찌 알며 시종을 모르니 누가 어째서 존재하게 하였는지 알 길은 없습니다.

그러나 어느 누구라도 자기 존재를 포기할 도리는 없는 것입니다. 그 존재의 수를 헤아려볼 엄두도 누가 내어본 존재가 없다 합니다. 그 무량수적 존재 중에 제일 얻기 어려운 존재가 사유형의 존재라 합니다.

인생난득, 장부난득, 출가난득, 불법난득, 4난득 중에서 선생은 출가승은 못 되었더라도 재가승으로 일평생 지나시다가 마지막 계단에 올라 인천의 스승의 최고 위치를 스스로 깨뜨리고 초단계로 나가서 도리어 이 자리가 가장 안전지대라고 글로 또한 라디오로 세계에 외치고 있는 그 학자의 생각에 귀신들까지 기막힌 울음에 자지러졌을 것입니다.

어차피 지구상 인간들은 실성한 사람들뿐이니 가히 의논해 볼 길이 없지만 그래도 지도자연하는 선생! 평소에 미덥게 알던 인물! 더구나 불교 신자로 계신 선생은, 돌아보아 생각할 이 없는 근 30년 입산수도자인 나에게 얼마나 든든한 존재이었겠습니까?

생각할수록 믿을 수 없는 인간성이 느껴질 뿐입니다. 실성한 줄을 겨우 알게 된 나는 이렇듯이 애달파하지만 실성한 줄조차 모르는 모든 다른 친지와 인류들은 이 글을 보고 무슨 까닭인지 모를 뿐 아니라 도리어 나의 어리석음을 비웃는 이조차 많을 것입니다. 그저 '하나'만 알면 알게 될 일이건만 직접적인 나를 모르고 스스로 나를 버린 인간들뿐이니 할 말이 없는 것입니다.

그러므로 서상敍上의 설을 되풀이하렵니다. 나의 본체요, 우주의 주인인 불佛은 이름이 다르니 미쳐 못 살핀다 하더라도, 내가 나를 알아볼 생각조차 못하는 인간이라고 자처하는 우리들, 참으로 딱한 인간들인 것입니다.

나라고 하면 내 맘대로 하게 되어야 나라는 의의가 설 것이 아닙니까?

의의니 무어니 하는 술어를 쓰지 않더라도 내가 못 쓰는 것이 내 것이 될 턱이 무엇 있어, 하는 그 말은 어린아이도 다 하지 않습니까? 나 아닌 내 것이라도 내 것 아니면 내가 못 쓰는데 직접 내가 나를 내 마음대로 쓰지 못하면서 내 마음에 달렸지, 내가 하기에 있지, 하는 헛소리를 하는 허깨비, 인간 노릇을 어찌 하느냐 말입니다.

존재적 가치표준은 나를 알아 얻어 임의로 쓰는 존재 위에 세우게 되는 것을 모르는 인간들이 도리어 최고 위치에 있노라 자랑하는 것입니다. 우선 인간이면 무엇 때문에 이렇듯이 부자유하고 비편한 생활을 하게 되느냐 생각하여 볼 일입니다. 생각하여 보면 나를 잃어버렸기 때문에 나를 모르고, 나를 모르기 때문에 나를 알아볼 생각이 안 나고, 나를 알아볼 생각이 안 나기 때문에 나와 나 외에 존재요, 사건이요, 명상인 나의 생각 중에 하나도 알아 얻지 못한 빈 존재인 미몽의 인간 노릇을 하게 되고, 미몽의 인간이기 때문에 자유와 평화를 잃어버리게 된 것을 알게 됩니다.

우선 이 몸이 존재한 것은 사실이니 이 몸의 존재 전후 일(전생, 후생)이나 좀 규명되어야 인간적 생활의 예산과 계획을 세우게 될 것이 아닙니까?

이 한평생 뿐이라면 어찌해서라도 잘 먹고 잘 살다 마쳐버리면 그만인데 무얼 그리 마음을 번거롭게 하며 몸을 편치 못하게 할 까닭이 없지 않습니까?

죽어 천당에 간다 하더라도 천당은 현실계 곧 성주괴공적 우주의 원칙대로 무너지게 되는 몽환계이니 좋은 꿈을 꾸면 무엇할 것입니까? 깨고 나면 나쁜 꿈에서 벗어나게 된 그 자리와 똑같은 허공, 그뿐입니다.

오직 문제가 되는 것은 선악몽이 교체되어 다하는 날이 없는 이 현실생활 그 생활의 채비입니다.

생적 대가는 전연 내 자신이 지게 되어 털끝 하나 남이 그쳐 주지는 못하게 되었습니다. 교환조건부로 되어 있는 조직체가 이 우주입니다.

생적 대가가 충분히 지불되어야 현상유지(이 몸, 이 생활)라도 하게 됩니다.

생적 대가를 지불하고도 잉여가 있는 존재는 천상 생활을 하게 되고 모자라는 존재는 지하로 떨어지게 되지만 현실법은 상대성 원리대로 무시겁으로 상속되기 때문에 천상지옥 생활이 문제될 것은 없습니다.

오직 살지 않을 수 없는 일, 사는 데는 편안이 없이는 견딜 수 없는 일 그것이 크나큰 문제가 될 뿐입니다.

영생적 존재에게는 불변적 편안이 절대적인 희구가 아닙니까?

그 절대적인 희구는 내 마음대로 하는 나를 얻어 쓰기 전에는 얻어질 희망이 없는 것입니다.

선생이 지금 천주를 믿는 그 믿음으로 평화와 자유를 얻는다는 생각은 환자가 진통제로 인하여 시간적 평안을 얻은 것을 완치된 줄로 믿는 것 같은 위험 상태에 있는 줄을 아시기 바랍니다.

계신 하느님 나신 부처님은 우상입니다. 계신 하느님은 안 계시게 되고 나신 부처님은 가시게 됩니다. 나를 찾게 되는 초발족初發足이 우상 섬기는 일일뿐입니다. 우상이 가진 알맹이, 곧 나를 알아 얻는 법을 배우려고 귀의불歸依佛[귀의자아歸依自我], 귀의 하느님 하는 것입니다.

일체 존재는 자체의 모순성으로 결합 해소 이중작용을 하기 때문에 존망과 생멸의 되풀이 곧 무진겁에 변화적 과정을 뺑뺑 이 치는 것이 존재적 생활입니다.

하루의 영일을 못 찾을 영원의 족행자族行者가 눈[아我]이 멀었으니 어찌합니까?

며칠 전입니다. 예수교 목사 세 분이 이 절에 구경 겸 찾아와서 나와 만나게 되어 무슨 말 끝에 누구나 다 눈은 멀었지만 적어도 칠 목牧 자, 스승 사師 자를 직명職名으로 가지게 된 당신들이 눈먼 것조차 모르니 어찌합니까? 혼은 물체라. 물체는 먹고 감각하는 육안에 보이는 존재인데 우선 혼의 형체도 못 보아서 불교에서 천도식遷度式[사십구재와 제사 지내는 일]을 거행하는 일을 마귀의 일이라고 예수교인들이 비방하게 하는 것입니다. 불교에서는 도인이 있어 혼을 직접 구제하게 된다고 말하였습니다.

믿어라, 믿어라, 하는 것은 육신 가졌을 적에 믿었던 혼이 죽어 혼이 또한 믿게 되는 까닭입니다. 믿는 혼은 어떤 좋은 모태母胎로 도입시키거나 좋은 인연이 없으면 되살려 놓고 죽어 다니던 길, 꿈을 도로 가보라 하여 가보면 내 정신을 차리지 못하였던 일을 발견하고 곧 깨달아서 내 정신 수습하는 공부[참선參禪 혹 염불念佛]를 하게 되고, 그렇지 않으면 영가靈駕[혼]를 불러 육체 먹던 음식(죽은 혼도 물체이기 때문에 의식이 있으므로 배부르고 들을 수 있음)을 먹이고 법을 설說하여 깨닫게 하기도 하는 것입니다. 그런 사실을 신자로 오래 계신 선생은 늘 보았을 텐데 등신이 앉아 보았던가 합니다.

중생 적에는 남의 의존으로 인도를 받다가 인도하던 이가 운용하고 있는 그 '나'만 알아 얻어 쓰게 되면 인도받던 나도 구제를 얻고 남도 제도하게 됩니다.

길을 가노라면 산을 넘고 물을 건너고 바람 불고 비 뿌리는 험한 들을 만나지 않을 수 없는 것 같이 다하는 날은 있지 않은 영원의 순역자인 우리는 온갖 선악적 경계선에서 매달려 끌려가는 죄수 같지는 않게 되어야 합니다.

내가 내 눈으로 보고 다니는 길, 곧 조정의 행로에 오르게 되어 완급緩急, 행휴行休, 안위安危에 임의로 되게 되어야 안신입명[열반涅槃]을 하게 됩니다.

종교라는 세상과 인간법의 해결법 그대로 세간법으로의 세계요 하느님도 존재로 행하고 잡수십니다. 그런데 하느님은 나서 사시는 동안에 하신 일을 누가 당하게 되는 것입니까?

그리고 하느님이 근본적 창조주라면 선악적 씨는 아무래도 창조적 의도에서 나왔을 텐데 그 책임은 누가 가지게 됩니까? 본재료가 있어 창조하기 때문에 재료대로 만들어 내신 기술자인 하느님의 입장을 몹시 괴롭히는 많은 신자들의 행렬에 참가한 선생 일을 이 글을 보시고 아시게 된다면 다행이겠습니다.

더구나 선생은 사학가라 하니 전생도 알 길이 없고 내생 일도 한 막밖에 말하지 못한 천주교에서 사학을 연구하게 될 것입니까? 그렇듯이 생각에 어두웠기에 무지인들의 저서인 문헌이나 뒤져서 인생의 거짓 기록인 휴지 뭉치를 안고 다니면서 사학자로 자처하게 된 것입니다.

선생도 다른 존재로 더불어 천 년 전에도 만 년 전에도 살아 있었던 것입니다. 그때 보고 들은 이야기나 좀 하게 되어야 사학을 한다 할 것이 아닙니까? 직접 듣고 본 이야기를 하게는 못 되더라도 사기史記로라도 그때 있던 사실대로나 전해주어야 할 것이 아닙니까? 파리 친구가 내일 만나자고 하니까 내일이 어디 있느냐고 엉터리 친구는 절교해야 한다던 하루살이 같은 근시안적 근세인의 비위에 맞게 하려는 뜻인지 비화니 전설이니 하는 껍질이 있으면 물체 없이는 그림자가 따르지 않는 상식으로라도 비화나 전설에 알맹인 실화가 있을 줄을 알 터인데 정사正史에는 넣지도 않고 야담野談이나 신화에만 기록되게 하여 인간들에게만 있는 존귀한 사실을 무지인들의 잠꼬대로 만들어버리는 것입니까? 불법화한 생활을 할 때에는 산길을 걷는 추부椎夫,

논가에서 담배 태우는 머슴들까지도 자기들이 모태 속에서 괴롭던 일, 자기들이 겪은 몇 겁 전에 신비설神祕說을 주고받는 사실이 곧 그런 담소로 평화일색계로 살았다 합니다. 완전한 나를 알아 쓸 수 있는 구의경지究意境地에는 이르지 못한다 하더라도 우선 선생의 분야적 사업의 성공을 위해서라도 불교 내에서야 되는 것입니다. 불교적 교육의 첫 효솔效率로 숙명통宿命通이라도 하게 되어야 피상적 사가史家로라도 성취될 날이 있을 것을 어찌 모르셨던지 그저 의문일 뿐입니다. 믿는 마음이 조금이라도 있었다면 현전에 보이는 일, 곧 세상 사람들이 인간으로는 불가능한 일이라고 하는 신통력에 관한 일만으로라도 퇴전하지 않았을 것입니다. 선생이 신자였을 때에 불교학을 공부하는 중에 있는 이로도 이 육체는 생명의 옷이니만큼 임의로 갈아입는 일을 보았을 것이요, 그 외 불가사不可思 불가량不可量의 신통자재한 일을 이야기로라도 들었을 터입니다. 이 현상만이라도 천주교 안에서 보는 일, 성경에 기록되어 있는 일에 비한다면 예수교적 기적을 한 방울 물이라면 불교적 신통력은 대해大海에 대일 것인데 불교에서 하는 말, 듣는 일, 보는 일에는 정신을 어디에 두었던 것이옵니까?

무진장의 내 보고를 버리고 남의 보배 빌려가신 것입니다. 일체 요소를 같은 자아를 버리고 의타적인 교리 곧 믿음으로 구의를 삼는 교로 가신 선생은 일체 요구 건을 자체화하는 도리를 납득하기 어려운 약자적 정신을 가진 때문입니다. 그러므로 불교에서는 인천교, 천주교, 예수교인을 미아迷兒에 비유한 것입니다.

어려서 길을 잃은 어린이가 빌어먹어 다니는 동안 배고파서 남의 것 훔치다가 매 맞고 구박받아 쫓겨만 다니다가 우연히 자기 집 문간까지 왔으나 집이 으리으리하고 점잖은 어른들이 오가는 양 너무나 무서워서 달아나는 것을 사람예수를 보내어 그 큰집에 와서 심부름이나 하고 있으면 따뜻한 옷, 맛좋은 음식을 주마고 달래어 오래 하인으로 있는 동안 익숙해져서 무서움이 없게 될 때 내가 이 집 주인이니 안심하고 주재자로 지낼 것을 알게 한 것이라 합니다.

땅에 넘어지면 땅을 의지하여 일어나게 되는 것같이 소우상인 우리는 대우상인 부처님이나 하느님을 의지하여 일어나게 됩니다. 일어나서는 내가 걸어가게 됩니다.

내가 걷게 되기까지는 몰아경에 이를 때까지 전적으로 믿어야 합니다. 살아서 육체와 남이 되고 혼까지 사라져야 합니다.

소아를 소멸시켜 대아와 합치되면 완전한 구원의 경지에 이른 것입니다.

그때가 일체화한 나를 찾은 인간이 될 것입니다. 완전은 일체입니다. 똥 덩이요, 흙뭉치도 하나화한 나의 완전체를 이룬 완인이 된 것입니다.

천주교에서도 합치라는 말은 하는데 하느님은 특별 존재라니 질質이 다른데 어찌 합치됩니까? 내가 우주 자체화되기 때문에 존재적 요구 건이 모두 갖추어 있는 내가 된 것입니다. 그러므로 나도 나를 내 마음대로 쓰게 되고 시은施恩을 입은 남이 밥을 요구하면 밥을 주고 목마르다면 물을 마시게 하고 앓는 사람을 아프지 않게 하고 외로운 사람에게는 위로를 주게 되는 등등의 일체 작용을 자유자재하게 되는 것입니다.

유정, 무정이 다 나의 분신이며 나의 전체입니다. 개체로 일장면적一場面的 행동을 하더라도 우주경에서 전체적 행동력으로 하는 행동이기 때문에 백미적 효솔을 나타나게 되는 것입니다.

그런데 나 외에 다른 신을 섬기지 말라 하신 하느님의 신자들이 조성하여 모신 부처님께 예배 아니 하는 것은 종교적 정조의 행동이라 하는 것입니다. 그들의 정신은 종교인이라 하는 지적 수준에는 너무도 미칠 수 없는 정신이니 차라리 열녀나 충신이 될 정신력이나 길러 박朴팽년같이 단근질로 목숨이 끊어져도 불굴하게쯤이나 되게끔 하는 것이 보다 나은 수련일 것입니다.

불교에서는 박충신朴忠臣쯤인 정신으로 무슨 일에나 대한다면 사후에도 현상 유지나 할 만한 정도 곧 사에 대비나 겨우 되어 있는 경지라 합니다. 사선을 넘을 때에 고락적인 일체 마음을 끊고 믿는 마음이나 근본 내 마음이나 하나화되지 못하면 구원해줄 수도 없고 내가 나를 구원할 수도 없는 것인데 선생은 살아서도 갈팡질팡 가리지 못하는 마음을 가졌으니, 더구나 노래老來에 쇠한 마음이니 잘 챙기셔야 하겠습니다. 생각을 생각하기 전 존재와 합치시켜야 합니다. 존재 전 생각이 물체를 만들고 경계를 짓습니다. 다시 말하면 우주의 시종과 존재의 생멸이 곧 생각의 기멸입니다. 태초에 한 상기가 일파자동만파수一波自動萬波隨로 되어 생각의 파편, 파편이 티끌 같은 세계와 온갖 물형과 백천작용百千作用을 합니다.

이 세계와 존재를 거두면 내 한 생각으로 돌아와 한 조각이 되는데 한 조각은 물질적 정신의 통일이라, 여기서 한걸음 더 나가서 이러한 정신들이 창조성인 무아무념無我無念을 파악하여 쓰게 되면 인간이 됩니다. 천주교에서는 상상하기 전 존재 곧 신이나 영 밖에 또 있는 그 본체는 모르고 초인간이니 초인간적이라는 상상하는 상상을 구의로 삼으니 상상은 상대적으로 되어 하나 아니면 둘, 이것 아니면 저것으로 되었으니 알이 닭을 낳고 알을 낳는 일 같아야 해결될 날이 없습니다.

닭이 나기 전 알이 생기기 전인 근본 일체의 알을 발견하여야 하는데 그 알은 형체가 없는 것입니다. 상대적으로 된 것은 곧 세상법이므로 물질적 영역을 넘을 수가 없습니다. 그러나 곧 세상법을 얻는 존재로도 영을 잡아 형벌할 수 있고 금시 천당, 지옥으로 오갈 수 있습니다. 그러므로 인간들은 외도外道마저 염라국 채사, 영한 무당까지도 할 수도 있는데 그런 존재를 지금도 찾아볼 수 있는 일입니다.

근기根機가 수승殊勝한 인간들이 살던 옛날에는 도인의 말씀 한마디에 정신이 철저하게 전환되어 정신력으로 만능적 행동을 즉석에서 하게 되었던 것입니다.

지금 이 지구 안에 사는 우리들은 지구가 20억 년이란 많은 연륜을 지났기 때문에 같은 쇠퇴적 존재라. 정신을 다 얻어서 전체적 능력의 주인인 완전한 인간이 될 때까지는 신통력이 있어도 쓰지 못하게 되고 그것을 바라게 된다면 정신 모으는 데 장애가 된다고 아주 금단이 되어 있습니다. 아무튼 누구나 정신을 수습하는 공부를 하여야 할 터인데 도리어 이런 공부하는 사람들을 인증할 줄조차 모르므로 사람은 죄인이라, 성현이 될 수가 있나, 인간에게 완전이 있을 수 있나, 인간으로야 그리될 수가 있나 하는 못 미치는 정신만 가진 이 인간 세계에서도 선생은 정신을 잃어버렸다는 생각으로 정신 수습하는 공부를 하는 줄로 알았던 것입니다. 그런데 도리어 정신을 모아서 인간 생활을 하게 할 최고 인생 학원인 불교원을 버리고 남의 정신을 예속하려 드니 다른 많은 인류야 말할 것이 없지 않습니까?

　인간적 상식으로 종宗, 도道, 아我, 불佛, 심心, 성性이란 글자는 일체의 대칭대명사로 똑같이 쓰게 되는 것쯤은 알아야 합니다.

　일체는 완전이요, 독립이요, 자율적이요, 자재적입니다. 선악, 미추, 고락이 하나입니다. 그런데 천주교에서는 미美, 선善, 락樂에만 치우친 교리를 주재하지 않습니까?

　그것은 세상을 외면하는 마법입니다. 종교 교육은 세상법의 내적 본질인 일체 곧 무無를 증득하려는 것입니다. 그리고 마魔는 외면外面[상상하는 현실 전체]이요, 불佛은 이면裏面[현실의 내적 본질인 무]인데 불이라고만 치우칠 때도 또한 마가 됩니다. 마불의 합치가 성불[완인完人]입니다.

불의 주동전체主動全體, 불교 내 일체 의식이 다 형식인 마법魔法이요, 불은 무적 창조성입니다. 그리고 선생은 문화인이 아닙니까? 문화인으로 대문화인인 내 선생이 부처님인 줄도 몰랐던 것입니다.

물질계에서는 선비문화善非文化는 악이라, 치우쳐서 물질문명의 최고 생활을 하는 천상락을 위하여 선과 자비만 주재하지만 현실계는 흥망적 역사의 되풀입니다.

현실계를 떠나서는 생활이 없으니 불변적 본아本我의 생활, 내가 조정할 수 있는 정신의 주재로의 생활을 하게 되어야 종교인입니다.

다시 말하면 오직 불적 문화인이라야 흥망과 고락생사적 내 생활에 정상적 정신을 잃어버리지 않게 됩니다. 그리고 문화체의 구현화도 불교문화에 한하게 됩니다. 문화, 비문화의 단일화의 정화이기 때문입니다.

더구나 세법에 한 성공을 위하여도 시간적 무념이라도 가져야 하는데 천주교에서는 성모聖母 마리아, 성부聖父, 성자聖子, 성신적 존재, 곧 인간에 초연한 존재라면서 상상하는 한계 내에서 구원을 얻으려는 생각은 물질적 영역을 넘을 수 없기 때문에 해결되지 않습니다.

선생은 내생 일도 알 길이 없고 금생은 이미 늙고 병들었으니 영구히 하야하는 셈으로 모든 것을 체념하고 하느님이나 의지

하고 한가하게 지내려는 것입니까?

그러나 한가하게 지낼 것은 허락되지 않습니다. 잠시 휴식으로 만겁에 비극을 겪게 되는 것을 즐겨 취할 수는 없을 것입니다.

개종하는 마음으로는 하느님도 철저히 믿어지지 않을 것이오라. 다시 발심하지 않으면 사선에 임하게 될 때 전로가 망망할 것이오니 이제라도 재발심하여 불가에 귀의하시기 바랍니다.

더구나 천리 길도 한 발 내딛는데 달렸습니다. 구의究意에 이르는 법에 지향하여야 합니다.

사생四生의 자부로 삼계三界에 무차無差의 도사이신 부처님은 어디에나 절대평등권적인 자리를 베풀어 거두는 시간은 없습니다. 기어드는 벌레도 밀어서 내치지 않고 날아드는 파리도 날려보내지 않습니다. 이제라도 늦지 않았으니 선생이나 선생의 문도들로 더불어 다함께 이 안전지대로 들어오심을 지극하게 바라면서 이 글을 쓴 것입니다.

6

인간을 구하는 길

———

제5회 불교도연맹대회에 보내는 제의서

대회 회장 예하猊下

우주간 일체 존재는 다 모이는 최대 회합인 불교도대회의 일원
인 한 비구니는 이번 대회로 인한 큰 성과로 혼란한 사호思潮에
서 헤매는 인류의 역사가 바뀌어 참된 역사가 비추어짐을 빌면
서 설파적인 제의서를 보냅니다.

이 사바 인간들은 아신을 위하여 남을 해치고 자국의 이득 때
문에 타국을 침략하다가 오늘에는 인간성이 얼마나 잔인하게
되었는지 골육상쟁적 독해毒海에 부침하게까지 된 것입니다.

이때에 소위 위대한 과학자의 위치는 잔행의 발원지가 되고
피상적인 평화와 자유라는 것은 권력자의 이득의 기회를 주는
국제적 교제장에 지나지 않게 되었습니다.

그러므로 근대 인류의 역사는 살인자의 표창상이 되며 거짓 인류의 생활기록인 휴지 조각에 지나지 않습니다.

그러면 인간계라고 일컬어지지 못할 만한 참혹한 이 세계를 무슨 도리로 구원할 것입니까?

자비와 사랑을 말하는 이가 있을 것입니다. 자비와 사랑은 본래 있지 않습니다. 부처님의 자비, 하느님의 사랑도 다 자신 때문입니다. 전 우주가 자체이니만큼 중생이 자체의 분신이기 때문에 일체중생을 권고하는 것입니다.

인간들의 희생이니 공헌이니 하는 것도 자신을 위하는 행동일 뿐입니다.

그러므로 우주적 회의에서 나온 합리적인 정법이라 하더라도 상대적[상상법想像法]으로 된 세상법으로 구원할 도리가 없습니다.

부처님이 당신의 상상의 최후까지 합리화적 구원의 법인 49년 유설을 왜 부인하셨겠습니까?

병病의 근치법根治法은 못 되기 때문이 아닙니까? 구원의 법은 상상이나 글이나 말로는 표현되지 않는 오의奧義기 때문입니다. 불출구의 진리이기 때문입니다.

그러므로 자비와 사랑으로 감화시키느니, 핵무기를 쓰지 않아야 하느니, 조약과 공의를 지켜야 하느니, 올바른 제도, 강령, 주의 등으로 되느니, 물질의 균등 분배니, 권리적 평등이니 하는 논리적 평화법으로는 도저히 인류에게 실리를 줄 수 없습니다.

다만 근본적 휴전법은 투쟁의 발동지인 개인 개인의 육국六國

[육근六根, 곧 안眼, 이耳, 비鼻, 설舌, 신身, 의意]전戰이 쉬게 되어야 우주적 휴전이 됩니다. 곧 각자적 정신 회복입니다.

성냥 한 개비로 대화大火를 일으키고 일파一波의 자동自動으로 만파萬波가 대동大動하지 않습니까? 이전에도 보지만 사감私感으로 집단으로, 국가에 국가로 세계에 미처 세계적 전쟁이 일어나지 않습니까?

일체 존재는 피차라는 근본적인 모순성 곧 동시에 두 물체는 설 수 없기 때문에 내가 설려니까 남을 밀치지 않을 수 없게 됩니다.

투쟁심은 생각이 일어날 때에 같이 발로되는 것이 원칙입니다. 투쟁심의 발원지가 각자의 물욕적 정신의 소작인 육근입니다. 다시 말하면 육근은 망상의 소치입니다.

망상의 집적이요, 연장은 업[습기로 이룬 천성天性, 곧 혼]입니다.

인생 살이는 각자 내 업의 반영입니다. 인생의 희비, 고락은 거울을 들여다보는 미친 여자가 웃고 우는 자기 표정에 놀아나는 일입니다. 거울 속의 나를 남으로 알기 때문입니다.

그러므로 실성인의 집단이 이 지구상 인류의 정신을 회복시키는 일이 근본적 평화법입니다.

아무튼 누구나 자기가 온전한 정신을 가진 인간이 아닌 줄만 알면 정신 회복기에 들어 인생이 되게 될 것이 아닙니까? 모든 문제에 시초로 일체 문제의 종결은 인간 된 때라 인간만 되면 인간적 전체 정신을 회복한 때입니다. 우선 정신이 회복되어야 거울에 비치는 이가 곧 나라는 것을 알게 되어 육근을 진정시켜 욕심과 원한과 집착과 애정을 쉬고 정상적 정신을 가진 정인正 人으로 안정[열반 곧 불변적 평온]에 들어갈 것이 아닙니까? 이때에는 정인의 육근 곧 휴식에 든 육근이 고요히 각자적 책임을 해갈 뿐입니다.

개체의 집단인 우주 안 일체 존재는 그때가 되어야 생적 절대 평등권을 가지고 균형적 생활을 하게 되어 각자적 입각지에서 다같이 자족을 느끼게 됩니다.

자타의 합치인 나를 이룬 그때는 위로 무서울 것도 없고 아래로 업신여길 것이 있지 않음을 알게 되어 내 자유로 남의 구속을 풀어주고 남의 자유에 내가 동화되어 대구속에서도 대자유의 생활을 하게 되고 그때에는 고락과 행불행이 다 내 정신작용임을 알게 되어 천당에서는 살 만하고 지옥에서는 못 견디겠다는 몸부림도 끝이 납니다. 내 자유가 필요함을 알 때 남의 권력도 인정하게 되어 나는 새라도 나의 합의가 아니 되면 허공을 벨 만한 날센 칼이 있어도 그 날아가는 방향을 막지 못할 것을 알아 남을 믿게 할지언정 강제하지는 않게 됩니다.

어쨌든 내가 따로의 존재가 아니라 남도 다 나화에 체달, 곧 자타 하나인 무아적 나를 이루게 되지 않는 한, 평화는 바랄 것이 못 됨을 알게 될 때에 비로소 평화법이 발견됩니다. 나도 남이요, 남도 나라는 데 체달되지 않고는 나의 평화를 누릴 수도 남을 제도할 도리도 없습니다.

그러면 자타가 하나인 완전한 나를 무슨 법으로 증득하게 될 것이냐? 그것이 문제입니다.

그것은 불법의 골체법骨體法[정법正法]인 참선법參禪法[수도, 곧 창조성인 각자적 본정신이요, 자아인 자타합치적 나를 회복시키는 법]밖에 없습니다.

더구나 불법의 외형인 세상법은 성쇠적 역사의 되풀이기 때문에 세상으로 더불어 괴겁壞劫[내세]에 이른 오늘에 불법이라. 불교가 국교로 된 그곳에서도 문자 불교만 남았다 합니다. 그러므로 불교인이라는 그들 중에도 생각이 일어나면 피차라는 모순성으로 마찰이 없을 수는 없지만 생각하기 전에는 남과 나와 하나이던 그 본체를 잊어버린 것 때문에 골육상잔적 투쟁을 하는 양이라는 데는 진실로 슬퍼하지 않을 수 없는 일입니다.

어쨌든 두두물물頭頭物物이 다 나의 반영이요, 불의 분신임으로 자타가 다 불일 뿐이건만 불교도들도 거기 체달이 못 되면 실감적 전쟁을 하게 됩니다.

인천人天을 다 건져야 할 책임을 진 불교도들은 이런 때 쟁일이 없는 인간적 사업을 하여야 할 것인데 사업은커녕 도리어 중생들의 잔학적 행동열에 휩쓸려 난동하게 되는 일은 과연 불법을 위하여 사죄할 땅을 찾을 길이 없는 것입니다. 아무튼 불법의 골수인 참선적 진리를 파악하지 못한 불교도들인 때문입니다. 이때에 화급한 일은 재재처처在在處處에 참선방, 곧 판도량判道場을 세우는 일입니다.

바야흐로 불법의 재흥할 조짐이 완연히 보인다 합니다. 동양에서도 발심신자들이 모여들고 서구에서도 전위대적 문화인들이 참선법에 공명한다고 합니다.

우선 대회 내 장소에 판도량을 설립하고 판도를 하여 선발된 도인을 우주적 지도자로 받들어 모시고 그 지도하에서 무량적 인간이 나서 도풍道風으로 인간적 세계를 이루고 생활은 인간법화[불법화]하게 되어야 인간들의 잔학성이 융화성으로 바뀌게 되어 한국이나 독일에 남북통일도, 세계적 평화도 이루어질 것입니다.

그리하여 전쟁은 행동적인 마찰에 지나지 않게 되어 전 인류가 근본적인 평화를 누리게 될 것입니다.

아무튼 전세계 각국이 거국적으로 사전 일인 인간 기르는 일에 전력하게 되는 그날이라야 세계적 평화 인류적 자유가 오게 될 것을 우선 불교도들만이라도 알아야 할 것입니다.

이제라도 대도인분만 출세하신다 하면 그분은 우주의 주인공 곧 우주의 머리가 되고 일체 생령은 사기백체四技百體가 되어 머리는 사기백체의 각자적 마음이 조화되어 하나화하도록 지도하고 그 지도를 받은 사기백체는 그 위치를 잘 지켜간다면 우주는 평화일색이 될 것 아닙니까?

평화일색으로 살던 동양에 삼한시대(생활이 불법화되었던 때)에는 국가적 가치표준을 도인이 있고 없는 것으로 세웠다 합니다.

아무리 빈약한 나라라 하더라도 도인 한 분만 계셔도 빈 나라가 아니라고 멀리서도 그 나라를 바라보고 예배하였다 합니다.

아무튼 내가 못 쓰는 것이 내 것일 턱이 있나 하는 생각은 어린아이들도 날 것인데 근대 인간들은 내가 내 마음대로 못쓰는 나를 나라고 집착하여 내 마음대로 쓸 내가 있건만 찾을 생각을 아니 하는 것은 불이 무엇인 모르는 때문이요, 불이 무엇인지 모르기 때문에 내가 무엇인지 모르는 것입니다.

이때에 제일 화급한 일이 불법 전체를 전 인류에게 알리는 일이 아니겠습니까? 불법 전체를 알리는 데는 알고 지키고 믿는 것보다 불법의 골수를 파악하게 하는 참선법 외에는 없습니다.

그러니 지금이라도 대회적 긴급동의로 사찰마다 선원을 두는 일이 곧 실천이 되어야 할 것입니다. 불법의 특별한 사명은 그뿐입니다.

어쨌든 대회는 완인을 많이 나게 하는 사업기관이 되어야 불교적인 대회의 의의가 서게 될 것을 강조한 제의서임은 이 이상론으로 표명된 것입니다.

이 제의서가 현실화하게 되는 날이라야 비인간계인 이 인간계의 역사가 바뀌어 삼계三界에 대교주의 환도일還都日 곧 불일佛日이 재휘再輝하여 천千 부처님 만萬 중생의 합석지로 무차적無差的 대우주를 이룩하게 될 것입니다.

거기는 영구적인 안전지대[열반]로 어느 곳, 어느 때에라도 날아드는 파리나 기어오는 벌레까지도 물리치지 않는 절대 평등지로, 그곳이야말로 불교대회화의 대천지가 된 것입니다.

이 제의는 본 비구니의 창안이 아니요, 오로지 불법대의에 내

米한 바이오며 대회적 절찬하에 크게 반갑게 받아들여 실천에 들어가게 되어야 정법은 서게 될 것입니다.

붓을 들기 전에 대회의 일은 시종이었는데 붓이 스스로 분주로 바빴던 것입니다.

무술년 9월
덕숭산 수덕사 견성암
비구니 김일엽 씀

7

모래 위의 건물

—

불교에서는 왜 정화운동을 일으켰을까

불은 일체 곧 완전이다. 똥 덩이 흙뭉치라도 빠진다면 흠집이
생긴 불체다.

그런데 정淨, 부정不淨을 무엇 때문에 문제화하게 되었을까?

불은 우주의 현상[생각 후]과 현실의 창조 전[생각 전]의 합치라.
불은 우주의 본명이다.

불은 이것저것, 어제 오늘, 너와 나의 단일화 물物이다. 곧 일
체화의 '나' 하나다. 그러므로 불은 나의 별명이다.

우주는 나의 본체로 만유가 나 자체다. 만유가 나 자체이기
때문에 만유의 기능을 발휘할 수 있는 나를 가진 존재라야 존재
적 가치를 인증하게 되는 것이다.

존재는 생적 절대평등권을 지녔기 때문에 어떤 위치, 무슨 몸
을 가졌거나 나의 생활을 할 수 있는 존재면 존재적 가치표준이

세워진 최귀적 위치를 차지하게 되는 것이다.

그런데 만물 가운데 최귀하다는 인간이 왜 나를 내 마음대로 쓰지 못하게 되었는가? 더구나 물건이라도 내 것 아니면 내가 못 쓰지 않는가. 그런데 직접적인 나를 내가 못 쓰는 그 까닭을 알아볼 생각조차 못하는 것이 지구상 인간이다. 스스로 내 본체인 우주의 이반자로 분자적 위치에 착심하여 나의 분신인 소아적 생활에서 벗어날 수 없는 인생이기 때문이다.

다시 말하면 내가 나를 잃어버린 까닭에 나를 알아 얻을 생각조차 나지 않는 '실아失我[실성]손이'가 된 것이다.

이 지구상이란 실아손이의 집단계이다. 이 우주에는 실아손이의 존재가 끊어질 날이 없지 않은 것이다.

그러므로 세상법, 출세간법의 합치체가 불법인데 구태여 불교란 교단 곧 완전한 인간을 조성하는 교육원이 세워지게 된 것이다.

같은 씨의 소생으로 대아[불]와 소아[중생]가 생기게 된 그 원인을 규명하여 다 같이 대아화하자는 것이다.

학생이 사회인이 되는 것 같이 승려가 승단 교육을 마치어 정부정에서 뛰어난 생활 곧 환경에 휘둘리지 않는 독립적 정신적 [상기 전 정신]을 알아 얻어 쓰게 되면 다시 완전화의 세속인으로 선악, 미추, 천당, 지옥에 거리낌없는 생활을 하게 되는 것이다. 이때가 비로소 해탈인으로 일체 얽매임에서 벗어난 최후 승리자, 곧 대자유인이 된 것이다.

그러나 대가 없이 얻어지지 않고 노력 없이는 성공이 오지 않는 것이다.

다 바치지 않고 다 얻을 수 없고 대구속을 치르지 않고 대자유경에 이를 수 없는 것이 우주적 원칙인 것이다.

이 대가는 유형인 물질이 아니요, 양적인 존재가 아니다.

물질적인 나를 소멸시킨 무아를 바쳐야 하는 것이다. 그러므로 의식까지 소멸시켜야 우주완전화한 나를 이루는 것이다. 차마 버려지지 않는 애정, 가장 많이 익힌 정욕, 부처님도 이것이 둘이었다면 성불할 수 없었다고 탄식의 여운을 읊으신 것이다. 아라한[소승불과小乘佛果]을 태운 재 속에도 사랑의 씨는 남았다는 그 씨, 타지 않은 그 씨를 먼저 남김없이 살라버려야 비로소 정화지淨化地를 얻을 것이다. 젊은 승니僧尼가 달콤한 이성의 눈초리에 팔리는 것은 사탕에 팔려 문둥이에게 끌리는 어린애의 위험에 지나지 않는 일인 것이다. 문둥이는 몸뚱이나 잡아먹을 뿐 정신은 없애지 못하지만 애욕의 눈초리는 세세생생적인 진생명을 빼앗아버리는 요마妖魔이다.

그러므로 부처님도 파계승으로 시주의 밥 한 그릇을 먹지 말고 차라리 무쇠 끓인 물 한 사발을 마시라 한 것이다. 한 목숨 바쳐서 천만 생명을 살리라는 말씀이다.

먼저 사계事戒[현행現行]로 비구比丘는 250계, 비구니는 348계를 다 지켜 마쳐야 하는 것이다. 남녀성에 관한 일이 최대계요. 그 다음으로 눈 한 번 뜨는 일, 한 발 내딛는 일까지 세밀하고도 구체적인 그 계를 행해 마친 후 팔만사천세행八萬四千細行, 곧 똥 덩이 흙뭉치까지의 일을 의식적[인연에 의함]으로 몸소 행하여 다 치르고 나야 시종 없는 일체의 우주를 자체화한 완인을 이루는 것이다.

계에는 사계事戒, 이계理戒가 있는데 행으로 하는 계를 사계라 하고 이계는 행으로 계행을 하거나, 아니 하거나, 정신적 감염이 없게 된 때를 말하는 것이다.

석가부처님의 인행因行[성불하는 과정]연緣에는 온갖 행 중에도 희생적인 행만으로 눈, 팔다리를 떼어 불구자에게 주고, 뼈를 오리고 살을 저며 남의 상처를 메꾸고, 배고픈 짐승에게 몸을 먹이고, 머리를 필요로 하는 인간에게 찔리고 얽히고 깨뜨려 무량수로 바친 것을 내어놓고도 머리를 베어 바친 것만도 천 번이라는 것이다. 그 과보로 백억 화신의 구족신具足身을 얻은 것이다.

사계로 현실체를 정화하고 이계로 정신체를 정화하고, 팔만사천세행으로 남김없이 노력을 다한 결과라야 불변적 평화와 자유를 얻은 자타 하나화의 완인이 되는 것이다.

지금 이 덕숭산 참선원에서 수도하는 수행 중에도 필자가 목도한바 3년씩 갈비대를 땅에 대어보지 않는 분, 7일, 7야씩 물한 모금 안 마시고 좌부동座不動하는 이, 얼음 속 천지에서 한겨울 동안을 옥외에 입선立禪하는 이, 7일씩 물만 마시고 좌선座禪하는 이들이 있는 것이다.

필자는 한 10여 년간은 춥고 더운 데서 못 견디고 체온이 맞는 곳에서는 졸려서 못 견디고 겨우 엎어져가며 7일씩 돌아다니거나 앉아서 밤을 새우거나 할 때가 있었지만, 졸음에 못 견뎌 목도리에 바늘을 끼워 꽂아 턱이 찔리고 넓적다리를 조금씩 꼬집어 알록달록 검은 흉터가 나지만 성성한 정진이 잘 안 되는 때는 차라리 다 포기하는 도리가 있었으면 하게 되던 터이라. 그들의 하는 정진에 감탄할 뿐이다. 세속인들은 정진이 어떤 것인지도 모르면서 말로 글로는 정진이라 쓰는 것이다. 더구나 구두선口頭禪이란 뜻을 짐작도 못하면서 아무 데나 말로 글로 써 넘기는 데는 웃지 못할 우스운 일인 것이다.

그러니 근대에는 그 외에도 불법 법구를 많이 인용하여 보는 데 그것도 인연법으로 치거나 불법아닌 것이 없다는 점으로 불일재휘佛日再輝의 날을 위하여 미리 기꺼운 일이 아니라 할 수도 없는 일이다. 10년이면 산용山容도 변한다는 근대인 곧 정신력이 부족한 인간에게는 시간으로나 일에 너무 엄청나지만 무한극수적 수명을 가진 인간이니 만 년의 수고를 참아 억만 년의 고생을 면하여야 할 것이 아닌가.

우선 살아서 육체와는 남이 되어야 하는 것이요, 그리고 습성의 집적이요, 연장인 혼[생각]까지 소멸시켜야 정화의 경지에 이른 것이다. 그때는 부정화[현실]에서도 탈선되지 않는 것이다.

불법의 외형인 세상은 성쇠적 역사의 되풀이라. 오늘의 이 세상 곧 불법이 쇠잔한 기회를 이용하여 대처자帶妻子한 세속인들이 "나도 중이다" 하고 나서게 되어 양질로 미약하게 된 승의 위치[물심양권物心兩權]을 빼앗기고 자기 밥을 도리어 빌어먹게 되었던 것이다.

혼자만의 정신도 수습되기 어려운데 처자를 거느리고 책임적 정신과 노력을 하여 온전한 정진을 할 수도 없고 정진을 한다고 하더라도 승원僧園 안에는 허락되지 않는 인간이다.

초단계인 오늘 정화운동선상에는 가뜩이나 인원이 태부족인데 가짜 비구, 비구니들까지 행렬에 끼이게 되어 시간적으로는 정화인지 부정화인지 모르게 되도록 혼선을 이루게 되는 때가 있는 것이다.

그리고 전위대인 큰스님 중에도 이사理事에 무애無碍하게 된 분은 인연시절[정도부급적 민도程度不及的 民度]이 이르지 않아 아직 나서지 않은 모양이라. 세속학자도 체험이 없기 때문에 일에 어두운 것같이 정진만 힘쓰는 선봉자인 그들도 못 미치는 일들이 있기 때문에 일에 실패도 가끔 있게 되는 것이다.

그러므로 정화적 근본 정신의 공명하는 이들 중에도 불교 교단의 현상 유지를 위해서는 양적 능력이 우세한 대처승에게 맡기는 것이 나을까 하고 생각하는 이가 있는 것 같다.

그러나 기성불교는 상법[세간법]이라 현상 유지는커녕 전성시대가 되어도 정신의 확립의 기반으로 된 불법이 아니기 때문에 모래 위의 건물과 같은 것이다.

다만 초지初志대로 돌진하여야 할 뿐이다. 그리고 시운時運이 이미 이른 것이다.

제일의 동양인 이 한국에 지성인들의 공명이 나날이 늘어가고 서구의 문화인들의 전위대와 그 민중들이 1년에 몇만 명씩 불교에 귀의하는 것이다.

　더구나 문자불교이던 세계불교가 정법[참선 곧 본정신 수습하는 공부]으로 귀순하는 것이다.

　그리고 천주교니 예수교를 믿는 이들 중 지성인들은 하느님이나 신이 알고 쓰거나 모르고 쓰거나 일체 요소를 갖춘 창조성을 파악하여 쓰는 분일 뿐 직접 창조주는 아니라는 것을 알게 된 것이다. 직접 창조주라면 선악의 씨는 창조적 의도에서 나온 것이니까 하느님이 선악적 책임을 져야 할 것이라는 것을 인식하게 된 것이다.

　만일 악인이 지옥고를 견디지 못하여 하느님께 대들며 내가 태어나려 했답니까? 왜 나를 태어나게 해서 이 몹쓸 고생을 시킵니까? 하고 발악한다면 하느님을 창조주로 모셔 영광을 돌리기는커녕 무한한 곤욕을 드리는 일인 것을 알게 된 것이다.

　아무튼 이미 가지가지의 역경을 치른 나머지 정화적 사업은 점진적으로나마 이제부터 순조롭게 진행되어 가는 현상이다. 본래 부처님이나 하느님이나 다름없는 씨의 소생으로 부처님과 하느님은 단일화로 온전히 정화된 자기의 씨를 찾아 쓰는데 중생인 우리는 각자적 내 정신인 그 씨를 찾아 임의로 쓰는 대자유인이 왜 못 되느냐? 이 일을 알고는 맹진猛進하지 않을 수 없는 바이다. 이 현실은 생사와 고락이 상속되기 때문에 무상하여 믿을 수는 없지만 이 현실 생활을 면하는 날은 있지 않게 된 것은 결정적인 불변법이다. 무궁한 자기 생활의 책임자인 존재는 자기의 영구적 생활 채비는 자기가 하여야 할 것이 아닌가. 생활 채비는 자기전체적 정신을 찾아 쓰는 일이다.

먼저 정화된 인간적 정신을 찾고서야 비로소 인간의 생활이 개막될 것이 아닌가. 정화운동은 쌀을 먼저 장만하여야 밥을 짓는 일 같은 것이다. 부정화不淨化[부정도 통일화화면 정淨]인 현실 때문에 정화운동이 일어난 것이다.

8

믿음이란 무엇인가

친구 M의 편지를 지니고

친구 M의 편지를 지니고

세속에서는 양을 늘리는 것이 공부지만 중은 양질을 다 녹여서 상상 전인 내적 본질을 파악하여 운용하려는 정진을 하는 것이다.

중인 나는 정진을 잘 모르는 탓으로 아직도 정적 여운의 길에 어른거리는 존재가 남아, 그중에는 M이라는 어릴 때 친구의 그림자도 가끔 발견되는 때가 있었다. 그런데 오래간만에 의외에도 M에게서는 이러한 편지가 온 것이다.

'…철없는 꿈이 무르녹던 소녀 적에 이화기숙사梨花寄宿舍에서 자라던 친구 중에도 K는 푹 떨어진 치맛자락을 끌지언정 멋쟁이였고, 나는 남들이 고전적 미인이라고 하기 때문인지 여하튼 우리 둘이는 기숙사에서 특별히 이야깃거리가 더 되었었지요. 그 후 험난한 사회로 나온 우리는 한국 여자의 본직인 결혼생활, 그 일의 실패자였던 것입니다. K는 복잡한 결혼생활 속에서도 비교적 자유와 평화를 누렸지만 나는 단순한 결혼생활인 한 가정에서도 심각한 고생을 겪던 중에 R친구는 항상 내 의논의 대상으로 나의 편의便宜를 도모했던 만큼 더욱이 잊을 수 없는 존재건만, 머리 검고 뺨 붉은 젊은 그때는 30년도 훨씬 지났습니다. 그때 서로를 떠나서 흰머리에 주름살 속에서나 옛날 미인이나 멋쟁이의 모습이 혹시라도 남았을지 모르는 오늘에 와서 겨우 신문 보도로 K친구의 소식을 듣게 되었으니 가슴이 얼마나 설렜겠습니까? 그러나 반가워서만 울렁거리는 게 아닌 내 가슴임을 느끼게 되었습니다. 진실한 목사의 따님인 R이 예수님 앞을 떠나 있다니 그것이 웬일이냐는 나의 놀라움임을 알았습니다….'

나는 일체 문제가 해결될 이 무상無上[불법]의 법을 어떻게 하면 널리 또는 고르게 전해볼까, 하는 생각이 간절하기 때문에 꿈에도 기숙사에서 예배당으로 행렬이 이어가는 중간에서 포교를 해본 적도 있었다. 그밖에 인연 깊은 친지들에게 제일 먼저 알리려고 벼르던 차에 어려서 제일 가깝게 지내던 친구에게서 도리어 이러한 편지를 받게 된 나는 울음 아닌 울음이 번져 웃어진 것이다.

공유公有인 삼천대천세계인 대공간의 주인공이 되려고 문호 개방에 노력하고 있는 나에게 천당이라는 한 줌의 집 안에 갇히지 않게 되었다고 탄식하고 있게 된 M친구의 편지이기 때문이다.

대공이란 천당, 인간 지옥 등 우주 전체를 말하는 것이다. 우주는 미진수적 존재라. 일체 우주 중에 성세계星世界는 중앙에 놓였는데, 이 지구성을 비추는 저 태양을 중심으로 하여 금金, 목木, 수水, 화火, 토土의 각 성군과 혜성, 지구성, 효성爻星이 8개 위성의 이 조직체와 같은 소우주를 과학적으로도 2억 8천이나 발견한 것이다. 부처님은 단위적으로 백억일월百億日月을 말씀하고, 과학은 몇천 광년 밖에도 행성이 있다고 하는 것이다. 그 외 천상 천하에 존재한 불가량의 우주가 있는 것이다. 그 우주 일체를 근대 동양에서는 불이라고 대칭하게 될 것이다. 그러므로 불설佛說이란 자신의 비판인 제설諸說이다. 불은 우주고 우주는 나다. 불을 모르는 인간은 나를 모르는 인간이다. 이 지구상 인류는 나를 잃어버린 인형적 집단이다. 그러므로 나를 찾게 하는 불법이 따로 세워지게 된 것이다.

나라고 생각하는 나와 나의 현실인 세상은 불법의 외면이요, 불이란 이름이 생기기 전 나라는 존재가 있기 전은 불의 이면으로 나의 창조주인 근본 정신이다. 불의 외면인 세상은 망하게 되는 존재라. 이게 불의 이면인 이 우주는 20억 년이나 살아온 노망의 존재다. 그러나 바야흐로 불법은 소강상태로 돌아가는 것이다. 종교 교육이라는 것은 선행자를 만드는 것보다 선악적 판단을 지을 줄 아는 정신 곧 인간적 본정신을 회복시켜 인간다운 생활을 정함이 없이 경계에 따르는 법이기 때문이다.

선악은 인간의 행위에 지나지 않는 것이요, 천당, 지옥은 일체 존재적 행로에 과정으로 미래세가 다함이 없이 상속될 뿐이다.

어려서 교당에 다니며 예수를 믿는 나도 여덟 살 때 어른이 되면 식인도에까지 가서 지옥고를 받을 불쌍한 야만 인종을 위하여 전도하겠다는 실심失心까지 했었다.

그러나 예수만 믿어야 천당에 간다는 그 국집적 주장만 세우는 소위 독실한 목사인 아버지의 가르침 때문에 나는 중생계에서는 유일의 법인 믿음이란 보배까지 잃어버리게 되었던 것이다. 믿는 목적은 중생의 구원을 위함인데 믿음은 믿는 대상에만 있는 것이 아니요, 믿는 그 마음에 달린 것이다. 나무 등걸이라도 믿어 다하여 믿음이 넘쳐 대상과 하나화한 완전한 마음이면 자족적인 평안이 영구화되는 것이다. 곧 믿는 마음과 믿어지는 마음이 본래 하나였기 때문에 본자연인 합치경에 이른 것이다.

그리고 믿는 마음인 심적 증명만으로는 남김 없는 믿음이 생기기 어려운 것이다. 나는 예수를 믿을 때 그저 하느님의 은혜겠지, 하느님의 은혜로 그리 되었겠지, 하는 식의 믿음뿐 현실적인 일은 보지 못하였던 것이다.

그것은 믿음이 적었던 탓임을 불교에 입문하여 알게 되었지만 사실은 예수교에서는 하느님은 나의 본체로 내 스스로 본체와 이반된 생활을 하였을 뿐 하느님은 자기의 분신인 중생을 언제나 권고하는 바이니 일체[무념無念]로 기도하면 하느님과 연락이 되어 하느님의 도움으로 내 능력의 일체를 다 얻을 수 있어 구경究竟, 나의 본체인 하느님화한다고 가르칠 줄을 모르는 것이다. 욕정으로 구하는 마음, 감사하다는 생각까지 끊어진 빈자리 [상상 곧 의식까지 소멸됨], 곧 합치경에서야 연락이 되어 기도의 가피 加被도 입게 되고 결국 종교적 의의가 성취되는 것을 모르고 의식적이요, 감각적인 물질적 영역 이내인 정에서 구하게만 되어 현실적인 증명을 보기는 드문 탓이었던 것이다.

나는 불교에 들어와서 비로소 종교는 인생을 위한 교육원으로 현실을 보증하지 않는 교리, 곧 이 육체가 다시 나고 나서 살며 구하고 원하는 것은 목전에 뚝 떨어지게 현실이 되는 것을 알게 되었다. 현실이 아닌 법 곧 이 다음 천당에서 극락세계에 가느니, 그런 일이 있을 수가 있느니, 불설이니, 천의니 하는 것으로만 어찌 완전한 해결법이라 할 것인가.

부처님이 아니라거나 하느님이 부인하여도 내 눈으로 보고 내 귀로 듣고 또 내가 체험하게 되어 의심하지 않게 된 명확한 법이라야 종교 교육인 종합적 교육의 결실인 것이다.

아무래도 믿기만 하는 법으로는 우선 자족을 얻을 수는 없는 것이다. 믿는 마음이 철저할 그때만 시간적으로 한마음화하여 있는 때라. 공허감은 느끼지 않게 되지마는 대상은 천류遷流되고 바뀌는 것이 원리원칙이라 믿는 내 마음도 현실적이 아니면 한결 같고 줄기차기 어려운 것이다. 나는 어렸을 때에 예수교 미셔너리Missionary에 선교부인이던 젊었을 때는 전도 사업에 열렬한 마음으로 늘 울음으로 지내다가 늙어지면서 쓸쓸하고 외로움을 느끼게 되어 눈물 흘리는 것을 볼 때 수만 리 타방에서

혈친을 다 여의고 이류인종異類人種을 동족같이 알고 살았으나, 결국 알뜰하지 못함을 알고 더구나 이해와 사랑이 적은 민족인 한국인을 위하던 일이 평생 적절適切의 환멸을 느끼는가 하여 민족적 부끄러움과 인정적 동정을 느끼던 그 일이 이 글을 쓰는 이때에 봉화烽火처럼 현전하는 것이다. 더욱이 예수교에서는 타력의 의존에 치중하고 행불행이 오직 내 정신의 소작이요, 이 정신의 연장이 내생 생활니 외계外界에서 무엇을 구하지 말아야 하고 이 자리에서 이 정신의 확립으로 영구적인 내림을 정하게 된다는 가르침이 없으니 자연 몸이 약해질 때 외로움을 느끼지 않을 수 없게 되는 것이다. 믿을 수 없는 것이 이 생명이라. 언제나 죽음에 대비로 자기의 정신력을 길러가야 하는데 예수교인들은 독신자篤信者인 소수 외에는 오직 자기들은 하느님의 은혜와 예수의 인도로 천당에 가게 될 테지 하는 막연한 믿음만 가지고 있다가 정신력이 부족하고 몸이 노쇠해질 무렵에는 자신이 서지 못하게 되는 것이다. 더구나 천당에 가게 되는 종지宗旨도 확립되지 못하기 때문에 각자적 지론으로 따로 세운 종지로 믿기 때문에 같은 하느님의 신도로 각 종파에서 서로 천당에 가는 도리가 아니라는 것이다.

불교에서는 불공으로 가피나 입으려는 대다수의 민중을 제하고는 소위 신도라면 자신이 있고 없고 간에 성불[완인]되겠다는 지향에는 단일화되는 것이다. 그리고 사선을 넘게 될 때도 예수의 인도함을 받으려면 일체의 인정을 떠난 정신 곧 아무 데에도 착심 없고 아픔까지도 잃어버리고 예수를 믿는 한마음이라야 하는데 생전에 세속 살림에 얽매여 예수 믿는 것 곧 부업적으로 믿는 것은 신자의 구경 목적에 이르지 못하게 되는 것이다. 모르며 하느님께 기도하는 것도 직접적으로 연락을 취하지 않고 예수의 이름으로야 빌게 되는 교인이라, 의타적인 정신으로는 남김없이 바쳐야 얻게 되고 소원과 그 대가에 척도가 맞아야 소원을 이루는 원리원칙에 체달할 수 없는 것이다.

아무나 중생적인 습기의 집적이요, 연장인 몸과 혼은 소멸되어야 후활하는 것인데, 죽었던 육체까지 다시 살아서 심판을 받는다니 몸과 혼의 생활은 시공의 제재 아래에서 행불행과 생사적 윤회를 면하지 못하는 공칙을 모르나 몸과 혼에서 초연한 불교 교리를 어찌 이해하며 중의 정진법을 짐작이나 할 것인가.

현실의 세상인 천당에 나가게 되는 교리로는 구경 해결을 지을 수는 없는 것이다. 선의 반면은 악이요, 천당은 대對 지옥이기 때문이다. 자타가 하나이니 자리이타적自利利他的인 일법이 아니고 자타의 대상인 자비와 사랑은 뒤집어지는 날이 있는 것이다.

살아서 이 몸과 남이 되고 의식[혼]까지 남김없이 사라진 뒤에 활복活復되지 않으면 완전하고 영원한 구원을 얻을 인간이 못 되는 것이다. 생각이 있는 정해情海에서는 고락이 상속될 뿐이다. 더욱이 하느님이 선택한 백성만 천당으로 데려가신다니 하느님은 내 권속이니 내 부하만 사랑하는 범인이나 다를 것이 없지 않은가. 멀지 않기 때문이라 할지 모르지만 무소불능의 하느님은 다 믿게 할 것이 아닌가. 부처님은 개별적 절대 자유 때문에 믿지 않은 중생은 건질 수 없다고 언명하신 것이다. 인형이라도 가진 인간은 믿기 때문에 그 인간적 정신을 기반으로 전체적인 인간성을 다 이루어 맞출 수 있는 것이다. 믿는다면 무상사無上師로 독사나 마귀까지 다 구원하는 부처님이다. 하느님도 부처님과 같은 분일 텐데, 인간이 일면적인 불완전한 인간을 만든 것이다. 하느님을 창조주라고 믿는 것은 창조주로 영광을 돌리기는커녕 입장을 아주 곤란하게 만드는 것이다. 아무것도 없는데서 선악이 생겼으니, 선악 씨는 하느님의 창조적 의도에서 나온 것이며, 악인이라는 생각도 없던 나는 왜 만들어서 견디지 못할 이 지옥고를 겪게 했나 하고 독살을 부린다면 하느님은 답변할 말이 없을 것이 아닌가. 하느님이 인간에게 자유를 주었으니, 시련을 하느니 하지만 알지 못함이 없는 하느님이라면서 그런 악희惡戲를 하실 리가 없는 것이다. 다만 본연적 창조성을 가지고 천지만물을 창조하시고 파괴하는 책임까지 가졌는데 그 천상에 인정풍속人情風俗이나 거기서 어떻게 사는 내용과 예수가 지금 어디서 인생을 무슨 방사放敎로 제도하고 계신지 팔만사천 대장경에 다 기록되어 있는 것이다. 만능적인 정신력을 얻으면 육체를 비행기 삼아 천당, 지옥을 임의로 오가는 것이다. 시공이 내 생각 하나이고 천당과 지옥이 이 시간 이 자리라. 사실은 오갈 것도 없는 것이다. 본정신, 곧 창조성을 분자적이지만 소아적 인간이 우리도 지금 쓰고 있는 것이다.

보라! 우리 기억하는 인간, 장소, 사건들을 상기하면 현전화하지 않는가? 미래의 일도 상상하는 대로 안전화하지 않는가? 그리고 이 한 생각으로 모으면 이 시간 이곳이요, 멀리 두면 그전 시간으로 되고 먼 곳에 있는 인간으로 장소로 물러가지 않는가? 또한 보이는 데로만 집중시키면 다른 것은 보이지도 들리지도 않는 것이다. 아무튼 일체가 이 한 생각 곧 시종적 이 마음 하나임은 소아적인 각자적 내 경계에서도 좌증左證하게 되는 것이다. 이렇듯이 명확한 일 곧 일체 생의 씨는 둘이 아니요, 일체 요소를 갖춘 본정신은 하나임을 예수교에서는 알리지 않기 때문에 자타적인 사랑만 주재하게 되고 뱀은 원수요, 마귀라 하는 것이다. 마불의 합치가 인간이요, 뱀의 마음이나 인간의 정신이 본래 하나인데 뱀이란 악습으로 이루어진 개체요, 일반적으로 마魔라는 것은 우주의 현실이다. 곧 마법魔法은 이 세상 사업이며, 우주의 내적 본질은 불성이요, 일체 존재적 자아다. 마는 이 육체와 혼이요, 우리의 자성인 본정신은 불출구의 진리이다. 그러나 땅에 넘어진 인간이 땅을 짚지 않고 일어날 수 없는 것이다. 그러므로 소마小魔요, 소우상인 인생이 대마大魔요, 대우상인 부처님이나 하느님께 귀의하는 뜻은 그들이 먼저 알아 쓰는 우리의 본정신이요, 창조성인 진리를 알아 얻는 법의 가르침을 받으려는 것이다. 예수가 진리요, 생명이라고 한 말씀도 입에서 나왔기 때문에 비진리다. 다만 각자가 다 내포되어 있기 때문에 그 말씀에 감응되어 알아 얻을 수 있을 뿐이다. 종교에서는 표현할 수 없는 진리를 현실화할 수 있는 것이다. 현실을 부인하는 종교는 구경에 이르지 못한 종교다. 인간법 그대로가 아닌 교리면 이단異端이다. 신앙의 목적이 무엇인지도 모르고 믿는 것은 미신이요, 맹도盲徒이다. 친구 M은 자기는 예수님의 종으로 자족하여 전도부인이라는 것이다.

예수와 같은 하느님의 자녀라면 예수는 오라버니가 아닌가? 자청해서 오라버니의 종이 되어 자족하게 지낸다는 동생이 온전한 정신을 가졌다고 볼 것인가? 더구나 하느님, 예수, 나는 상기 전 곧 나기 전 일체였던 것이다. 하느님과 나와의 합일이 완전한 인간이다. 인간 위에 두려운 존재도 없고 인간 아래 업신여길 한 물건도 없는 것이다. 피상적으로라도 비종교인들까지 생적 절대 평등권을 부르짖는데 평등산하에 무아처無我處인 종교법에서 하느님은 특유特有라 하니 질적으로 다른 존재인 인간이 어찌 하느님으로 합치가 될 것인가. 그보다도 하느님은 아버지보다도 직접적인 본체인데 내 본체를 회복하기는커녕 그 아들인 예수의 종노릇에 충실할 목적으로 하느님을 믿는다면 종교인은커녕 실성한 인간이 아니겠는가? 자체가 아니고 모녀라 하더라도 자녀가 자라서 부모가 되는 것이 상식적이 아닌가.

도리어 내 본체에 이반된 생활에서 자타일체화의 생활, 곧 종교와 세간사를 하나화한 원만한 생활을 위한 정진에 매진하는 동무가 예수의 종이 못 됨을 애달파하는 무지적인 친구 M에게 어떻게 알아듣게 말을 해볼까? 나는 별 의미를 느끼지 않던 울음에서 새삼스러운 긴장미를 느끼게 되는 것이다.

이제 괴겁에든 일체 우주는 본정신의 상실자니만큼 거기 다른 모든 존재도 혼수상태에 빠져 있는데 M도 동업중생인 이상 M때문에 특별하게 놀란 것은 없다. 비종교인들은 자본을 가지고 소비적인 세속사업에만 열중할 뿐 생산적인 종교생활을 아니 하기 때문에 그 사업은 정신적인 기반이 없는 허공적 사업이라 그 사업이 무너지는 날에 사업의 주인공도 쓰러지게 되는 것이지만 친구는 소극적이나마 하느님께 기도하는 정신적 수입과 천당 살이와 인간 생활에서는 이득을 주는 좋은 사업을 하고 있는 일만은 인정하는 바이다.

그러나 무너져가는 집안에 정신이 온전치 못한 식구들이 살고 있는 것은 마치 만경창파萬頃蒼波에 파선破船의 조각 하나씩을 붙들고 바람부는 대로 물결치는 대로 이리저리 밀려다니는 파선객과 같은 비참한 장면이다.

이제 이러한 전 우주적인 경계에서 구원의 언덕으로 직향直向하는 앞잡이인 부처님의 뒤를 따를 초발족자初發足者인 나는 전인 미답적인 일조一條의 활로를 걷는 듯한 환희감에 마치 물내음을 맡은 사슴같이 날뛰게 되는 마음이라. 반대 방향에서만 헤매는 동병자들을 애타게 부르는 손길인 이 부름을 아니 들리지는 못하게 된 것이다. 친구 M이 지금 하느님을 믿고 예수만 따르면 천당에 가지는 가게 되겠지만 천당에서 사는 일은 깨어진 나무 조각의 의존인 속인에 비하면 배를 탄 셈이니 우선 안도감이 느껴질 것이다. 그러나 큰 물결이 일어날 때에 만나게 된 그 위험을 친구는 모르고 배를 영주지로 아는 것은 진통제의 시간적 효과가 완쾌됨으로 믿는 환자와 같은 위험성을 띈 믿음인 것이다.

오직 천당, 지옥의 합치요, 고락의 단일화의 생활 곧 환경에 휘둘리지 않는 신신神神의 확립적 생활을 하게 되어야 불변적 안전지대[열반]인 피안에 이르게 된다. 부처님이나 예수께서 언제나 기류차제機類次第, 곧 지적 수준대로 가르치시는데 예수께서도 그때 유대국민의 그 민도대로 존재적 생활의 전후를 다 끊어버리고 한 막 바뀌는 천당에 가게 되는 일만 가르치게 된 것이다.

존재는 생로병사, 우주는 성주괴공이란 정칙을 내린 존재를 알 길이 없는 것이다. 이 일에 모를 줄을 아는 인식을 남김없이 체념하면 어떠한 엄청난 상상이라도 뚝 떨어지게 현실화, 곧 행동하게 되고 뜻과 동시에 수용하게 되는 것이다. 천상 사람들은 공적功績의 민도대로 어느 한계 안에서는 상상 즉 현실적인 생활을 하기 때문에 내 마음이 곧 현실이니 내 정신이 내 팔자니 하는 말, 곧 밥 먹으면 배부르다는 말 같은 우스운 말을 하게 되지는 않는 것이다.

그러나 천상 생활도 즐거운 한 꿈의 장면에 지나지 않는 허망한 삶이라. 아무리 좋은 꿈이면 무엇을 할 것인가? 깨고 나면 그만인 것을 다만 끝나는 날이 없는 길흉 상속적인 그 꿈을 활짝 깨어 몽각일여夢覺一如한 부동지에 이르게 되어야 자족하게 되는 것이다.

무수래적인 생사법 중 다생의 선행의 공적으로 천당 생활을 하게 되면 기쁨 삼매로 정신적 수입[수도]도 없게 되고 생각하는 대로 살아가는 그 생활에 육체적 노력도 필요하지 않으니 자연 생산이 전혀 없게 되어 자비와 사랑의 값이 결산되는 날에는 부자의 파산일 같은 곤란을 면할 길이 없는 것이다. 다만 썩은 다리 밑에서 누더기를 입고 쉰밥을 먹고 살아도 마음 편하면 천당의 생활임을 알아 체달되어야 할 뿐이다. 요컨대 시공이 자체화한 완전한 인간 곧 벌어진 시공을 다시 단일화시켜 나 하나로 회복하게 되어야 한다는 말이다. 현실의 전체를 남김없이 파악하여 현실적 백천만 경계에서도 전체적인 하나로 쓰게 되는 일이다. 이 현실상은 온갖 모양과 형상과 빛과 냄새가 있는 것인데, 그것이 곧 내 정신의 파편이니 모두 거두어 일편화시켜야 내 전체가 이루어진 것이다. 종교라는 구경의 오의에 요달하자는 것일 뿐이다. 선악의 경계와, 미추적 모양과, 행불행의 감각과, 시비적인 판단을 의논하는 것은 속법이요, 종교적 진리가 아닌 것쯤을 종교인으로도 모르는 이 시대 인류이기 때문에 오늘에 존재는 하루의 영일을 만날 수 없는 것이다. 근세에는 종교인이나 철학자들이 겨우 신이니 영이니 혼이니 하는 한계 내를 구경으로 아는 것이다. 이 몸은 생명의 의복이요, 이 혼은 생명이 움직이는 기계인데 육신과 혼의 창조주는 몸뚱이는 없이 행동만 하는데 법신이라 하는 것이다.

육신, 업신[혼], 법신의 합일체가 나요, 나의 마음이다. 이때가 나의 조직체는 다 이루어진 때라, 외계의 하느님이니 부처님이니 하는 우상도 여의고 예수교니 불교니 하는 조직체도 떠난 해탈인으로 전 우주의 주인공이 된 것이다. 이 주인공의 대가족인 일체 존재는 이때에 비로소 자유와 평화화의 불변지를 차지하게 된 것이다.

요컨대 일체가 그저 마음 하나뿐이다. 마음의 결집에는 이루지 못하는 것이 하나도 없는 것이다.

옛날에 어떤 무식한 할머니는 '즉심시불卽心是佛'이란 말을 오인하여 "집세기 불佛, 집세기 불" 하고 일심으로 부르다가 마침내 일심화한 만능의 인간이 된 일도 있는 것이다.

생자는 어차피 죽을 도리가 없는 바에 살 채비를 해야 할 것이 아닌가. 마음을 모아 얻는 법이 살 채비니 그 법으로 귀의하여야 할 것이 아닌가?

중생은 생명에 옷을 갈아입는 순간을 죽음이라 하여 고기가 물을 갈아줄 때 무서움을 느끼듯 벌벌 떨게 되는 것이다. 흐트러진 마음 그대로 따라서 이러니저러니 살다가 죽음이 느닷없이 닥친다면 어떻게 할 것인가? 무력한 정신으로는 전로가 망망하게 되는 것이다. 우선 무상의 법인 마음 모으는 염불이나 참선법에 지향이라도 하게 되어야 할 것이다.

시계추의 째각째각하는 소리는 줄달음박질로 쫓아오는 무상살귀의 발자국 소리다. 무상살귀는 노소를 가리지 않는다. 더구나 돌변적 사선이 닥치지 않으리라는 보증도 하여줄 리가 없고, 일 분 후에 생명을 보험해줄 존재도 없는 것이다.

이 정신의 연장이 생생무수래의 내생의 생활이다. 이 정신이 확립되면 사의 대비이다. 이 정신의 자신력만 가지면 이 다음 생활의 환경인 천당과 지옥에 대한 일에 상관될 리 없는 것이다.

석가부처님의 사십구년설이 모두 마설인데 더욱이 위에 적어온 나의 말은 불법을 짐작하는 지식층에서야 물론 통매적痛罵的 꾸지람이 없지 않을 것이다. 예수교인들 중에서도 이 글의 반박이 있기를 바라는 바이다.

9

무심을 배우는 길

—

R 씨에게

R씨에게

경향 간京鄕間에 어지간히 이야깃거리가 되는 우리의 '로맨스'는 35년 전 가을에 허덕이는 낙엽의 전송餞送으로만 끝, 모慕를 나리었던 것입니다. 무한극수적 수명을 가진 우리의 시간에 비하여 가장 짧은 한 토막의 시간 중에서도 1, 2년이란 시간적인 꿈이었던 그 꿈의 인연으로 이 편지를 쓰게 된 것은 아닙니다.

나는 내가 가지고 싶은 조건에 맞는 것인지 채 알기도 전에 어느새 내 것을 만들어 따질 새 없이 쉬 숙렬熟烈하게 됩니다. 또한 받아들인 생활에서는 충실한 곰같이 어두워져서 무조건 미화식으로 좋은 생활을 만들어 만족 일색의 그 생활을 누립니다. 생활을 하다가 따짐이 시작되어 '파탄'이 다하는 결론만 남기고 나면 그만 미련 없는 빈 보따리를 걸머지게 됩니다. 뒤에서 부르는 소리는 도무지 들리지 않기 때문입니다. 그러나 산모통이에서 옷깃 한번 슬쩍 스쳐 지나는 일도 오백 생에 인연을 지었던 그 결과라고 합니다. 그러니 1, 2년의 인연인들 가볍다고야 할 것입니까?

그렇지만 오백 생 아니라 오백만 생의 생이라는 것도 한 토막 한 토막씩 이어가는 망령된 습기의 연장이요, 집적으로 이루어진 혼의 반영인줄을 전연 모르고 인생 생활이 참된 사실인 줄만 알고 세속 생활을 하던 36년 전, 그때에 이미 잊어버린 그 꿈의 인연으로 이 편지를 쓰게 되지는 않았음을 거듭 말합니다.

나는 입산하여 인간이 최귀한 점, 곧 존재적 가치표준을 인간에게 두게 된 까닭을 알았습니다. 인간은 내 마음대로 하는 나를 이루어야 비로소 최귀한 인간이 되는 것을 알았습니다. 당신과 지낸 예전 그날 근 40년 전, 그 시간들과 원근거리적인 각각의 장면과 이런저런 사건 등이나 그 이면인 느낌까지 이 상기에 나타난 것입니다. 그때도 이때도 그일, 저일 당신과 내가 하나하나의 일이였다는 것을 현실이 증명하는 것입니다. 이것은 분자적 정신의 존재인 나의 역아경力我境입니다. 만일 내가 전체적 정신을 가진 대아적 인간이라면 이 사실이 익竪으로 삼제횡三際橫으로 시방十方이 일념 곧 내 것인 내 일을 스스로 증명할 것입니다. 이 '나'를 알아 얻어서 운용하게 되어야 훈습薰習인 대아경을 증득한 인간입니다. 온 세상이 나를 잃어버린 줄도 모르니 놀라운 일이 아닙니까? 이 소식을 친소親疏와 원근遠近을 떠나서 누구에게나 다 알려주려는 그 원력하에서 이 편지를 쓰게 될 뿐입니다.

당신만 볼 편지라면 긴급한 일이나 알려주면 그만이겠지만 이 편지는 모두에게 다 보이려는 것입니다.

그래서 어린애들이 아무 이익 없는 사랑은 좋아하고 목숨을 살려줄 양약良藥은 싫어하는 것같이 중생은 영구적인 생명수를 마시는 것보다 일시적 애정에 팔리게 되기 때문에, 아이에게 사탕을 싸서 약을 먹이는 것처럼 우리의 '로맨스'를 줄거리로 이 편지 사연을 슬슬 따라 읽어가다가 알아야 할 그 말씀에 미치게 하려고 합니다. 36년 전에 남북으로 서로 헤어져 오늘까지 글 한 번 오고감이 없었건만 그래도 당신의 안부를 알려주는 이가 있어 당신이 평남平南 북해안北海岸에서 소지주로 과수원을 경영하고 있는 그 안에 송공원松公園을 묘하게 만들어 구경꾼들의 발자취 끊어지지가 않는다는 이야기부터 한 3년까지에 당신의 소식을 알았습니다.

당신도 여전히 화제의 주인공으로 있는 나의 소식은 자주 듣고 계실 줄로 압니다. 아마 우리가 헤어진 지 한 3년이나 지난 다음인가 합니다. 그때에 당신의 친우인 화가가 처음으로 당신의 심적 내용을 전해주었는데 그것은 당신이 나와의 이별을 몹시 후회한다는 말이었습니다.

당신이 가슴을 두드리며 탄식하는 그 흉내를 내며 이제 와서 깨어진 사기 그릇을 맞추어 보는 여인 같은 어리석은 생각을 하는 것이라고 사실 R은 사람을 사랑하지 않고 사랑을 사랑하였던 것이라고 당신의 심정을 몰라주는 말을 하던 것입니다.

그래서 나의 사랑이 철저하지 못하여 당신이 독신자가 될 수 없다는 이유도 내가 당신을 버리게 된 것이라고 이별의 책임은 내가 져야 한다고 자백하였습니다.

그 후 한 5년이나 지나서 성북동城北洞에서 시내로 들어가는 전차에서 당신의 매형을 만나, 당신이 사냥을 다니다가 다암리 多岩里 밑 오막살이에서 베를 짜는 젊은 여인을 사귀어 아들까지 낳았는데 그 여인과 동거하는 집에 본부인이 질투로 불을 질렀다고 했습니다. 그로 인해 본부인은 그만 이혼을 했다고, 그런 말을 묻지도 않는데 전하였습니다. 그다음에는 한동안 아무 소식 모르고 지냈는데 내가 입산한 지 10년이나 되었을 때인가 합니다.

그때 불공 손님이 향촉을 싸가지고 온 신문지에 당신의 시 한 편이 발표되었는데 그것이 내 눈에 띄자 그래도 마음에 들어 읽게 되었습니다.

갈대밭에서

세어볼 엄두 아니 나는 갈대의 대가족은 비바람 무릅써도
서로가 다 헤어지지 않으려는 마음
그래도 어버이 자녀사인 정 오감 있지 않은양

바람 슬쩍 충동이면 서로의 섧은 사정 몸부림쳐 울부짖네

갈대의 외로운 혼정魂情 네 가슴에 숨어들 때

잠자는 님의 추억 다시금 부풀어서

내 혼은 님을 찾아 하염없이 헤매누나.

땅 끝 하늘가에 님 자욱 그 어덴가 자욱조차 쓸어지고

눈 섧은 존재들이 무상無常을 알리건만

그지없이 아쉬움은 가신 님 뒷모습을 피엉긴 가슴에서

또다시 뒤져내서 입술은 떨게 되고 눈물은 그 임인 양 떠는 입
에 대여드네

　도회지에서 산다면 무엇이든지 심심풀이할 것도 많고 어떤
여인이고 사귀기도 하며 그날 그날의 위안이라도 있을지도 모
르지만 벗어나면 해변에서 쓸쓸한 갈대밭을 전면하여 외로운
갈매기의 내왕이나 구경하고 표정 없는 거치름한 촌 마누라의
모습, 끼마다 같은 얼굴의 소박한 그 밥상이나 대하게 되는 단
조로운 당신의 생활 그 장면이 눈에 떠오르며 다감한 당신의 정
경이 어스름이 느껴집니다.

　그러므로 외로움이나 괴로움이 없이 살아나갈 도리를 가르쳐
드리려고 붓을 든 것입니다. 사실 무심無心은 배우는 것이 아니
요, 본래 인간의 마음인데 맛이 없다 하여 스스로 버리고 가진
번뇌의 주머니인 유심을 자취하여 무시겁래無始劫來로 괴롭게
사는 것이 어리석은 인생살이입니다.

이제는 오히려 무심을 배우게 됩니다. 무심만 배워 얻으면 무심은 전체심全體心이라, 그 마음은 당신이 사는 그보다도 무미한 생활에서도 당신의 마음 하나로 가진 맛을 낼 수도 있음을 알려 드리고 싶습니다.

당신은 지금 위안이 절실히 요구되는 것입니다. 외로워하는 것은 위안을 얻기는커녕 외로움을 메울 만한 다른 모든 요구의 자과資料를 살려서 외로움의 음냉굴陰冷窟에 갇혀버리는 것입니다. 외로움이 끊어지고 요구하는 마음이 없어진 무심, 그것이 일체 요구를 얻을 원천입니다. 유심이란 유한적 마음만 버리면 일체 요소인 무심 곧 무한대의 마음이 얻어집니다.

무심은 내 마음, 이 마음, 저 마음, 저런 마음, 이런 마음 없는 마음을 단일화한 일체 존재의 창조주요, 만능적 자아입니다. 각자적 내 생활은 내 마음인 내 혼의 반영으로 내 혼의 선악, 대소, 강약, 그 정비례로 현생활을 하는데 혼의 전능인 혼의 창조성 곧 무심을 얻어야 됩니다. 아무튼 내 혼이 내 마음대로 살려면 무심을 얻어 쓰게 되어야 인간의 존재적 최고위인 내 위치를 지키게 됩니다. 내 혼인데 내 마음대로 되지 않는 것은 내 혼이 아니라는 증명이 아닙니까? 그러니 참 혼인 무심이 내 것입니다. 이 마음은 천변만화적이요, 그 외 세상 살림살이가 변화 과정의 되풀이라 믿을 수 없을 뿐 아니라 마음이라고 생각하는 마음은 참마음이 아니기 때문에 무심을 찾으라는 것입니다. 상상하는 것은 다 참마음이 아니기 때문에 무無라고 하는 것입니다.

이 무는 유有의 대상이 아닌 일체인 무라, 이 무를 요득了得한 혼이라야 환경에 휘둘리지 않고 감정에 팔리지 않게 됩니다. 그리하여 애타는 심사가 고요히 쉬게 됩니다. 외로움이란 혼정은 물질적인 생각입니다.

외로우니 서러우니 하는 것이 누구 때문에 일어난 감상이라고 생각하는 것은 망상에 지나지 않습니다.

외계에 접촉도 없고 의식을 일으키지도 않는 자리에서 이런 저런 생각이 끊어지지 않은 것은 내가 하는 생각이 아니고 누가 시킬 것입니까? 그러면 외계도 의식도 생각도 다 나의 피조물임을 현실이 증명하는 것입니다.

그러니 외로움이나 즐거움이나 내 임의로 누릴 수 있는 것이 무심입니다. 마치 의심을 일으켜 풀지 못하면 궁금증만 나지만 의심은 내가 일으킨 것이요, 비밀은 있지 않은 것을 알면 증세가 가라앉는 것같이 나만 알면 쉬워집니다.

그러면 무심이란 곧 나라는 말이 아닙니까? 내가 나를 잃어버린 때문에 외로우니 즐거우니 하는 복잡다단한 문제가 일어나 스스로 영일이 없게 만드는 것입니다. 이때 이 자리에서 누구나 찾을 수 있는 이 나는 나의 반면인 내적 나이니 전 인류가 다 나를 찾는다면 이 세계는 자타가 하나화한 평화계를 이룰 것입니다.

평화는 곧 나 자체입니다.

그러므로 외계에서 얻으려고 헤맬 것이 없는 것입니다.

그러므로 당신이 님을 여의어서 외로운 줄로 알고 있는 것은 오인입니다.

물질적 영역 안에 법은 상대적이라서 님은 만났으니 떠나게 되고, 다정했으니 미워하게 되고, 살았으니 죽게 됩니다. 님을 따라 허덕이는 사람은 마치 바람을 따라 곤두박질치고 부딪침이 끊어지는 날이 없는 가랑잎과 같습니다.

R씨도 당신이 사랑을 하였다고 말은 할 줄 알았지만 뜻은 모르는 말이었을 것입니다. K도 생각의 정체인 진아眞我를 잃어버리기 때문입니다.

진아며 자성인 나를 잃어버린 실성인인 당신인 까닭에 전에는 사랑을 사랑했고 오늘은 외로움을 외로워하는 것입니다. 그리고 현실적 인간 생활에 외로움이니 사랑이니 하는 느낌이나 좋고 나쁘고 간에 무슨 행동이나 주고 나는 일체 삶이란 아무 목적도 의미도 모를 요동인 바람결에 지나지 않는 허무입니다. 그러나 웬일인지는 몰라도 밥을 먹지 않으면 배고프고 때리면 아픈 현실은 현실입니다. 이 현실로 미래세가 다함이 없이 상속되는 것이 우주적 원리원칙이니 문제는 안 될 수 없게 되었습니다.

더구나 이 현실 곧 일체 존재는 각자 자기의 책임입니다. 책임은 누구에게나 미룰 수가 없으니 그 삶의 일용비를 위하여 누구나 벌이를 하지 않을 수 없습니다. 그 벌이는 근본 곧 실리를 어디서 얻느냐 하면 무심인 본정신적 수입[수도], 곧 생각의 정체를 알아 얻는 것이 공부입니다.

정신적 수입은 거리가 되고 육체적 노력은 요리料理하는 것입니다. 그러므로 인간은 사상적으로 방향을 정하고 행동적으로 방안을 세워가지고 노력하는 쌍수적 노력이 반드시 있어야 합니다.

그리하여 일체 우주 내에는 소비시간이 없게 되어 건전한 우주가 됩니다. 이 법을 바로 가르치는 교육원이 불교단입니다. 당신도 이 편지 보시는 대로 입원入園하시기 바랍니다. 입원하시는 즉시 노력 없는 성공이 없고 대가 없이는 얻어지지 않는 그 인식부터 가지게 됩니다. 이 말씀을 전달하고 싶은 생각은 입산 후도 몇 번이고 있었습니다. 그러나 6·25 사변 이후로는 당신의 생사를 알 길도 없고 더구나 내 깜냥으로 시간을 허비하지 않고 정진하느라고 애쓰고 있는 관계로 모든 일을 잃어버리고 있게 되었습니다. 그런데 3년 전 가을에 이 견성암見性庵 어떤 비구니가 서울에서 탁발을 하러 다니는데 서울 서대문구에 어느 조그마한 기와집에 들어갔더니 50여 세 되어 보이는 키가 조그마한 동탕하게 생긴 어떤 신사가 허둥거리는 몸을 가누면서 뒤주에서 손수 쌀을 퍼서 주었는데 쌀 퍼서 주기 전에 어디서 왔느냐고 묻기에 덕숭산 견성암에서 왔노라 하니, 거기 김 모라는 여승이 있지 않느냐고 하면서 명함 한 장을 주었다고 했습니다. 내게 명함을 전하기에 받아보니 '아무쪼록 장수하십시오. 그대는 이제 그래도 잘못을 알았으니 그다음 행복은 있습니다.' 하는 글자가 똑똑하게 쓰여 있는 당신의 명함이였습니다.

아직도 생의 욕慾에 미련이 남아 있는 인간인 나도 아는 분이 일찍이 듣지도 보지도 못한 그런 사변을 지나 재인생으로 무사히 사시다니 반가웠습니다.

그리고 당신이 혹 찾아 주시려는 뜻이 있더냐고 물어보며 그 명함을 두고 오고 보게 되면서도 깊은 추억은 느껴지지 않았습니다. 그러나 당신은 금생인 이 육체적인 생명만이 생명으로 알고 이 목숨으로 아무쪼록 장수하라 하신 말씀 그 말을 적은 명함을 보면서 나의 입가로는 빙긋한 웃음이 저절로 흘러나왔습니다.

그리고 젊은 전일에는 당신이 오히려 세상을 비관하여 나와 둘이 죽어버리자고 강요하던 때와는 딴판으로 노래老來에 생의 욕이 강해진 줄로 느껴졌습니다.

이런 생각에 따라서 잊어버렸던 그 옛날 그 장면이 다시 상기되는 것입니다.

나는 아직 법신을 요득하기는커녕 나의 혼, 곧 이 업신인 나에 대하여도 어떠한 인간이라는 것을 아직도 잘 알지 못합니다. 그러나 세속에 있을 때에도 나하고 싶은 일에는 이목이나 체면도 불고하게 되나 어리석다 할지 순진하다 할지 한 인간인 나요, 남이 어떤 계획으로 무슨 말을 하든지 그대로 믿을 뿐 몇 번이고 속아서 일평생을 속기를 계속했는지도 모르지만 그래도 나는 지금까지 누가 나를 크게 속인 기억은 하나도 없게 살아왔습니다. 그러므로 내 동무들이 남자는 믿을 수 없는 인간! 하고 부르짖던 그 말도 멀리 들릴 뿐이었습니다.

당신도 나와 처음 사귈 때부터 본처가 없다고 하는 속임의 말을 하였지만 그 말 그대로 믿었다가 갖은 곤경을 당하였습니다. 다만 사랑을 위함인 줄로 믿고 한 번도 원망을 해본 적이 없이 도리어 사랑이 철저하지 못하여 약속(영구적 미부생활未婦生活을 언약)했던 것을 어긴 내가 미안한 일을 했다고 생각했을 뿐이었습니다.

그러나 이중생활은 안 할 것을 결정한 내 뜻대로 실행했고 그 생활을 떠난 바에 그 생활에 미련이 있다면 내 생활을 창조할 수 없는 비열한 인간이라는 주장을 가진 나였으므로, 당신을 여읠 때 장면은 아득한 그 어느 시간 그 어느 밤에 구경한 영화 장면이 어렴풋이 나타나는 것 같습니다. 어쨌든 아주 그 생활을 마음에까지 청산하였습니다.

그런데 그때 당신은 구식 가정에 부모대하로 본처 이혼이란 말도 내어보지 못할 형편이었습니다. 그러니 당신의 부모는 (일본)유학생인 몸이 어떤 신여성으로 동반하여 만나는 아들에게 학비는커녕 용돈도 보내주지 않겠다고 위협하며 다만 본처와 내가 처첩으로 산다면 잘 살게 해준다고 하니, 당신도 나도 그렇게는 살 수 없다고 하여 극히 곤란한 경우에 처했습니다.

그래서 나는 애인 동지로 사회의 일원으로 남이 알게 모르게 별거해 지내자 하고 당신은 호화자제豪華子弟로 경험도 없고 생활비 마련할 주변도 하지 못하게 된 위인으로 나의 생활난을 참을 수가 없는 양 그만 둘이 죽어버리자는 것이었습니다.

그리고 시인인 당신 말씀은 아주 시적으로 설사 이 세상에서 여의하게 산다 하더라도 겨우 70세까지 살기도 어려운 뜻없는 인생보다는 이별 없는 만족의 최후 순간을 만년화하는 일이 얼마나 아름다운 일이냐는 것이었습니다. 그러나 나는 끝내 불복되지만 죽지 않을 이유를 말할 여유는 없게 되었습니다. 당신은 내가 당신을 떠나 살 다른 길을 찾는 마음이라는 오해를 하기 때문이었습니다. 나는 그때 마음만 다 바친 것이 아니요, 행동적으로라도 어떤 남자와 별석에서 말 한마디 해본 적이 없고 차를 한잔 나누지 않은 것을 기억하는데, 그것으로 당신과의 공간이 잠시라도 생기지 않게 충실히 했는데, 당신은 왜 나를 늘 의심하였던지….

어느 날은 당신이 내게 "당신에게는 이 세상에 어떤 아름다운 미련이 그리도 남아 있는지 모르지만 혼자 누리고 자유롭게 잘 사시오." 하는 유서를 내게 써놓고 철도 자살을 한다고 뛰어 나갔지 않았습니까? 그때 나의 놀랐던 가슴은 당신이 나에게 떨어지는 광경을 바라본 듯한 그 여운이 지금도 남은 듯합니다. 그때 나는 뛰어 찾아 나가서 같이 죽을 것을 부득이하게 약속하게 되었습니다.

당신은 그 날로 6백여 리나 되는 진남포鎭南浦에 가서 병원을 경영하는 김 형을 찾아가서 '테로잉'이라는 잠들고 말아버리는 약 두 개를 가져왔습니다. 나는 분홍 곽에 굵은 손가락만 한 교용膠用에 든 하얀 가루를 손에 들고 우두커니 들여다보았습니다.

작은 이 두 개의 약이 사람의 귀한 목숨 둘을 감쪽같이 없애 버릴 수 있다! 워낙 둔감한 나는 그리 놀라지도 않고 다만 귀가 좀 먹먹한 듯하였습니다. 더구나 죽음은 무슨 수를 내서라도 피할 결심이었으니 그리 걱정되고 무서워하지는 않았습니다.

그때 나는 영육이 함께 영존으로 존재적 책임을 각자적 자신이어야 되는 원리도 모르고 대가 없이는 얻지 못하고 노력 없이 성공이 오지 않는 데 대한 인식은 부족하였으나 다만 건강한 청년 남녀가 사회적으로 큰 공헌은 못할 망정 제 목숨을 끊어 제 위치를 스스로 무너뜨리고 비겁한 일을 왜 하려 하는가, 하고 생각했습니다. 더구나 아무리 어려운 일을 당해도 별로 근심에 쌓이지 않는 성미의 주인공인 나였으니 죽을 생각이 날 리 없었습니다. 그리고 '사람이 그래도 무슨 살아갈 도리가 없지 않겠지…' 하는 막연한 희망은 앞에 늘 놓여 있기 때문이었습니다. 그렇다고 당신을 비겁하게 생각해서 정이 변하거나 불만하지 않았던 것은 아직도 내 기억이 증명하여 줍니다.

어쨌든 그때 우리는 인간적 책임감을 느끼지 못하는 혼미한 인간으로 그럭저럭 살아지는 것이 인간살이인줄 알고 소비적 생활만 한 끝에 올 내 전정을 생각하지 못하였던 것입니다. 그것은 마치 작은 시계침은 좁은 영토 안을 영원하게 돌아야 하는데, 돌지 못하면 쓰레기통 안에 흩어진 시체로 변하리니, 돌지 않을 수 없는 것처럼 우리는 살아서 노력해야 함을 몰랐던 것입니다. 어쨌든 그때 당신은 남자이면서도 아주 예산이 없는 인간이었습니다. 그래도 나는 당신은 너무 좋은 팔자를 가진 귀한 남의 자제가 되어 어려운 일을 모르다가 겪어보지 못한 창피를 돈 때문에 당하게도 되고 그 외에 '나'라는 기생충 때문에 물질로 정신으로 많은 고생을 하게 되어 자연히 그런 극에 달한 생각까지 하게 된 것이라는 이해를 했습니다.

그 외 당신의 모든 행동에 대하여도 내 딴에는 너그러이 해석하였습니다. 어쨌든 그때 우리는 영구적으로 생을 포기할 수 없는 원칙을 모르기 때문에 인간적 책임감이나 생적 각오가 없었습니다. 그러므로 피할 수 없는 중대한 현실 생활에 대하여 죽음을 생각하는 환경을 만들었던 것입니다.

더구나 그때에 당신은 우리라는 인간과 우리가 만들어놓은 환경과 함께 자멸의 구렁에 아주 떨어져버리려 하였던 것입니다.

그때 내 앞에 놓인 절박한 문제는 당신의 의심도 면하고 죽음도 피해야 할 일이었습니다.

그러나 나에게서 같이 죽겠다는 허락을 얻은 당신은 나와는 딴판으로 죽게 되었던 사람이 살 일이나 생긴 듯 활발한 기색이었습니다. 당신은 약을 가져온 그 어느 날 저녁에 늘 만나던 당신의 아버지가 사서 남을 준 도염동都染洞 하숙실에서 밤 열두 시에 그 약을 먹기로 하자고 내게 약속을 하고 그 약도 내게 맡겼습니다.

나는 내내 그 약을 들고 앉아서 감쪽같이 죽음을 면하되 죽음의 길까지는 가서 죽지 못해서 못 죽은 것으로 당신을 속여야겠는데, 하면서 약갑을 들여다보며 언제까지나 곰곰이 생각하다가 깜짝 놀라도록 묘한 방법 하나가 발견되었습니다.

그 약이 하얀 가루였는데 같은 가루가 세상에 얼마나 많나 하는 생각이 나지 않던 것이 이상하였습니다. 그러나 이전에는 나는 '먹고 죽을 무서운 약인데…' 하는 꽉 막힌 생각 외에는 다른 생각이 나지 않았던 것입니다.

그 갑 속에 있는 약과 같이 가늘고 하얀 가루를 바꾸어 넣으면 그것을 당신이 알 까닭이 없을 것이 아닙니까? 그러나 짧은 시간 안으로 당신 몰래 그렇게 반짝이는 새하얀 고운 가루를 구하는 일도 큰 문제였습니다. 몰래 비밀로 해줄 사람도 생각나지 않고, 내가 살아나갈 시간의 여유도 당신은 주지 않은 것입니다. 생각다 못해 똑같기는커녕 누르고 굵어서 자세히 보지 않아도 그 약이 아닌 것이 완연히 드러나는 '소다'를 바꾸어 넣기로 하였습니다. 더구나 갑이 너무 단단히 잘 맞추어져서 조심스럽게 넣어도 여러 군데 흠점이 생겨서 다른 약을 넣었다는 것이 당신이 알게 될 것이니 발견된다면 어찌할까 큰 걱정을 하게 되었습니다. 바꾸어 넣은 약을 먹으면 죽을 염려는 없는 것이라서 죽음의 걱정을 여읠 수는 있었지만 또 다른 큰 근심이 생긴 것입니다. 그래서 이리 들여다보고, 저리 살펴보고 애를 태우다가 '될 대로 되라!' 하는 생각으로 그 약을 서랍에 넣어버리고 말았습니다.

시간은 닥쳤습니다. 마침 평양平壤에서 와서 하숙하던 소설가 동인씨가 우리 있는 방에서 늦게까지 가지 않아서 민망해하다가 그가 간 후 서투르고 염려되는 사람들의 대좌처럼 눈치만 보며 서로 말 없이 좀 앉았다가 내가 물을 떠다 놓고 약을 가만히 꺼내 놓았습니다. 많은 손님에게 부대끼던 대문까지도 고단하게 잠들었는지 고요한데 곁에 이부자리는 우리의 두 시체가 잠시라도 쉬어갈 보금자리로 시름없이 기다려 주었습니다.

그러나 그날 밤은 누가 야순夜巡 책임을 맡았는지 모르지만 늦게까지 바람이 잠잠하고 사르르 휘도니 사람의 발자국인가 하고 당신은 불안해하였습니다.

그때 방바닥에 놓인 약을 둘이서 물끄러미 들여다보게 될 때 내 마음은 조마조마하였습니다. 그러나 당신은 아득한 딴 정신에 잠겨 있었던 것입니다.

마지막으로 무슨 말들을 서로 나눈 것 같은데 그것은 다 잊어버렸습니다.

다만 당신이 약이 바뀐 줄을 알 까닭이 없이 죽음에 직면한 그 순정적 태도는 나를 깊이 감동시켰음을 어렴풋하게 기억할 뿐입니다. 당신의 순정에 순정화된 나는 약을 바꾸어 넣었다는 기억까지 잊어버렸습니다.

그러니 죽음이 무섭지도 않고 순정화된 그 감정은 일만감회一萬感懷가 하나화하여 아무 분별이 없건마는 웬 눈물은 그리 흐르는지 알 수 없는 눈물이 시간으로, 양으로도 제한 없이 그저 언제까지 흐르고 흐를 뿐이었습니다. 당신도 물론 울었겠지만 당신의 기색을 살필 여념이 없던 나였던만큼 당신의 눈물을 본 기억은 없습니다.

그런데 어떻게 얼마의 시간을 보내였는지는 모르나 한참 후인 듯한데 그래도 희미하게나마 죽을 약은 아님을 알고 있는 내가 약을 먼저 목에 넘기게 되었습니다. 당신은 깜짝 놀라는 표정으로 흠칫하였습니다.

나는 "날마다 내게 죽음을 강조하던 당신이 왜 놀라는 거예요? 죽음을 직면하여 다시 생의 욕심이 생기는 거예요?" 하였습니다.

당신은 "내 목숨보다 중하게 여기던 당신의 목숨에 최후를 놀랜 것이겠지요" 하며 슬쩍 표정을 돌리는 것이었습니다. 물그릇을 들고 잘 들리지는 않으나 깊은 한숨을 쉬는 당신은 "목숨의 끝도 당신과 동시에 되기 위하여 나도 곧 마시는거요" 하며 당신은 약을 목에 넘기고 나서 지극히 처연한 표정으로 "아버지의 얼굴이나 마지막으로 보였으면! 내가 죽었다는 소식을 들으시면…" 하였습니다.

당신의 어머니는 당신을 서울로 또한 일본으로 유학을 보내고는 당신이 곧 고뿔만 걸려도 산하를 넘는 먼 곳에서도 벌써 응감이 되어 어머니인 당신 목구멍이 꾹 막혀 아드님이 넘어간 고개에 올라가 아드님이 있는 곳을 바라보며 천지신명께 기도

하고 축하며 울고 울었다고 했습니다. 그런 어머니의 생각은 하지도 않는 당신이 아버지 말만은 최후까지 하게 되던 것이었습니다.

그러니 당신의 아버지 생각이 얼마나 간절하였는지 헤아릴 수 있었을 것입니다. 나는 부모를 잃어버린 지 10여 년이나 지났고, 당신 외의 사람에게 내 일에 아무 미련이 없지만 죽고 싶지는 않고 오직 당신의 생의 의욕이 일어나게 할 묘계를 생각할 뿐이었습니다. 그런데 나는 평소에 당신이 나에게 대하여 "나는 그대만 생각해주는데 그대는 항상 내게 부족하게 한다"라고 늘 괴롭히던 생각 때문에 그중에도 조롱邪操하는 듯한 느낌이 생겼습니다. "날마다 정의 근수를 달아보아 당신 홀로 무거운 척 남을 들볶더니 그 말을 들어보니 당신의 정 무게가 무겁긴 무거웠겠군요. 당신 아버님에 대한 정까지 늘 포개어 달았으니까…."

당신의 그 말에 대답도 안하고 내 몸을 당겨 껴안고 누우며 "이제는 모든 괴로움의 최후! 그리고 당신과 나만의 자유세계! 이제는 당신과 나는 하나 사심은 끊어야 해요!"

나는 나의 가슴으로 당신의 가슴을 떠미는 체하며 "사심을 끊어요? 사선에까지 동행하는 나를 그래도 못 믿으니 사선 넘어 저승길에서도 싸우며 가야 하겠어요…."

당신은 나를 다시 힘 있게 껴안으며 "아니야, 이 자리에서 의심이 날 리가 있어. 만족에 겨워 나온 말이 어찌 의심에서 나오는 것 같은가?"

나도 다시 아무 말도 하지 않고 고개를 당신 가슴에 파묻고 떳떳한 생각에 잠겨 있으면서 시간의 흐르는 도수度數를 헤아리게 되며 죽을 약을 먹지 않은 생각이 분명해졌습니다.

실컷 울은 뒤라 그런지 장차 내일 일을 막연하게 느끼면서도 몹시 싱거운 연출면演出面인 듯했습니다. 당신은 "잠이 들기는커녕 눈이 도리어 반반하여 감겨지지도 않으니 이것이 참 이상한 일이 아니요"라고 한참 있다가는 또 그 말을 되풀이하고 하는데 나는 가만히 있을 수 없었습니다. 그래서 "약이 너무 오래 되어 김이 빠진 것이지요?"라고 말하면서 나의 마음도 목소리도 자연스럽게 했습니다. 목사인 아버님의 가르침으로 평소에 거짓말을 못하던 나는 그날 그 밤의 말과 행동은 비상시의 비상행이라 할까. 당신은 그 약은 형님이 그날 그날 치료하는 데 쓰는 약을 넣는 그 약장에서 꺼내왔으니 맥 빠진 약일 까닭이 없다고 강경히 말하였습니다.

내가 그러면 "약이 바뀐 것이 아닐까요?" 하니 "나는 어려서부터 형의 병원에 드나들어서 약명이나 약품을 모르지는 않아요" 하고 당신은 단박에 나의 말을 부인하였습니다. 당신도 그랬겠지만 나는 대문을 두드리며 주인 찾는 소리가 두어 번 크게 들리며 소변 보러 다니는 발자국인지 가만 가만 들리는 발자국 소리와 다른 인기척에도 정신이 끌리도록 잠은 어른거리지도 않았습니다. 그럭저럭 밤은 다하였던 것입니다. 낮에만 잠자는 등불을 켜고 밤을 새우고 나니 피곤해서인지 창살이 파래지는데 따라 잠이 오는 듯 눈이 풀어질 때 당신은 죽지 않게 된 다행을 느끼는 듯한 목소리로 "이제는 죽지 않는 모양이요. 죽음도 팔자에 있다더니 고생을 좀 더 해보라는 건가?" 했습니다.

누가 대문을 열어달라는 큰 소리와 함께 사람들의 발자국 소리가 골목 밖에까지도 들려오고 원근에 찬 생적 모든 움직임의 등살에 못 이겨낸 우리는 할 수 없이 일어나서 시침을 떼고 평소와 같이 아침 밥상을 받게 되었습니다. 그때 죽지 않은 것은 참으로 다행한 일이였습니다. 내 본정신을 지니고 생사선生死線을 왕복할 수 있다면 죽거나 살거나 관계 없지만 우리가 생활의 목표도 세워지지 않은 그때 그 인간으로 사선을 넘었다면 무궁한 전로는 어찌되었겠습니까? 그런데 나는 불문에 들어와서 비로소 어느 입각지에서 출발하든지 목적[자아 발견]에 도달하는 일을 알게 되어 지난 때 우리의 일에도 판단력이 좀 생기게 되었습니다.

지금 나는 인생정로의 초발족인 것은 하느님도 부인하지 않을 것을 믿는 이만큼 당신과 독자는 빈 마음으로 읽어주기 바랍니다. 그때 우리는 생명의 험열함과 피의 결의에 대하여 일반적 인간이 가진 천박한 지식도 못 가졌던 것입니다.

생존경쟁적 대비는커녕 그럭저럭 살아가고 있는 바보 존재였던 것입니다. 더구나 나는 눈은 멀고 다리만 성한 당나귀같이 철은 없고 다만 커서 여자로서도 생각만은 컸었고 당신은 시인이면서 야심이 만만하여 자기의 소질은 버리고 물욕의 생활권

안으로 들어간 것입니다.

　나는 어느 정도 순진일관으로 인생의 갈 길을 찾아보았습니다. 그리하여 존재적 가치 표준을 인생에 두는 까닭을 알았습니다. 문제의 시초부터 마지막 귀결이 인생 문제가 해결된 때 곧 인간을 이루는 때입니다. 인간만 되면 문제는 끊어져서 백천 문제의 열쇠를 내 몸소 열고 닫는 자유와 평화를 얻은 최귀적 위치를 가진 인생이 됩니다.

　인생은 나를 알아 얻어 내 마음대로 내 생활을 하는 존재 말씀입니다. 지금 우리가 가지고 사는 나는 내 마음대로 쓸 수 없으니 내가 못 쓰는 내 것이 어디 있습니까. 내가 임의로 쓸 수 있는 나[무심]를 찾아 쓰게 되어야 합니다.

　무심은 지금 우리가 가지고 쓰는 이 마음의 반면이니 뒤집어보면 발견[각覺]하게 됩니다.

　나는 그 각을 위하여 정진합니다.

　그리고 그때 우리의 사랑도 비교적 순진했던 것은 사실이나 그 깊은 속에는 서로 이용하려는 것 곧 사욕으로 사귀었던 것을 알았습니다.

　정의 보수報酬, 생의 위안, 생활에 의존, 등등의 조건부의 사랑이였습니다.

　더구나 당신이 나를 사랑한 동기도 인격적으로 대상을 삼기보다 관능적 감정에 기인한 것이 분명했습니다.

　쌍꺼풀진 눈 속에 그 윤기있는 동자에는 일만 표정이 감추었다는 부풍염富豐艶한 뺨, 매력있는 입 모습, 어여쁜 손하며 나의 미를 일컫던 것으로 알 일이었고, 더구나 내가 동경東京 '메지로'에 어떤 하숙에 있을 때, 당신이 나를 두 번째 찾아온 그때 아직 잘 사귀지도 못한 때인데 당신이 내 무릎에 놓인 내 손을 그윽히 바라보다가 느닷없이 '나는 손의 매력을 제일 많이 느끼게 되어요. 여자가 손만 예뻐도 내 사랑은 그 여성에게 온전히 쏠릴 수 있어요…' 하시며 나의 표정을 은근하게 살피던 그때 일이 지금 상기됩니다.

인간적 사랑은 순간적 교환, 곧 시선과 시선의 교환 조건이 맞으며 이루어진다지만 우리도 어떤 회석에서 인사한 뒤 두 번째의 회합이었던 것입니다. 그때 나를 찾아오는 본국 유학청년이 많았으니만큼 나는 당신에게 늘 무심하였던 탓으로 당신은 여러 번 찾아왔지만 언제나 웃는 얼굴로 대하면서도 당신에게 등한하였던 것입니다. 당신은 얼마나 별렀던지 비로소 사랑한다는 말을 주고받을 때 당신은 어떻게든지 입이나 한번 맞추어 보고 말아버릴까 하는 생각까지 했었다고 하였습니다. 나 역시 당신에 대하여 미美와 재애財愛와 취미가 같다는 등의 조건이 붙은 사랑을 하였던 것입니다.

그리고 나는 그때에 가졌던 우리의 인간성을 상기하여 봅니다. 당신과 내가 다같은 물질적 정신계로 정신이 치중되고 나는 막연하나마 정신계로 지향하게 되어 당신은 생활난에 인격이 휘둘리게 되고 나는 물질적으로는 어떠한 곤란이라도 견디어 사랑만 지니면 다행이라는 생각이었고, 인간적 책임감을 길이 느낄 줄은 모르면서도 다만 무조건의 창작 의욕의 소치로 유명한 작가, 곧 문호가 되어보려는 생각뿐이었던 것입니다.

어쨌든 그때 우리를 문화인이라고 했으니 문화인은 물질적, 내적 본질을 알아 쓰는 인간인데, 우리는 도리어 그럭저럭 살아지는 것이 생활인 줄 아는 철부지의 인간들이었던 것만은 사실입니다.

일체 존재는 각자적 자기 생존의 책임자로 보존과 향상을 위하여 촌각의 공비도 허락되지 않은 것을 몰랐던 것입니다.

물질적 문화인은 구경究竟 정신적 문화인을 이루는 것입니다. 당신의 지금 위치는 알지 못하지만 그때 사업적 방향으로 전환한 것은 크나큰 오산입니다.

사람은 누구나 한 가지 소질을 가졌다는 것은 다생의 노력의 결과이요, 연장인데 소질대로 일하게 되지 않으면 시간과 노력에 큰 손실을 보게 되는 것입니다. 그때 당신은 소질대로의 생활을 등졌으니 지금은 어떤 살이를 하는지 모르지만 백년탐물百年貪物은 하루아침 티끌로 사라지는 것이랍니다. 그런데 이 세상에서도 사랑에 신성神聖이라는 말은 많이 붙입니다. 그러나 신성 그 의의는 아는 이가 많지 않습니다.

신성은 나의 일체요구가 다 떨어진 자리 곧 나의 혼까지의 소멸처를 말하는 것입니다.

내가 소멸처에 들 때 대상도 일체도 다 소멸되어 만공滿空[일체화 곧 합치]의 세계가 이루어져 그곳을 신성계라 합니다.

그런데 신성 그것은 사랑이나 정으로나 신심, 효심, 애국심, 인류애심, 자비심으로나 악심으로 나의 일체 정신이 하나로 뭉쳐[정신 통일, 곧 우주 단일화]인 무심, 그 자리인데 거기서 피어난 정화가 곧 인격의 완전화입니다.

어느 입각지에서 출발하든지 정신의 단일화 곧 신성[무화]한 데까지 이르면 성공하지 못할 것이 없는 것이 우주적 원리입니다. 일체중생은 정신 집중력이 일체 사물 자재인데, 그 일편화의 정신이면 만능적 생활을 할 것을 모르기 때문에 분자적 정신의 내존으로 온갖 자유를 다 잃어버리고 사는 것입니다. 그리고 동업중생끼리 생활권[세계]을 만들어 미진수같이 많은 군생적 생활을 하는 것입니다. 우리가 하늘을 쳐다보면 모래 수 같이 많은 반짝거리는 성군이 보입니다. 그 성군이 다 사바세계, 곧 인간이 살고 있는 세계로 우주적 중앙에 있고 아래는 비인간 비문화 세계로 무향지옥無向地獄까지 있고, 이 위로 욕계慾界, 색계色界, 무색계無色界라는 천국이 벌어져 있는데 불경에는 각국의 거성, 인민 수인정, 풍속까지 다 그려 있는 현실세계입니다. 상상 전은 창조성이요, 상상 후는 현실입니다. 각자가 창조성 곧 본정신이 얻어진 정신력의 척도대로 정신 작용의 한계가 정해지는데, 그 한계대로 그 많은 세계 인류가 널리 열락적 생활을 하게 됩니다. 태양을 중심으로 하여 위성적 조직으로 된 세계는 다 사바계요, 무에 사는 천상인은 최고문화인으로 이 세계인이 상상도 못할 만큼 수승한 인간만이 사는데, 그 사람들은 선행으로 이루어진 인간 곧 성현이라. 생활비나 일용품이 자체화하였기 때문에 자노명으로 일월日月이 소용이 없고, 말하고 생각하는 대로 곧 수용된답니다.

어쨌든 그리고 아미타불이란 하느님의 천국, 곧 극락세계에는 염불 공부를 시키지만 다른 모든 천당에는 노력도 필요 없고 락樂에만 도취되어 그 공부도 아니 하기 때문에 락을 누린 대가를 지불할 책임이 문제된답니다. 아미타불은 공부를 시키지만 그 나라에 가지 않아도 가르침을 받을 수 있고, 부른 자체를 알아야 할뿐입니다. 자신의 공궤功饋, 공적功績이 없이 예수 믿고 부처님을 의지해서 그저 천상에 닿게 되는 줄 아는 인간은 가장 어리석은 인간입니다.

다만 부처님이나 예수를 믿는 것은 천당이나 극락세계에 태어나려는 것이 아니요, 그들이 알아 얻은 도리, 곧 나의 창조주인 만능적 자아를 우리도 전수하려는 것입니다. 이 세계인으로 이 세계에 거주하며 이 육체로 임의대로 천상천하를 내왕할 수 있는 무한대의 정신력을 지닌 사람도 이 세계인이 당신들의 가르침을 받을 만한 때를 기다리고 숨어 있습니다. 천상인은 거의 그런 전능적 생활을 하지만 자아 곧 본아本我를 다 찾아 쓰는 사람은 적습니다. 오직 불佛이란 이름을 얻게 되어 전체적 정신 곧 일체능의 자아를 요득한 완인이라 천당, 인간, 지옥 등 인연대로 스스로 가서 살게 됩니다. 일면적인 학문 곧 세속 지식으로도 불가사 불가량의 알 일이 있어 그 일만 알아지기도 가장 어려운데 내 생각에 미치지 않는 일, 곧 보여지지도 않는 만능적인 정신력을 어찌 헤아린다고 도리어 미신이니 비과학적이니 하고 부정해버리는 것으로 쾌감을 느끼겠습니까? 우매한 그런 인간은 어둠의 길을 자취하는 것입니다. 그런 사람들의 수로 이루어진 이 세계라. 이 세계는 이렇게 암흑한 것입니다. 인간이라면 부인할 일이 명확한 근거를 잡아 부인해버리고 취할 일이면 취해져야 할 판단력을 가져야 인생정로를 걸을 것이 아닙니까? 이 세계인은 두꺼비 꼬리 흔드는 것 같은 존재 없는 현대적 과학을 만능이라고 불가사의적의 일은 매미가 겨울 일을 부인하듯 합니다. 내가 알지 못하는 일이 무진無盡한 것을 짐작조차도 할 줄 모르면서 도리어 만인을 가르칠 지식인이라 자타가 인정하는 인간들이 되어 자만심만 가지고, 알지 않으면 안 될 일은 부인하게 되니 가장 애달픈 일입니다.

어쨌든 미진수적인 세계와 인류의 생활은 껍질이니, 물체 없는 그림자는 껍질도 없는 것이 아닙니까? 그 알맹이가 희로를 느끼는 마음이라 나다, 하고 허세만 부리는 나 외에 존재인 본마음, 곧 본 나 하는 것입니다. 그럼으로 알맹이인 나의 본마음 하나가 있기 때문에 상상할 수 있는 것은 실존입니다.

참마음인 알맹이를 빼놓은 현실 생활을 하는 우리들은 실성한 인간입니다. 어쨌든 물질적인 이 마음이 없는 때는 없으니, 어느 때 일어나는 무슨 마음이든지 단일화하여 무심에 이르기만 하면 절대적인 성과를 이루게 되기 때문에 위에 말씀한 바와 같이 사랑하는 마음도 하나화한 사람은 일체화한 완전한 인간이 됩니다.

그래서 이런 이야기가 있습니다. 관세음보살이 인연이 있어 구원해줄 한 남자를 위하여 그 화현신化現身인 미녀로 선암산仙岩山이라 하는 산길에 서 있는데 지나가는 그 남자가 황홀한 정신으로 미녀를 쳐다볼 때, 추파로 살짝 응해주니 미녀를 따라 높은 산길로, 골로 일념으로 쫓아가다가 벼랑 위에까지 올라가게 되었는데 미녀가 그 아래 대해大海에 뛰어내려 수중水中에서 손을 내미니 애愛로 몰아각沒我覺에 이른 남자는 그 손을 잡으려고 그대로 뚝 떨어지면서 만능적 자아를 발견하였다는 것입니다.

자아를 발견하여 시공이 자체화한 완전한 인간이 된다면 갑 남을녀로만 합해서 된 사랑이라야 사랑이리오. 존재는 일체 존재가 다 내 성적 대상이 될 수 있습니다. 만일 내가 남자라면 일체 여성이 다 애인이요, 아내가 될 것입니다.

다생루겁으로 살아오는 이 육체가 결합, 해청[생사]의 반복적 생활을 계속하는 동안에 일체 군생이 다 내 애인이요, 아내로 삼아온 것입니다.

어쨌든 만났으니 떠나게 되고, 떠났으니 만나게 되는 우주적 원칙을 인식한다면 너와 내가 어찌 떠날 수가 있으랴! 하는 등의 애달픈 탄식은 나오지 않을 만한 인간으로 될 것이요, 그만 한 인간이라면 생사고락이 상대성으로 된 그 원리를 요해한 인간으로 영구적인 고혼孤魂의 생활을 영구적인 각령으로 바꾸어 살게 될 것입니다.

각령은 불[일체]의 존재 전입니다. 그러나 불의 일체의 대칭대명사기 때문에, 각자의 영전靈前을 각령이라 하고 각령 전을 불과佛果 곧 공계무심空界無心, 도, 진리, 나, 마음, 생각 등의 이름을 붙입니다. 불후佛後에 석가불, 아미타불, 미륵불 등등의 이름을 붙입니다.

어쨌든 성불해야 불가사겁후까지의 생활비가 장만됩니다. 생활비가 장만되어야 내 본고향인 시종적 안전지대가 내 차지가 됩니다. 불이라는 그 보고는 공동소유라 아무라도 차지할 수 있습니다. 그 보고에 들어온 나는 아직 채취 방식을 모르나 남들이 채취해 쓰는 것을 내 눈으로 보기 때문에 이 일은 부처님이나 하느님이 와서 부인하더라도 의심나지 않습니다. 믿음보다 증명입니다. 그러나 믿음이 증명을 보여줍니다. 이런 무상법을 알게 된 나는 목말라 애쓰다가 무량수원無量水原을 바라보게 된 것 같으니 갈증에 부르짖는 동지들의 생각이 아니 날 리 없는 것입니다. 나는 지금 물 내음을 맡게된 사슴이니라, 물 있는 방향으로 달리고 있으니 뒤를 따르라는 말입니다.

어쨌든 우리가 그때 죽지 않은 일이 얼마나 다행한 일입니까? 그때 죽음의 대비도 없이 그대로 죽었으면 내가 어찌 이 최상법문중에 들어오며 또한 이 말씀을 어떻게 당신에게 전하게 되었겠습니까? 금생의 연장이 무량수적 나의 전정인데 내 전정을 위하여 이 법을 못 만나고 그대로 죽었다면 얼마나 무서운 일입니까? 어쨌든 자살은 살인하는 것보다 더 큰 죄랍니다. 우주적 시사施舍에 뭉쳐진 이 몸을 버리는 것은 우주에 배은이며 반역자로 생의 패배가 되어 생의 향하일로로 떨어지게 되는 것이니 미래세에는 어떤 악도적 살림을 하게 될지 모르는 것입니다.

그러니 악도에 떨어지면 인신, 몸도 언제나 다시 받아볼지 모를 것이 아닙니까? 물론 이 인신이나 혼으로 사는 것은 꿈입니다. 그러나 꿈을 부인하는 것은 생명을 부인하는 것입니다. 생명은 꿈꾸는 물건이기 때문입니다. 꿈은 명의 표현이요, 꿈꾸는 것은 생명의 움직임이요, 꿈꾸게 하는 것은 생명의 원천, 곧 무인데 이 삼합체가 완전한 생명 곧 진인간입니다. 더구나 진인을 이루지 못한 이때에 비명에 죽으면 귀신이 몸을 받게 되어 귀도에서 서로 애인 동지가 손목을 붙잡고 험한 산길은 골로 울며 다니노라면 인간적 정신은 점점 매昧, 매昧, 미迷해져서 한 생, 한 생, 타락일로로 걸어가노라면 고통만 늘게 되고 고苦에 못 이기면 자연 서로 원심만 깊어가게 되어 언제나 떨어지지 말자고 죽음을 맹세한 둘이 생사 간에 다시 만나지 말자고 축하게 됩니다.

일체 존재는 어차피 생을 포기할 수는 없으니 생에는 의식이 있기 때문에 어떠한 한미한 존재라도 애증은 느끼게 되지만 문하일로로 걷는 존재가 그 언제 진생명을 찾게 될 것입니까? 상식적으로 판단하더라도 현재까지 위치도 보존하지 못해서 깨뜨려버리게 되는 위인이니 그 후 위치가 짐작될 것이 아닙니까?

삶은 먹어야 하고 평안함이 희구의 적이 됩니다. 일체 요구는 평안 그 하나를 위함입니다. 먹으려면 노력 사업해야 하고 평안 하자면 정신적 수입[정진수도]이 있어야 합니다. 정신적 수입 곧 사상적으로 정진 사업적으로 방안, 쌍방적 방향만 정하면 생의 균형을 얻어 우선 외로움이나 괴로움이 사라지게 될 뿐 아니라 생의 정로를 걷게 되는 데 따라 안도감을 느끼게 됩니다. 이미 지난 일 젊었을 한창 시절에 지나친 연극면演劇面을 너무 오래 퍼트려 놓아서 지루하겠습니다.

다만 마지막 부탁은 일체유재一切有在에게는 4난득이 있습니다.

인생난득, 장부난득, 출가[승]난득, 불법자아파악난득입니다.

당신이 이 법을 들어 납득한다면 재가승으로 최고[하下에 대對가 아닌 절대고絶對高] 인생학교에 제삼 학년에 오른 것입니다. 한 학년만 치르면 인생대학을 마치고 완인이 됩니다. 완인은 자타가 다 완전한 평안을 얻을 것입니다. 나는 여자라, 인간으로는 같지만은 남녀가 질적으로는 천양의 차이가 있답니다. 그래서 여자가 장부 되기가 성불하기만큼이나 어렵다니 좋은 말이나 먼저 알면 무엇합니까? 당신이 말씀을 믿고 수도[내 정신 수습하는 공부]를 한다면 단시일에 일초여래지一超如來地에 이르게 되어 나를 건지게 될지도 모릅니다. 우리는 포기할 수는 없는 나는 이미 가졌으니 내 근본을 알자는 말씀입니다. 그러니 이 몸[인신] 가졌을 때, 이 말을 들었을 때, 이 법을 알아 얻어서 놓치지 말고 잘 지닌다면 이 생의 연장이 영겁화하게 되어 필경 성불[완인完人]합니다.

누구나 알아야 한다는 말이나 글은 쓸 줄 알면서도 참으로 알 것은 모르는 이 무지 때문에 중생이 무진고를 받는 것입니다.

어쨌든 돈벌이보다 정신적 수입의 수지를 맞추어 가야합니다. 그것이 사전 급한 일입니다.

돈벌이는 금생일생의 일이요, 정신적 수입은 영생적 사업인 까닭입니다.

더구나 정신적 수입의 수지가 맞지 않으면 현상 유지, 곧 소아적인 이 인신도 잃어버리게 됩니다.

정신적 수입이란 정신의 정체를 발견하는 법으로 물질적인 이 정신을 소멸시켜 무심에 이르러야 발견되는 것입니다. 물론 정신이라는 생계비 부족으로 외로움과 괴로움이라는 불편한 일이 생기는 것입니다. 이 정신의 정체만 발견되면 일체 문제는 해결됩니다. 정신 하나로 지옥에서도 천당락을 누릴 수 있습니다. 거듭 말씀이지만 행불행의 생활이 전연 내 마음인 까닭입니다.

세속 사람도 마음에 달렸지 마음이 팔자지 하는 말을 하면서 일을 당하여는 도무지 마음대로 안 되건만 그 일이 오히려 당연한 줄로 인정하고 왜 이렇게 마음대로 안 되는가, 내 마음대로 못하는 내 것이 있을까, 하는 생각조차 하지 않고 스스로 얻으면 자업(스스로 지은 것)의 줄에서 헤어나오지 못하는 것입니다.

그런데 정신을 잃어버린 실성인들이 실성인들을 서로 끌고 행로적으로 끝도 없고 시간적으로 마지막도 있지 않는 험난한 수변垂邊들에서 헤매는 그 속에 휩쓸려 지내는 당신에게 이 소식은 진실로 희귀한 소식인줄이나 아실는지 모릅니다. 일생 백년사도 큰일이라는데 미래세가 다함이 없는 크나큰 일의 해결법이니 귀하다는 보통 말로는 헤아릴 수 없는 가장 귀한 소식입니다. 어쨌든 정신 잃어버린 인간이 정신 수습하는 일 외에 돌아볼 것이 무엇입니까? 이 사상으로 지향하는 일, 곧 사상적 방향만 결정되어도 생의 의욕[생활비]이 풍부해져서 안도감을 느끼게 되고 안도감은 용기를 내게 되어, 어디서 언제 어느 때 무슨 몸으로 무슨 생활을 하든지 잘 살아가게 될 것입니다. 당신이 아무리 물질적 문화인이라 하더라도 인생의 선로적 그 방향을 돌린 것이 잘된 일이 아니었던 것입니다.

문화인은 그래도 물질경에서 초연한 지향을 하여 완경完境 정신적 문화인이 될 수 있는 것입니다. 그런데 문화인으로의 방향이 전환된 당신은 육십줄에 든 오늘까지의 경험으로 인간들의 희구의 적인 만족이니 기쁨이니 하는 데에 체달하여 본 적이 있습니다. 체달이라 생각된 때가 있더라도 유심有心은 한계 내라 좁은 한계 내이기 때문에 짧은 시간에 사라져버립니다. 무심은 무한계無限界라. 고락간 슬슬 구슬리기 쉬운 자유계自由界입니다.

아무튼 시간의 영원과 요소의 일체인 유심의 창조주인 그 무심을 남김없이 채취하면 거기에는 희망의 성취도 있고 임의로 창작적 생활을 하게도 됩니다. 늘 꾸는 꿈이요, 더구나 잊어버린 꿈이지만 꿈만이 참 살이로 믿을 그 때에 차마 버리지 못할 일체를 다 버린 길인 사선에까지 동행하였던 특별한 친구인 당신이라. 특전되는 특별 소식이니 지금까지 가졌던 생각을 다 버리고 다른 한 생각에 오르기 바라면서 유심히 쓰던 붓이 무심히 붙은 채 놓아버립니다.

무술년 8월 29일

10

영원히 사는 길

—

B
씨
에
게

B씨에게

원수의 칼에는 몸이나 상하지만 사랑의 손길에는 몸과 마음이 함께 해를 보는 줄이야 누가 알았사오리까?

당신이야 내 영내靈內를 어루만지던 당신의 그 손길의 변신變身인 별리別離의 칼에 중상을 입은 심장을 안고 사랑의 폐허에서 홀로 신음하고 있는 내 고苦가 그 어떠한지 알기나 하오리까?

지금도 나는 음랭陰冷한 방 한구석에 쓸쓸하게 놓였던 책상에는 단 하나의 친구인 시계가 나의 슬픔에 돌보지를 않아 걸음을 멈추고 시름없이 앉아 있는데, 그 위에 엎드려 일과적으로 흘리는 내 눈물을 그윽이 바라보던 나는 이제는 더 참을 수 없다는 내 감정적 행동을 이길 수가 없게 되었나이다. 떠나가는 구름편에 휘 걸어나 보내볼까! 아무래도 당신의 눈에 띄이게 될 가망이 없는 이 편지건만 아니 쓰지는 못하게 되었나이다.

글자는 제 몸을 떨어진 내 눈물 속으로 뭉그려버리나이다. '당신의 그 깊은 회한을 내가 무슨 수로 다 표현해드리리까' 하는 자퇴自退의 표징인 것이외다.

당신은 '…인연이 다하여서 다시 뵈옵지 못하겠기에…' 하는 마지막 편지를 내게 보내었나이다.

'검은머리 파뿌리 되도록…'이라는 한 토막의 생활을 멀리 초월하여 무량적으로 영내의 생활을 같이할 굳은 약속을 해오던 당신이 값싼 위로의 말 몇 마디 적은 편지에 떠나는 이유도 없이 더구나 행방조차 알리지 않고 인연이 다하였다는 말 한마디를 남기고는 그만 달아나버리는 그런 모진 시간이 내 앞에 닥칠 줄이야…. 마음이 워낙 뜨막한 나는 기절까지는 하지 않았나이다. 그러나 아무리 무상한 세상이라기로 당장 이 눈앞에 이렇듯이 변한 일을 보게 될 때 엉겁결에 베인 상처처럼 원망도 노여움도 느껴질 새 없이 그저 뜻 모를 눈물만 꿰인 구슬같이 쏟아질 뿐이었나이다.

생각만 해도 눈물 안경을 쓰게 되는 그 편지건만 그래도 얼신거리는 이 눈으로 보고 또 살피게 되나이다. 인연이 다하였다! 내 전 세계의 돌변을 전하는 놀라운 글자의 모임! 무지한 주인의 사도인 무정한 글자들은 태연자약하여 남의 아픈 속을 헤아릴 리 없는 것이외다.

대체 인연이란 무엇인데? 다하기는 어째 다하였단 말인가! 그리고 다시 못 봐! 다시 못 봐! 죽음의 길인가! 다시 못 보게!

그러나 저러나 영永! 그만이란 말인 것은 분명치 않은가! 정말이냐! 정말이야! 그래도 불변색의 귀머거리 종잇장! 물어뜯어도 쥐어박아도 아픈 체할 길 없는 시체 같은 글자들! 암만해도 그 앞에서밖에 하소연 할 데조차 없는 나의 심정! 더구나 나의 이 안타까운 심정을 전해줄 것은 무정하다는 생각조차 못하는 무지의 글자밖에 없지 않은가! 백제 때 부여 성문을 지키는 이의 외딸인 18세 된 소녀는 산과 고개 너머에 사는 애인에게 날려 보내는 가랑잎에 새긴 지성의 편지 한 장이 스스로 산을 넘고 골을 넘어 보아야 할 편지의 주인을 찾아 준 일이 있었다는 이야기가 있지 않습니까? 정情과 혼의 결정체는 행동을 하기 때문이외다.

그러나 배신의 대상인 내 마음이 그 소녀와 같이 지성일념至誠一念에 들 가망도 없고 의타적으로만 전해질 나의 이 하소연의 글은 당당한 천지에 어느 곳을 찾아 당신의 처소에까지 미치게 하오리까!

무한대의 정신력을 믿는 나이긴 하지만 아직 나의 정신력은 당신의 그 큰 무지를 녹일 만하다는 자신이 없나이다.

그러니 못 견딜 이 고민만을 어찌 처리하여야 할 것인지 나도 알 길이 없나이다. 다만 인因 자 한자의 의의는 심心, 성性, 불佛 자 다음으로는 중요시할 만한 정칙적正則的인 글자인 것이 사실이외다. 그러나 연緣 자와 접속된 술어인 인연으로 말하면 인연으로 동작이 생기고 변천이 일어나는 것이므로 이러려면 이러고 저러려면 저럴 수도 있는 좀 여유도 없지 않은 그런 한마디의 단어가 아니오리까?

그런데 당신은 이제 인연이라는 단어 그 한마디를 이용하여 남의 생명적인 사랑을 장난감을 만들어 취하고 싶으면 취하고 버리고 싶으면 버리는 그런 폭군이 되어버리신 것이 아니오리까?

나는 사랑의 왕국에 발을 들여놓은 남자는 사랑의 여왕의 지배하에 길이 인형화하는 줄만 알았나이다.

그리고 사랑하는 사람을 자기 생활권 밖으로 내어놓는 일이 있거나 표리가 다른 마음을 쓸 수도 있는가를 생각조차 해본 일이 없었나이다.

이런 여자에게 그런 배신의 편지를 예사로 던져버리는 남자가 당신일 줄이야! 너무도 의외의 일에 멍멍해진 내 정신은 아직도 잘 차려지지 않는 것이외다.

적적한 내 생활에 일시적이나마 크나큰 만족과 희망을 준 이도 당신이요, 보다 더 큰 실망과 슬픔을 준 이도 당신이외다. 마치 태양이 서산을 넘을 때는 만상萬像과 그 그림자까지 겨누어 가듯이 당신은 내 일체를 모두 휩쓸어 가버렸나이다.

물건! 가장 긴절하게 일 무슨 물건만 빼앗아간! 그 사람에겐들 얼마나 크게 원심怨心을 가질 것이오리까?

더구나 정신적의 전재산, 곧 영원한 생활의 큰 밑천을 다 휘몰아 가진 당신을 이를 갈며 칭원稱怨해질 것이 아닙니까?

그런데 내가 위에 적은 것은 모두 나의 실망이 실망의 대상인 일에 대한 논리에 지나지 않는 것이외다. 나는 이제 원심을 가지기는커녕 이론이야 어찌 됐든지 사실이 어떻게 돌아가든지 알 길이 없나이다. 다만 절대적인 나의 욕구, 곧 당신을 뵈어야 할 그 일 때문에 아침에 일어나서는 '오늘도 그의 소식을 꼭 알려지이다' 하고 빌고 저녁 자리에 엎드려서는 '오늘도 그의 소식을 못 들었구나' 하고 한숨을 쉬고 지날 뿐이외다.

행여나 하는 애달픈 희망에 생기가 나다가 그만 절망에 쓰러지다가 어떻게 괴로운 날짜가 계속한 지 이미 넉 달 아흐레! 아직도 남은 얼마라는 말씀이오리까?

나는 열한 살 적에 소학교 뜰에서 동무와 내기하는 장난을 하다가 상대편인 동무가 나를 속여서 세 번이나 거듭 이기고 나서 나를 종애로 골리며 이겼다고 뛰며 자랑스러워하는데 나는 어찌 분이 났던지 내가 부딪쳐 죽어야 옳을지 동무를 때려 없애야 옳을지 호흡이 방향을 잃어버리게까지 된 일이 있었나이다.

분대로 했으면 큰일을 냈겠지만 우선 견딜 수 없는 이 고통을 면하고 볼 것이다, 하는 번개같이 비치는 생각으로 겨우 분이 도수를 좀 내리고 나서 차차 분이 풀린 후에 따져본 결과 내가 못 이겨서 약이 바짝 오른 데다가 남을 속인 고약한 것이 풀리어 대상인 나를 무척 업신여기는 몸짓, 눈짓이며 이겼다고 자랑하는 모든 꼴이 너무도 밉고 분해 못 견디었던 것! 그 오기에서 일어서는 한 감정 문제에 지나지 않았던 것이외다.

일체 화나는 일이 다 별 원인이 있는 것이 아니요, 다만 사람의 감정이 털끝 하나를 사이에 두고 희비고락의 천양의 차差를 내어 생사 문제가 일어나고 대대로 불구대천의 원수를 맺는 일 까지 있는 것을 그때 어린 생각으로 좀 헤아리게 되어 '기왕이 면 마음 편하고 볼 일이다. 일체 요구는 평안 그것의 요청의 사 도였구나' 하는 생각을 하게 되었나이다. 그리고 좀 더 자라서 는 아무리 좋은 환경에서도 불행을 느끼는 이가 있는 만큼 가장 큰 불행에도 마음을 녹일 수가 있는데 우리들은 정신력의 부족 으로 '마음이 팔자라고 말은 하면서도 각각 내가 만든 내 팔자 를 내 마음대로 못 하는 것이라.' 어쨌든 나는 그때부터 내 마음 으로 태평세계를 이룰 수도 있을 것이라 하는 생각을 하게 되었 나이다.

어쨌든 나는 그 후로는 어떤 일을 당해도 화가 치미는 일도 초조할 일도 없었나이다.

그 어느 날은 원고료 받는 것을 쓰지 않고 모아서 내 생전에 처음 많은 돈을 뭉쳐가지고 평전삼월등平田三越等 큰 상점으로 사고 싶은 물건을 사려고 헤매 다니다가 엄청나게 많이 쌓인 그 물건을 바라보는 나의 욕구인 물건과 그 대금과의 수지는 너무 도 큰 차이가 생기는 것을 보고 아무리 많은 돈을 가져봐도 결 국 돈의 갈증만 심해질 것을 깨닫고 창자를 위로할 만한 음식과 한서를 피할 만한 옷이 있으면 그만 자족하다는 생각으로 가난 의 고도 느끼지 않게 되었나이다.

방학 때 집에 와서도 후모의 눈치야 어찌 됐든지 태연히 지내는 나를 더 가엽게 보는 아버지는 가슴 아픈 눈물을 남모르게 씻었다는 것이외다.

하다못해 처녀로 파혼이 되었을 때도 내 붉은 뺨을 내 손으로 쓰다듬으며 '더 좋은 혼처가 생길지 누가 알아. 마음 상할 것 없어!' 하고 스스로 위로하고 지나던 것이외다.

어떻게 무조건으로 걱정 없이 태평객으로만 지나던 나에게 우리도 다함이 없는 눈물의 생활을 주고 간 당신을 원망인들 어찌 아니 하게 되며 미운 생각인들 아니 날 리가 있사오리까. 더구나 나의 고를 면하기 위하여도 될지 말지한 당신의 회심回心을 기다릴 것 없이 내편에서 아주 거절해버릴까 하는 생각도 하여 보았나이다.

그런 남자일줄 모르고 믿기만 하고 온갖 계획을 다 세웠던 내가 얼마나 어리석었느냐, 어리석은 줄을 알면서도 못 잊는다는 것은 자모적自侮的 부끄러움을 당하는 것이요, 자취적 고를 받는 것이 아니냐. 자, 그만 잊어버리자! 이를 악물고 눈을 감고 도사리고 앉아 보았나이다.

감은 눈에서는 바위라도 뚫을 듯이 굳세게 눈물이 솟아 흐르며 굽이치는 서러운 정파情波는 시구로 화하여 나의 정화情火를 꺼보려는 것이었나이다.

어지어 내일이여
이제는 홀이로다

인생의 험한 길을

나 어이 혼자 갈까

님이야 사귈 님 많으니

외롭다 하리까

시구는 정파와 정화를 녹여서 외로움의 바다를 만들었나이다.

이제 나는 외로움의 바다에 빠졌으니 숨 막히는 고파孤波에서 헤어나려는 생적 충동으로 무엇이라도 붙잡으려고 허우적거릴 밖에 무슨 생각이 나오리까.

따르는 엄마 품으로밖에 달려들 데가 없는 젖먹이같이 사면을 둘러보아야 마음 향할 곳은 모르는 내가 누구에게로 매달릴 것이옵니까?

당신을 단념한다는 것은 일시적으로 지나가버리는 나의 감정적 심리 상태에 지나지 않는 것이었나이다. 나의 외로움의 바다가 깊어질수록 당신의 존재의 산은 높아져서 다른 이의 존재가 눈에 띌 리가 없나이다.

지금 서울 장안長安에서는 시나 소설 한 권 발행해보지 못한 나를 여류문사女流文士라고 떠들고 내 기술技術껏은 모양을 내어 남이 예쁘게 보아주기를 바라는 내 소원대로 풍염豐艶한 미인이라고 칭찬해주는 이도 있나이다. 그래서 그런지 내 주위에는 여러 사람이 모여들어서 열렬한 사랑에 좋은 조건을 바쳐서 나의 환심을 사려 드나이다.

그러나 당신 외에 한 사람도 용납할 마음의 자리가 남지 않았나이다.

나는 당신을 위하여 육체적 정조를 지키려 하는 그런 것도 아니외다. 더러운 것을 막 주무르는 손이나 티끌하나 보지 않은 손이나 손은 손일 뿐이지, 정부정을 손에 묻지 않는 것같이 여자의 육체가 남성을 접하고 안 한 것은 문제될 것이 없고 오직 그 여자의 정신 문제뿐이라. 정신적으로 정적 정산이 되며 새 사랑을 상대자에 온전히 바칠 수만 있다면 언제든지 처녀로 자처할 수 있어 그 양해를 하는 남자와 그렇게 될 수 있는 여자라야 새 생활을 창조할 수 있다는 신정조관을 가진 여자인 까닭이외다.

더구나 정적에만 기울어져서 당신만 따르는 것도 아니외다.

다만 당신은 세간적 사상가니 인격자니 하느니 이들까지도 상상도 못 하고 초연한 인생관을 가진 분으로 쉬지 않는 자신의 수양과 함께 일심으로 사회적 봉사를 하시고 계시니, 그러한 고답적인 인물이 오랜 수양과 많은 경험을 쌓은 후일에는 반드시 세계적으로 인류에 많은 도움이 될 위대한 분이 될 것을 예측하는 나는, 변인變人으로 보다 지도자로 당신을 여의지 않겠다는 염원을 하게 되니 자연 당신이 나의 생활의 전체가 되어버린 것이외다.

나의 아버지는 평남平南 용강龍岡 출신에 예수교에 독실한 목사로 예수께서 남을 사랑하기를 내 몸같이 하라 하신 말씀 그대로 실천하시며 일생을 감사의 생활로 자족하게 마치신 분이었나이다.

나의 어머니는 나를 맏이로 오 남매를 낳아 다 잃어버린 후 일찍 단산斷産해버리고 나 하나만 남았는데, 아버지는 오대독신이지만 예수교적 계법을 정신화한 아버지만큼 아내 있는 당신이라는 한 생각으로 어떤 미인을 안겨드린대도 동심조차 할 리 없으니, 어머니는 당신이 죽어야 아버지가 장가들어 아들을 얻을 것이니 죽지 못해 한이라고 늘 우시며 저 딸 하나나 훌륭하게 만들어 남의 집 열 아들 부럽지 않게 만든다고 예수 교당에 다니신 덕에 일찍이 개화한 어머니가 여자도 학교에 다니는 일이 있는 줄도 모를 그 예전에 나를 학교에 입학을 시켜 '여학생, 여학생' 하고 불리는 자랑스러운 몸이 되게 하였나이다.

그러나 집과 땅을 다 팔아서라도 대학 공부까지 시켜준다던 어머니가 소학교 졸업하는 해에 돌아가시고 중학교 졸업 시에는 아버지마저 두 분이 다 일찍 돌아가셨나이다.

칠십이 넘으신 외할머니는 천애의 고아인 나만 보시면 네 에미가 딸 하나만 더 길러 놓고 죽었어도 형이야, 아우야 서로 불러볼 것이 아니냐, 너는 돌 틈에서 솟았는 듯, 땅에서 뽑은 무 밑둥인 듯 넓은 천지에 외톨이로 돌아다니는 꼴을 어찌 보느냐고 항상 눈물을 흘리었나이다. 그 외할머니의 학비 후원으로 몇해 동안은 일본 유학까지도 하여 보았나이다.

어머니 생존 시에 나를 부도婦道와 여직女職에 대하여는 도무지 가르칠 생각을 하지 않으셨나이다.

어머니는 나를 여자 구실을 안 시키고 어떤 표준도 없이 그저 남의 집 열 아들 부럽지 않게 세상에서 제일 뛰어난 남성 아닌 남자 대장부를 만들려는 것이었나이다. 외할머니나 이모들이 어머니를 보시고 계집애를 가르치지도 않고 뛰어다니게만 두고…. 시집 보낼 옷가지 하나 장만 아니 하며 어찌할 거냐고 하면, 어머니는 '당신네들처럼 많이 많이 신고 가서 종노릇만 해야 하오?' 하고 핀잔해버리었나이다.

수도원 같은 기숙사에서 자라서 단순하고 어두운 내가 가정 교육도 문견도 없이 이만치 사상적으로 방향을 정하지도 못한 데다가 이사간理事間에 혼란하기 짝이 없는 사회로 나와 내 멋대로 돌아다니는 나의 모양은 과연 우스웠을 것이외다.

더구나 외로움에 목마른 내 눈에는 사랑을 구가하는 수준 낮은 문예품만 띄이게 되고 죄가 하느님 눈에 들키지 않기 위하여 극히 조심하던 그 마음에서도 슬슬 뭉그적대며 나오기 시작하게 되니 신심은 점점 물러나서 의문만 생기게 되었나이다.

하느님은 모르시는 것이 없으시다면서 선악과수를 에덴에 두시고 자유까지 왜 주셨을까?

선악과를 먹어 배태되었다면 창조하신 분이 왜 선인善人으로 개조하시지 않으시고 독생자를 보내서 십자가에 못을 박히는 분주를 피우셨을까?

예수께서는 선악세상을 다 구원하실 수 있어야 구세주라는 의의가 서지 않을까? 그리고 불가능한 일이 없으신 예수가 왜 온 세계 인류를 다 믿게는 못하시는가? 하느님이 우리 마음에 계시다니 선악심이 어느 마음에 계신가? 평등심을 가진 하느님이니 어느 마음에나 다 계실 텐데, 마음이 다 하느님화하지 않고 선악심이 그대로 있게 되는 것은 웬일일까? 하느님은 공연히 인간을 내어가지고 지옥고에 못 견딜 때 피창조자인 동시에 피해자인 악인이 하느님께 나가서 나를 왜 만들고 지옥은 왜 내어서 이 고생을 시키나 하고 원망한다면 하느님은 무엇이라 대답하실 것인가?

천상인은 못 보는 것이 없다는데 친지가 다 지옥고를 받는 꼴을 바라보면서 나만 천당락이 누려질 수가 있을까?

계신 하느님 나신 부처님은 이미 형상이니 같은 우상이고, 더구나 안 계신 하느님을 마음으로 만드는 것은 마음의 우상인 것이다. 어쨌든 예수교 성경에 만든 부처님을 우상이라 했지만 성화聖畵를 그려 귀하게 모시나 부처님을 손으로 만들어 소상塑像으로 모시나 마찬가지의 우상이 아닐까?

우상이라면 껍데기니 알맹이가 있지 않을까? 하느님, 예수 성신이 다 껍데기인 것인가? 에잇, 모르겠다! 하는 이런 등등의 의심을 가지게 되었나이다. 아버지나 신도들에게 문의도 못한 것은 신심이 없어서 그런 사남氾濫한 생각이 나니 회개하는 마음으로 기도만 하라는 것이외다. 그러니 의심을 풀 길은 없었나이다.

당신을 뵈온 후로도 정적情的에 대한 정신 외에 다른 생각이 없는 나는 이런 문의를 할 겨를이 없었다가 당신이 오실 약속도 아니 하였던 날, 나는 오늘은 당신이 어느 모임에나 가게 되지 않나? 거기 가서 당신의 얼굴이라도 바라보았으면 하는 궁리를 하느라고 언제 쭈그리고 앉았던지 쭈그리고 내 방에 앉아서 문간을 내다보고 앉았는데, 의외에도 당신은 아래위 하얀 양복을 입으시고 더 환해 뵈는 얼굴은 고요히 비치는 검누른 빛깔의 옥 같은 눈동자에 자비스러운 웃음을 띠시고 내 방으로 들어오셨나이다.

각황교당覺皇教堂에 가시던 길에 들리셨다고, 그날 내가 묻는 대로 불교 교리에 비추어 예수 교리를 해석해주셨나이다.

불교 교리는 범어梵語의 달마達磨라고 하는데 일체 총섭한 의미로 마음대로 하는 마음이라고도 되고, 자유로운 나라고 해도 되는데 온갖 일과 모든 물질이며 선악이며 이치와 시비와 진망이다.

이 달마에 들었기 때문에 어떤 이론이나 교리가 다 달마에서 파생적으로 갈려지는 법이라고 일체는 '유심조唯心造'라 마음 곧 달마가 창조주라. 온 마음은 몰랐더라도 부분적으로 단일화한 마음이면 부분적일에는 다 성취할 수가 있어 수도 중인 사람에게는 정진에 방해된다고, 실상은 신통을 부리는 일은 금하는 일이지만 공부 중에서도 혹 신통력을 얻은 이가 있어 필요하다면 가랑잎에 인人 자 하나만 써서 던져도 금방 사람이 튀어 나올 수도 있는 것이라고, 그러므로 예수교에서 하느님이 창조주라는 것도 사실인데 능력이 계신 하느님이 왜 사람을 창조할 수가 없겠느냐고 그러나 천지만물을 창조하셨다는 것은 천지개벽 전에 있는 본성[마음 곧 나의 정체]가 있고 물질의 요소를 갖춘 물질적 본씨는 아뢰야 식이라는 것이 있어서 그것을 자료資料로 하여 창조하신 것이라. 무엇이 무엇으로 만들어졌든지 저마다가 진바탕 대로 만드셨으니 사실 제가 저를 만든 바에 짐승이 되었거나 악인화하였거나 수원誰怨, 수구할 것이 없는 것이라고. 만일 하느님이 사람을 근본적으로 만들어놓았다면 사람은 기계로 아무 기능과 의식이 없을 것으로, 향상발전적 생활도 하느님이 시켜줘야 할 것이요, 하느님을 따르고 배반할 아무 자유도 안 가졌을 것이기 때문에 선악의 책임자는 하느님이 알 것이 아니냐는 말씀이었나이다.

어쨌든 하느님은 창조주, 곧 만능적 자아를 파악하여 운용할 뿐 당신도 피조자인만큼 일체 책임은 하느님이 지게 된 것이 아니냐고. 어쨌든 일체 존재는 각자가 자조된 것이라고. 그리고 하느님이 마음에 계신 것이 아니요, 하느님이 곧 마음인데 희로를 느끼는 이 마음을 내인 마음으로 하느님의 하느님이라고, 그 마음은 하느님도 일체도 다 창조한 창조주라고. 그 마음은 누구나 다 가지고 있는 것으로 그 마음을 찾지 못한 동안은 완전한 인간이 아닌 줄이나 알아야 한다고. 그리고 천당은 최고 욕계慾

界, 색계色界, 무색계無色界까지 있는데, 그 나라 주인은 다 천주라 예수교 교리에 합치니 완전이니 하는 대상을 하느님이라고 하지 말고 일체의 대명사인 불佛이라야 맞는다고 그리고 선악과 금단의 실과로 먹지 말라 한 것은 신심을 시련試鍊하는 한 방편이요, 신자라면 대상이 계신 것을 전제로 한 것으로 부처님이나 하느님을 처음에는 지극히 믿는 신자 곧 몰아경에 이르는 신자부터 되어야 부처님이나 하느님의 그 도리를 알아 얻게 되어 구의에는 신자인 나도 부처님이나 하느님이 되는 것이라고. 선배나 선생이니 나를 바르게 지도할 분을 신실히 따르는 것도 종교심이라. 종교심이 없는 사람은 나무가 뿌리를 여읜 것 같아서 진생명을 잃어버리게 된다고 말씀하셨나이다. 무명중생은 지도적 목표 없이 올바르게 가지지 않는다고, 어쨌든 불교에서 나신 부처님이나 명상화한 부처님의 창조주인 부처 곧 자아인 내 부처를 가지라는 말씀과 같이 예수교에서도 해득하게 되어야 하지 의타적으로는 구원을 얻을 수 없다고 하였나이다. 예수께서 십자가에 못을 박히신 것은 다생의 인류를 위하여 공헌과 희생하신 그 한 부분적인 것이며 부처님께도 삼불능三不能[정업난면正業難免, 무연중생막제도無緣衆生莫濟度, 중생제도무진衆生濟度無盡] 있으심과 같이 예수께서도 사람이 오래 익혀서 천성이 된 그 습성은 어찌할 도리가 없고 본연의 성품과 자유를 각자적으로 들여야 하기 때문에 가르칠 뿐 다 믿게는 못하시는 것이요, 그래서 선악과를 먹게 된 자유도 각자적인 본연의 자유라. 하느님이 주신 것이 아니라 하였나이다. 그래서 하느님도 오래 익힌 인간의 천성을 개조하지는 못하는 것이라는 말씀이었나이다. 일체 존재는 나 곧 부처 하나뿐이라, 귀의불이 내게 돌아가라는 말씀이라 하셨나이다.

그리고 상상 이내 것은 환幻이요, 우상이라. 일체는 생각이 만드는 것이므로 예배한다, 아니 한다는 그 생각이 벌써 우상에 예배한 것이라. 상상할 수 있는 것 곧 물질은 반드시 대상이 있으니 대상은 바뀌고 변하는 것이라 계신 하느님 나신 부처님도 우상이라. 소상을 안 믿고 우상을 안 섬긴다면 부처님이나 예수도 못 믿게 되는 것이라고 말씀하셨나이다.

땅에 넘어진 사람이 땅을 의지하여 일어나는 것처럼 인간은 우상의 다리를 밟고 진경에 이르게 되는 것이라고. 그리고 불교 교리는 예수 교리를 더 오묘화하여 예수를 더 진실하게 믿고 하느님을 지극히 존경하여 구원의 하느님이 되게 하는 도리인 줄을 모르고 예수교 신자들 중에는 자기네 생각하지 않는 말씀이라고 알아볼 생각도 아니 하고 예수교 교리와 반대되는 줄 아는 것이 유감이라 하셨나이다. 어쨌든 일체종교와 사상은 다 불교 입문의 과정이라 하셨나이다.

더 자세히 말씀해주실 것이지만 강화講話의 책임을 가지고 가시던 길이라. 시간 관계로 오래 말씀을 못하고 당신이 가시게 되어 나도 따라가서 당신의 강연을 들었는데 '나'라는 문제로 사석에서 내게 하시던 그 강화를 다시 들었나이다. 그때 아버지께서는 지금에 당신처럼 나에게 향상向上에 도리는 아니 가르치시고 질문 비슷한 말만 해도 그런 사남한 소리 하지 말고 회개하는 마음으로 하느님께 경건한 믿음을 구하는 기도만 하라는 것이었나이다.

아버지는 집에 화재가 나서 집과 물건이 다 탔는데 가족은 살았다면 사람은 살려 주셨으니 하느님께 감사하고 가족이 다 타죽었으면 나를 살려주신 하느님께 감사하고 내가 타서 죽게 되면 하느님이 나를 당신의 나라로 데려가시니 더욱 감사한다는 식으로 믿으시는 그 믿음 위에는 불법은 없었나이다. 허나 '나'를 깨닫는 그 꽃을 곧 피우게 할 수도 있었을 터인데 사선을 넘으실 때에도 찬미가를 부르시며 기쁘게 천당으로 가신 아버지는 하느님께 법문을 들으시고 아주 해탈경에 이르셨기를 바랄 뿐이외다. 당신이 해탈경은 불변의 평화경으로 천당, 지옥이 하나이신 한 평등세계라 하신 말씀을 상기함이외다. 오대독신으로 돌아가신 아버지를 생각할 때 친오라비는커녕 육대촌 오라비도 없는 내가 아버지를 위하여 불전에 제축祭祝 한 번 못 지내드려서 죄송한 느낌이 없을 수 없나이다. 사람의 육체는 해소되더라도 식혼識魂은 영구불멸하여 인연을 따라 어디서 무슨 몸이든지 다시 만들어 가지고 생을 위하여 간단없이 먹을 것을 구하게 되는데 사의 경계선을 넘어서면서부터 기갈을 몹시 느끼는데…. 이 일은 현실이 증명해주는 일이지만 소부분적 정신 의존인 이 인간 세계는 보이지 않으니 비과학적이라는 것이외다. 더구나 법문을 들려주면 육체를 벗어난 '식識'은 좀 밝아서 말귀를 낮게 알아듣기 때문에 누구나 죽은 후에 사십구재라든지 제축을 불전에서 지내주어야 하는 것이 아니오리까?

말씀이 딴 길로 갔습니다.

어쨌든 그때에 나는 아주 무종교 상태에 빠지게 되어 심지어 천당지옥설까지 부인하게 되었나이다. 사상적으로도 사업적으로도 방문을 정하지 못한 내가 그래도 현해탄을 건너 일본으로 드나들며 학생의 몸으로 사회인으로까지 겸임하게 되었나이다.

그리고 상시로 큰 문재文才나 있는 듯이 대문호가 된다고…. 어떤 길로 어떻게 닦아 나갈지도 모르고 문예품이라면 덮어놓고 탐독을 하던 중에 묘한 술어를 띄다가 재미있는 문구를 만들어 수필이니 감상문이니 단편소설이니 서정시니 시조니 하는 형식으로 신문, 잡지에 기고도 하게 되었나이다.

최초 여성지인 〈신여자新女子〉라는 잡지에 주필까지 되었나이다.

여자 교육을 잃어버린 한국사회에 더구나 문단에 여자의 존재가 있었을 리 없을 것이 아니리까?

내가 무슨 문단에 큰 존재로 나타난 것은 아니지만 여자인 나의 글이 처음으로 신문과 잡지에 발표되니 전 사회에서는 무조건으로 반가워하게 되었나이다.

더구나 염치 좋게 연단에까지 올려 보내는 대로 올라가 요령 없는 말이나마 지껄이게도 되니, 일약 선생님, 선생님 하는 소리까지 듣게 되었나이다.

그때에는 남자 중에도 그런 엉터리 선생님이 수없이 사회에 출입을 하던 것이외다.

그러나 여전히 찾아오는 외로움에 쌓인 나는 한 남자의 남김 없는 사랑 그 '하나'로 부모, 형제, 친척의 정을 대신하려 하였나이다.

남김 없는 한 남자의 정을 얻기 위하여는 행불행의 생활환경도, 남의 이목이나 도덕에 구애까지도 돌아보지 않을 결심이었나이다.

애정적 동물인 인간은 사랑에서 나서 사랑에서 사는 것이니 사랑 없이 어찌 내적 생활에 만족이 있을 것이며 내적 생활에 만족을 얻지 못한 인간이 무슨 '에너지'가 있어 사회적 책임을 하겠느냐는 것이었나이다.

이렇듯이 사랑에 목마른 어리석은 나를 일시 향락적으로 위안거리로 사랑을 빙자하여 자기들의 손에 넣어보려는 남자인들 없겠나이까?

더구나 개성적이요, 한걸음 나아가 천단적에 가까운 성격을 가진 내가 하고만 싶으면 무슨 생활이라도 할 수 있었나이다. 아버지 생존 전후에는 나는 하느님이 항상 우리를 보호하시고 살피시며 나의 일동일정—動—靜을 다 알고 계시거니, 아버지의 말씀은 하느님의 말씀 대신이거니 믿고 일시도 마음 놓지 못하고 있었던 것이외다. 언제나 강압적 관념에 눌리어 지내었나이다.

그리고 아버지가 남의 과실나무 밑에 떨어진 것도 남의 것이니 집어서도 안된다 하셔서 굴러다니는 과실 한 개도 남의 것은 집어보지 않았고 남더러 '계집애'라는 것도 욕설이니 하지 말라는 아버지의 말씀 때문에 정말 욕이 나와서 못 견디게 될 때는 너! 아무의 딸이지, 하고 미운 동무의 아버지 이름을 불러 욕을 보일 뿐 그리고 그때는 계집애로 어떤 남자에게 손목 한 번이라도 잡혀봤다면…. 더구나 하느님 앞에서 맹서한 남편이라면 악인이거나 병신이거나 떠날 수는 없는 줄 알았던 순진한 내가 신정조관新貞操觀이니 무엇이니 하는 말까지 하게 되었으니 얼마나 험악하게 발전된 것이오리까!

어렸을 때에 장래 그렇게 될 눈치가 보였던지 또는 신학 문공부하는 청년남녀들의 하는 양을 보시고 하시는 말씀이였던지, 아버지는 면동에 소문거리인 서울 유학생 딸인 내게 편지할 때마다 '하느님 은혜 중 몸 성하게 공부 잘하느냐? 아무쪼록 곁길[외도]로 가지 않기로 항상 하느님께 기도하여라…' 하시었나이다.

우리 부모에게는 하느님 외에는 나의 존재가 컸을 것이외다.

그들의 딸인 나도 하느님 외에는 오직 부모님이 계신 것을 알았을 뿐이었나이다. 아버지가 교직원회가 있어 진남포 교회 대표로 서울을 올라오셔서 계신 동안에 사나흘에 한 번씩 기숙사로 나를 찾아오시는데 나는 겨울만 나면 이층 유리창에 붙어 앉아서 종일 나를 보러 오시는 아버지가 보이나 바라보다가 저녁

때가 되면 길인가 사람인가 아득하다가 내 그림자마저 거두어 가는 저녁 빛을 야속해하면서 하는 수 없이 방으로 내려왔다가 아버지가 오신 다음에 기다렸다라고 애타던 말씀을 여쭈면 '너 찾아보는 절차가 어찌 어려운지 어전御前에 나오기만이나 하니 매일 보고 싶은 것을 못 오는 것이다. 방학이 얼마 안 남았지! 그때는 좀 오래 애비 곁에 있게 될 테니 너무 애태우지는 마라' 하시었나이다. 그때는 부모와도 기숙생을 만나는 그 자리에는 입회인까지 있었던 것이외다.

우리는 부녀간 애정도 남달라서 이야깃거리도 많았지만 무슨 이야기를 적을지 차라리 그만두겠나이다.

그러던 애절하게 사모하던 아버지를 여의고도… 하는 생각을 하면 색다른 눈물이 또 새로 나오는 것이외다. 그렇다면 나는 과거생에 눈물의 생활을 이미 많이 만들어놓았던 것이외다.

더구나 무르익은 기쁨은 자지러지는 슬픔을 가져온다고 말씀하신 것이 이때에 기억되는데 따라 모든 슬픔을 녹일 수 있는 정진에 힘을 써야 할텐데… 하는 생각이 새로워지나이다.

그런데 그때 단순하고 진실하신 아버지는 천당 대 지옥으로 천당도 물질계라는 것을 모르고 하느님이 계신 천당에만 가면 일체 모든 문제는 남김없이 해결되는 줄로만 알고, 나를 진실한 예수교 신자만 되기를 하느님께 언제나 빌고 계시는 어머니는 내 딸 하나가 남의 열 아들 부럽지 않게 세상에 뛰어나서 큰 사람 되게 해달라고 하느님께 빌던 것이외다.

그때 나의 환경이야 얼마나 좋았나이까! 그리고 우리의 최고 현상인 '나'를 완성하는 데도 '믿음'의 기초가 없이 어디에 건설을 할 것이오리까!

내가 아버지의 교훈대로 예수교에 독실한 신자로 그대로 있어 자성의 더러움이 없이 불교에 문상門上하였더라면 당신의 설법을 듣고 곧 견성하였을지도 모를 것이외다.

그런데 입만 열면, 상상만 하면 물질화하는 일체법 중에 드는 교리 계단階段이야 없지 않겠지만 어떠한 오묘한 교리라도 말로나 글로 발표만 되면 상대성가 원리에 걸려 모순을 일으키지 않을 수 없고 질문거리 안 될 것은 하나도 없는 것인데…. 성경 말씀에 의심을 하여 믿음이 물러가고 위대하신 어머니 아버지의 원력을 저버리고 말았으니 나의 그 좋은 환경을 나 스스로 무너뜨리고 험한 길을 자취하려던 것이외다.

마침 이때에 다행하게도 당신을 만나 정신적으로 물질적으로 지존을 받게 되었나이다.

그러나 어떠한 좋은 기회나 환경보다도 오직 각자의 마음 일로로 선악도를 가리게 되는 것이 언제나 당신을 만나서 당신이 아무리 가르쳐도 당신을 사랑하는 애욕에만 즐겼다면 나는 영원히 제도되지 않는 인간이 될 뻔하였나이다.

그런데 그때 당신이 내 방으로 찾아오시게 된 지 한 달이 다 되었을까 한 때였나이다.

폭풍우 중에도 약속 시간은 아니 어기시는 분이니 비 좀 오는 것쯤은 상관없으므로 봄비가 부실부실 오고 난 후 두 시쯤이었나이다. 당신이 오실 시간이 아직 넘지도 않았건만 나는 어느새 기다리기에 지쳤던지 아랫목에 털썩 주저앉으며 슬그머니 열리면 반가운 당신이 들어오시고 살짝 닫히면 당신이 섭섭하게 나가시게 되는 내 방에 하나밖에 없는 북향 미닫이를 물끄러미 바라보면서 '네가 나를 위하여 반가운 이가 들어오게 열어주고 섭섭하게 가도록 닫혀주는 그 두 가지 책임을 한꺼번에 사면辭免해버릴 날도 있을 것이냐!' 하는 생각을 돌연히 하다가 깜짝 놀라며 나는 속으로 나를 꾸짖고 무서운 대답이나 미닫이의 입에서 나오면 어쩌나 하고 잠자코 미닫이를 조심스럽게 쳐다보던 중 발자국 소리도 못 들었는데 과연 미닫이가 스르르 열리며 빛나는 당신의 얼굴이 나타날 때 비로소 나는 나의 현실로 돌아오게 되었나이다.

즐거움과 만족의 나의 세계를 맞이하기 위하여 당치도 않은 불행한 예감을 하는 상스런 나의 망상은 너그러이 용서할 수밖에 없었나이다.

가득한 만족감으로 인하여 만족을 느끼는 그 느낌까지 느껴지지 않던 신성한 그때 그 장면을 애써 그려서 일그러뜨리지 않으려 하나이다.

다만 그날 밤은 시간에 여유가 있어 여러 가지로 만족을 주시던 그 기억이 남아 있을 뿐이외다.

당신은 외국에서 오래 고학하느라고 노동도 많이 하셨다지만 매끈하고 하얀 손을 내 무릎 위에 얹으며 '우리의 인연은 언제부터 어떻게 내려왔길래 오늘 이렇게 친해졌을까? 산모퉁이를 지나면서 옷자락 한번 슬쩍 스치는 인연도 오백 생이나 맺어봐야 한다는데…. 숙명을 통해서 지난 일 오는 일 다 알 수 있다면 그것도 재미가 없지는 않을 거야.' 하시며 무릎에 놓였던 손으로 나의 몸을 끌어 당신에게 기대게 하시고 '내가 오늘은 당신에게 불법에 대한 말씀을 좀 자세히 하려고 벼르고 왔는데 보배로운 말씀을 정신 차려 들어야 할 거요.' 오색五色을 하고 말씀을 하시는데 나는 묵묵히 고개를 숙이며 마음을 가다듬을 뿐이었나이다.

석가모니불의 영산靈山에서 공부를 마치시고 환고향하셔서 당신이 깨치신 최상의 도리를 말씀하시니 청중이 모두 눈멀고 귀머거리같이 되어 있는지라. 할 수 없이 초단계인 인천교, 사람이 하느님을 믿는 교, 소승교小乘敎, 오교悟敎, 돈교頓敎, 원교圓敎의 오 종파로 분류해서 계단적으로 사십구 년 동안 설법을 하셨는데 나중에 말씀하신 것은 다 부인하시고 뭉뚱그려 한 말로서 결말을 지으면 우주의 '정체'인 동시에 나의 본면목인 '참 나'를 알아 얻어서 가아假我로 육도六途, 곧 '천당, 인간, 수라修羅, 아귀餓鬼, 축생畜生, 지옥'에 헤매는 고苦에 뛰어나와 독립적인 내 생활을 하자는 것뿐이라 하셨다고 말씀하셨나이다.

다시 말하면 천당은 대지옥이 있고 극락은 극고極苦의 세계가 앞에 있으니 천당에 가고 극락세계에 난다해도 장래 생활은 더 무섭고 위험한 것이라. 어쨌든 그 락樂은 일면적의 락이라. 천당과 지옥을 하나화해야 영구적 평화를 얻는다고 하였나이다. 또 되풀이하는 말이지만 어쨌든 생각하고 말할 수 있는 것은 물질적 영역을 넘지 못하였으므로 상대적이라는 테두리 안에서 되돌아오는 믿을 것이 못 되는 것이라, 사람마다 좋은 것, 좋은 것 하며 바라는 것은 좋은 것이 내 손에 들어올 때 언짢은 것이 붙어오게 되는 이치를 모름이라고. 다만 무엇이 선악을 분별하는고 하는 의심화, 곧 천당 지옥이 하나화한 생각으로 앞뒤에 다른 생각은 뚝 끊어져 한 조각을 이루어야 한다고. 한 조각은 상대성 원리에서 벗어난 무인데 거기서 자아 발견이 되어야 한다고 말씀하시며 당신은 몸을 고치고 앉아 마음을 기울여 열심으로 듣고 있는 나를 들여다보시고, 자 말해 봐요, 내 말에 의심이 나는가 아니 나는가, 하실 때 나는 공연히 얼굴이 화끈하였나이다.

의심은 날 듯한데도 아직 나지 않기 때문이었나이다.

다시 또 독촉을 하실 때 "당신의 말씀 듣고 있는 '이놈이 무엇인고?' 하는 생각이 나요" 하니 당신은 참으로 오래간만에 "하하!" 하시는 통쾌한 웃음을 웃으시고 만족한 표정으로 나를 바라보셨나이다.

내가 속히 말귀를 알아듣나 하는 기쁨이었을 것이외다.

그러나 그 말은 엉겁결에 나왔던 것이외다. 그저 우선 이 '듣고 있는 것은?' 하는 좀 그럴듯한 생각이 들었을 뿐이었나이다.

그러나 당신은 내가 분명히 의심이 나서 하는 말인 줄 알고 그래, 그래, 그래도 좋아, 말소리를 초조하게 듣고 있는 이놈의 '정체'가 무엇인지 알면 곧 그것이 앉고 서고 보고 듣고 하는 일체 행동의 주체라. 어쨌든 듣고 생각하는 그것이 하나이니까…. 그런데 의심이 장류수長流水가 간단없이 흘러간 듯이 자나 깨나 끊임이 없어야 하며 간절심이 남김없이 하는 것이오. 의심이 간절하여 단일화되면 삼 일도 멀고 칠 일도 먼 것이오. 생각 하나 여지없이 전환되면 되는 것이니까?

그래서 예전에도 일언지하에 생사돈오生死頓悟 곧 만능적 자아를 알아 얻어 생사에 자재하게 된 분들도 많았다고 하셨나이다.

그러나 이 일이 어렵다고, 극히 어려운 일이라 부처님의 제자 '아난'은 부처님이 사십구 년 동안 설법하신 말씀을 읊어내는 데 잘못된 것 없이 명확하게 다 외우고 오신통五神通이 겸전兼全한 분이지만, 아직 '나'에 체달되지는 못하였기 때문에 부처님의 도의 상속자 못 된 것이 분하여 상속제자 '가섭'에게 가서 형님은 금란가사金襴袈裟와 벽옥璧玉 발우 외에 별전법別傳法을 받았다니 그것이 무엇이오? 하고 질문하니 가섭이 '아난아' 하고 부르는데 '네' 하고 그저 기계적으로 대답을 하니 다시 도각문전찰간책倒却門前刹竿栅하라 하여도 마치 초조함을 보는 가섭이 부처님의 금구옥설金句玉說을 너와 내가 편집하여 영겁에 전할 것인데 네가 그리 어두우니 어찌하느냐는 모진 꾸지람을 듣고 아난은 분노하여 나를 알지 못하면 죽여버리려고 비사성城 절벽 위에 두 발을 치켜들고 서서 삼일삼야三日三夜 동안을 움직이지 않고 정밀하게 정진하여 비로소 '나'를 알아 얻었다고 말씀하셨나이다.

나는 그때에 의심은 확실히 나지 않지만 내가 평생에 보고 듣지 못하던 가장 뛰어난 법으로 인간이 무엇인지 알아야 하고 내가 누군지 알기 위하여는 한량없는 목숨을 바쳐도 아깝지 않을 것을 느끼기는 하였나이다.

가실 때 구두 끈을 매시면서도 똑딱똑딱 시계추의 소리는 무상살귀가 우리 목숨을 빼앗으러 오는 발자국 소리니, 이 몸 곧 사람의 몸을 받은 이때에 시급적으로 일을 맞추어야 하는 것이오, 영구적인 생은 금생의 연장이니 금생에 확고한 정신을 가지는 것이 사의 대비인데 사에 대비가 없으면 멀고 먼 전정이 어찌될 것이오, 하는 말씀을 남기고는 뒤도 안 돌아보고 천천히 가버리셨나이다.

당신이 돌아가시는 것을 바라보면서도 나는 아까 당신의 말씀을 듣고 이놈이 무엇인가? 한다고 내 입에서 분명히 나오기는 했지만 거짓말을 했나 참말을 했나 생각하느라고 당신 가시는 것도 서운한지 만지 하였나이다.

만나기 전에는 만나서 지낼 즐거울 장면을 미리 그려보느라고, 만난 뒤에는 만났던 그때 당신이 내게 하시던 행동, 말씀, 표정을 하나 하나씩 남김없이 다시 우려 맛보느라고 나의 시간 전부가 사라지던 그때이었건만, 그날 저녁에 자리에 누워서는 당신이 의심해보라시던 그 말씀을 되풀이하여 옮겨보고 또 생각하여 보다가 보고 듣고 자고 생각하는 이 모든 것이 만법萬法에 드는 것이니 생사고락이나 동動과 정靜이 통틀어 만법이라. 만법을 하나 하나를 듣기로 한다면 한이 없을 것이니 만법이 하나로 돌아간다니 '하나'는 무엇인고, 하는 것이 간편하다는 결론을 내리며 제법 의심이 시작되었으나 곧 사라져버리기 때문에 밤늦게까지 하나가 무엇인고? 하는 화두를 외우며 그 생각만 하다가 그 이튿날도 계속해서 한 서너 달 동안은 의심이 끊어진 시간이 많았지만 그래도 제법 의심을 해왔지만 점점 정에만 기울어지는데 따라 동시에 두 생각을 할 수 없는 것이 정칙이니만큼 의심하려 애쓰던 생각보다 저절로 기울어지는 정적 생활에 대한 마음이 하나의 덩어리가 되어버렸나이다.

그러나 의심이 잠깐 보류 상태이외다.

다만 걱정되는 것은 불법에 귀의한 정신이 희박해지면 예수교에서 퇴전하듯 하지 않을까 함이외다.

그러나 생은 어차피 포기되지 않는 것일 바에는 이 공부를 성취하지 못하면 영원한 고를 면할 도리는 없다고 말씀하시던 당신의 말씀을 잊어버릴 수 없는 일이외다. 더구나 당신의 말씀이나 믿음보다 현실이 증명하는 일이기 때문이외다. 나의 절박한 이 고를 면하기 위해서라도 의심을 지어가기는 해야할 터인데 할려는 생각은 안 나고 지금 어디서 누구와 무엇을 하는지 알지도 못하면서도 밤의 꿈에나 낮의 생각에 당신이 그 언제 나에게 정답게 하시던 이 모습 저 모양만 아른거릴 뿐이니 스스로도 걱정이 안 되는 것은 아니외다.

그러나 정의 무게는 점점 보다 더 강하여지니 어찌하오리까! 변하게 하는 세월을 변절시키는 것이 정인가 하나이다.

어쨌든 온 세상이 모두 당신의 화현化現인 듯 고요한 것은 당신의 정적 태도요, 움직이는 모든 것은 당신의 동적 모습인 듯 오시지 않은 곳에서 당신의 발소리가 들려서 가슴이 설레고 계시지 않은 곳에서 당신을 발견하게 되어 반가움에 가슴이 뛰다가 다시 보면 다른 사람이라 실수한 눈이 도리어 야속한 눈물에 잠기게 되는 것입니다.

그렇다면 나는 당신을 여의려야 여읠 수 없지 않으리까. 그런데 어째서 특별히 당신의 그 몸을 꼭 만나야 할 절박한 이 감정은? 그것은 당신이 말씀하신 대로 남이 곧 나인 줄을 모르기 때문에 자타의 경계선에서 일어나는 인간적 비극에 지나지 않은 것이외다.

그러나 달을 가리키는 손가락만 보는 격이라 할까. 당신이 가르치신 자타가 하나화하는 정진은 아니 되고 정진하라 하신 당신의 정만 못 잊는 우미한 나를 꾸짖으려고도 한번 찾아와 주셔이다.

그러나 당신에게도 책임이 없지 않은 것은 달만 가르쳐 주시지 않고 내 눈에 황홀한 더 빛나는 사랑의 철리哲理는 왜 몸소 보여 주셨나이까. 왜 말과 눈이 반대적인 행동을 하였나이까? 겉핥기 교육을 받은 탓이외다. 의심[정진]해야겠다는 생각은 마치 바윗돌 위를 스쳐 지나가는 바람결 같은 날아가는 생각이외다.

어쨌든 오늘의 눈물이 새로운 것도 또한 이유가 없지 아니 하오이다.

작년 오늘인 듯하오이다. 처음으로 단둘이만 만났던 그날이….

만나기 전에는 서로 눈치만 보고 말은 없었지만 단둘이만 좀 만났으면 하는 마음은 같이 가지고 있는 것은 서로 알고 있었나이다.

차라리 그때 만나고 싶은 그 마음을 살라버리기나 했었으면…. 마치 중상을 입은 듯 상처가 제 돌이 되면 다시 쑤시고 아픈 듯한 이러한 슬픔의 돌은 아니 당할 것이 아니오리까. 희촉喜觸은 통감痛感의 대對로 하나이기 때문이외다. 그러나 이런 말은 안타까운 이 정도 사라져버린 허망한 그 날이 올까 무서워하는 그 두텁고 단단한 내 애착적 감정 밑에 눌려서 고개도 못 드는 내 이지理智가 들리지도 않는 목소리로 겨우 악쓰는 미약하기 짝이 없는 부르짖음이외다.

나는 지금도 당신을 만나던 그 기념일이 언제던가, 오늘이던가? 똑똑히 기억나지 않는 그것조차 유감이외다.

이렇게 이별이 될 줄 알았으면 그 날짜인들 시간인들 잊어버릴 리가 있사오리까. 그때는 어느 땐들 떠날 날이 왜 있으랴, 이보다 더 좋은 날, 이보다 더 반가운 시간이 무궁하게 계속되려니 하고 무심하였나이다.

더구나 그렇듯이 허무하든 상봉이 이렇듯이 안타까운 이별고를 낳을 줄이야 꿈이나 꾸었사오리까! 그래도 지금 나는 즐겁던 지난 생을 더듬는 맛이 나의 생명이외다.

당신이 ○○전문학교 교장을 사절하고 불교일보사 사장으로 취임하신 지 며칠 안 되었던 때인데 동대문 밖 그 신문사로 당신을 찾아갔더니 마침 당신이 이 층 사장실에 혼자 계셨는데 당신의 의자 뒤에 벽에는 석가여래의 유성출가상이 걸려 있고 그 아래 유리창으로는 연두색의 수양버드나무 가지가 봄바람에 흐느적거리는 것이 내다 보였습니다.

나는 당신이 손으로 가리키는 당신의 옆 의자에 앉아서 소산 지인 전라도 구례 화엄사에서 직접 선물로 온 작설차, 김이 모락 모락나는 향기로운 차를 마시며 참… 고급 차라고 할 만한데요, 그런데 전라도 사람들은 아닌 게 아니라 표리가 아주 다르기는 하더군요. 나도 몇 사람 지나보았지만…. 사람들은 그래도 물건은 이렇게 좋은 게 많이 나오나요. 화문석花紋席이니 발이니 소반, 부채 종이 등 무엇이….

당신은 빙그레 웃으시며 "나도 태생은 전라도인데요. 나를 단단히 계엄戒嚴하셔야겠군요."

말씀의 '악센트'도 전라도인줄 모르게 된 당신이 전라도 태생이라니 의외였나이다.

"네, 그러셔요?"

붉어진 나의 얼굴을 유심히 바라보던 당신은 "선생의 고향은?" 하고 나지막이 물었나이다.

'선생의 고향은?' 하고 묻던 당신이 부드럽다는 것으로도 정답다는 것으로도 표현할 수 없는 은근한 그 목소리는 언제라도 내 가슴 안 영靈에 울리는 시처럼 아롱지며 미묘한 음악 이상으로 파동을 일으키고 있나이다.

그때 나는 가슴 안 살림살이의 동요로 할 말을 할 수도 없었지만 당신을 찾아오는 사람들 때문에 곧 당신의 곁을 떠나지 않을 수 없었나이다.

그 후에 당신이 나 있는 데로 오셔서 전날에 당신이 내 고향을 물을 때 "평안도야요" 하고 너무 간단하게 대답했던 것이 대단히 미흡하더라고 말씀하셨나이다.

그때 나는 당신의 고향이 전라도인 줄도 모르고 전라도 사람의 흠담欠談을 한 그 무안을 주고도 남아 나를 황홀경에 빠지게 하던 당신의 그 목소리가 나를 무슨 대답을 어찌 하게 했는지 몰랐나이다. 그리고 당신은 "장생張生은 묻지도 않는데 홍낭紅娘에게 자기 주소, 성명을 일일이 일러주었는데…" 하시었나이다.

그 말씀을 들을 때 당신께 새로 정다움을 느끼기보다도 내게 대한 사랑을 명백히 고백하시는데 나는 얼마나 만족을 느꼈는지 몰랐나이다.

당신이 '선생의 고향은?' 하고 물을 때 내가 그 눈의 매력적 표정! 더구나 그 목소리에 그렇게도 깊이 정을 느낀 것이 짝사랑의 발로는 아니었구나! 하고 혼자 생각할 때 내가 겪어온 모든 인간고의 대가가 될 만치 천종적 아름다움과 만감적 기쁨을 주던 그것을 그 무엇이라 이름 지을까. 아무 이름에도 맞는 일체의 대칭대명사인 '극히 아름다운 그것'이라 해둘 수밖에 없나이다.

그러나 나의 미래 생에 눈물의 발자국까지 사라져버릴 듯하던 '그것'이 후일에 무량수적 눈물의 샘인 그것이 될 줄을 누가 알았사오리까. 그러나 그때는 신문사 층층대로 내려오면서 즐거운지 서러운지 모르는 이상한 감동에 못 견디어 두 손을 깍지 껴서 가슴을 비비며 이것이 사랑이로구나, 사랑이로구나 하고 속으로 부르짖던 것이외다. 아, 오늘날에는 그 일도 저 일도 모두 새로운 설움을 일으키는 재료가 될 뿐이외다. 그래도 나는 당신과 지내던 전날을 이을 후일을 바라고 우선 목숨을 지탱해 가는 것이외다.

더구나 우선은 전일에 당신으로 정답게 지내던 그 일들을 우려먹는 맛이 있기 때문이외다.

달든지 쓰든지 그 맛조차 없어서야 어찌 견디오리까. 어쨌든 푸념 좀 벌여보았나이다. 행여 그날의 되풀이의 연줄로 당신의 회감이 있어지이다, 빌면서 그 후에 어느 날인지 당신의 부탁으로 원고를 써가지고 사社에 갔더니 마침 각 지방으로 급히 발송해야 할 편지들이라고 전 사원과 심부름하는 아이까지 수북수북 앞에 쌓아 놓고 봉함封函을 침으로 붙이는데, 나도 같이 붙인

다니 사원들은 반가워들 하는데 당신은 침을 많이 소모하면 기운이 멸한다고, 그러니 약한 여자를 어찌 시키느냐고 하는 눈치를 본 나는 당신이 내게 대해주는 일동일정—動—靜에는 그저 감동심만 생기는 것이라, 감사의 눈물을 머금으며 물러났나이다. 아! 침 한 방울을 아껴주던 당신이 이제는 동이로 흘리는 내 눈물을 불고하게 되는 하염없는 이 인생의 일이외다, 그려. 그리고 당신과 길에 동행하게 되면 무거운 물건이야 물론 들리지 않지만 내 덧저고리 하나도 내 손에 들게 하지 않았나이다.

한 자 넓이 개천이나 한길 언덕에도 혼자 건너고 오르게 하지 않았었나이다. 선하심先何心 후하심後何心으로 이제 당신은 약한 내 몸과 영이 지탱해갈 수 없을 만큼 벅찬 슬픔을 오히려 내 어깨에 짊어지게 하는 것입니까. 더구나 무궁한 인생 행로의 높은 산 깊은 물을 어찌 홀로 건너고 오르라는 것이오리까?

슬픔도 괴로움도 다 녹여주던 당신의 웃으시던 모습, 변동 많은 험난세에서 오직 한 분의 의지체인 당신의 색신色身은 지금 내 눈앞에 한결같이 서 계시외다. 어쨌든 당신은 분명히 변한 사람은 아닐 것 같은데 일 처리가 어찌 되어 이러한지 알 길이 없나이다.

상대자가 어떠한 불행을 당하든지 당신에게는 인연이 다하였다는 변명 한마디면 아무 책임이 없이 그만 다 청산되어 버리는 것이오리까?

상대적으로 이루어진 이 세상사를 당신 혼자 임의로 처리할 권리를 누가 드린 것이오리까?

어쨌든 추억을 누려 생명을 이어가는 나의 오늘에는 나를 간섭할 수 없는 자유가, 당신에게도 가질 수 없는 내 감정적 절대 자유가 있는 것이외다. 그러므로 나는 내 마음대로 지난날을 거두며 내 날을 만들어 울며 느끼며 푸념을 하는 것이외다.

나는 사랑의 씨를 심을 때 사랑의 꽃을 살라버릴 불씨도 함께 마련되는 것이 원리라는 것을 알 길이 없는 어리석은 여인이었나이다. 더구나 사랑의 화려한 꽃 위에 열매까지 갖추어질 무리無理의 꿈을 꾸었던 것이외다. 꿈임을 모르지는 않건마는 그래도 당신이 황무지인 나의 가슴에 아름다운 꽃동산을 지어주었기 때문에 그 추억으로 실망의 풀밭 위에 만감적 신작로를 지어 그 길을 소요하게 하신 당신의 은혜에 오히려 감사를 드리게 되나이다. 그 어느 일요일인데 동무들이 와서 습속대회에 가자고 조르는 것을 거기도 안 가고 행여나 당신이 오실까 종일 기다리다 저녁때가 되어 골목까지 나가 서 있었는데 당신은 앉는 바탕은 미루나무로 하고 다리는 어디에 썼던 나무판대기로 작은 접는 의자 하나를 만들어가지고 와서 "당신이 맨땅에 앉기 싫어하길래 하나 만들어 봤는데 거칠게 돼서, 그러나 실용적이면 그만이니까" 하셨나이다.

나는 앉아보면서 "내 몸은 무겁고 의자 다리는 약해서 부러질까 무섭네."

당신은 팔을 치키는 체하면서

"당신의 편의를 위하여는 베내고 깎아내도 아깝지 않아 할 내이 팔다리가 있지 않우. 안심하고 앉아요. 받쳐주고 고여줄 터니."

당신은 장난 겸 우스개로 한 말씀이었겠는데 나는 말씀 그대로의 감격으로 말 한 모금 나오지 않았었나이다.

그 말소리는 가늘지만 힘 있게 들은 내 귀가 꼭 믿게끔 전달해주기 때문이외다. 바람이 좀 쌀쌀하게 불지만 볕이 따뜻하니 한강에 배나 한번 타보자고 그 후 어느 월요일인지 당신은 오셔서 말씀하셨나이다. 일부러 조용한 때에 가려고 월요일에 찾아왔다고 하시면서.

배를 타고 흘러 흘러 가는 데는 육상에서 느끼는 굳은 사랑보다 강하에 깊은 정은 보다 더 정감이 느껴짐을 느끼어 가다가 뚝섬 아래서 배는 돌려보내고 뚝섬으로 올라가 아늑한 자리에서 그 의자에 앉으라고 서로 떠밀듯 하면서 미루다가 내가 쓰러져 손바닥에 모래 베인 자리 피가 좀 날 듯한 그 자리를 당신이 비비고 나서 호, 호, 불면서 명의인 내 치료면 즉치되니까… 하시며 기어이 그 교의에 나를 만지던 그 손 그 숨의 따뜻한 맛을 느끼던 그 감각까지도 아직 생생하오이다.

10여 일 전에는 미친 마음으로 그 의자를 가지고 둘이 가서 놀던 기념터, 뚝섬 그 자리에 혼자 뛰어가 보았나이다. 상기엔 구현이지만 현실은 너무도 허망하였나이다. 남았을까 바랐던 당신의 냄새는 나무 잎사귀 하나에서도 찾아볼 수 없고 다만 그때 비치던 따뜻한 햇빛만이 지난날의 감상을 돋구어줄 뿐이고 앉았던 자리조차 어느새 허물어졌나이다. 만감 무게에 쓰러질 듯한 몸으로 비탈진 길에 홀로 시름없이 섰노라니 그때 나뭇가지에 앉아 우리의 누리던 낙원을 향하여 찬송가를 불러주던 산새들까지 그날은 날개 끝을 찬바람만 휙, 휙, 풍기며 모른 척하고 팔 팔 날아가버리더이다.

공중에 나는 새까지 냉대하는 세상이니 나도 같이 냉랭해져야 할 텐데 내 가슴에는 그래도 온기가 남아서 내 눈시울까지 따뜻하게 해주더이다.

그 외에도 우리가 지냈던 일에 추억이 깊을 일이야 한두가지뿐이며 못 잊을 정담인들 몇백 마디로 나누었사오리까? 어쨌든 당신은 한때나마 내게 지극한 즐거움을 주었던 것은 사실이외다.

그러나 그 모든 것은 이미 사라진 꿈이외다, 그려. 꿈이라면 차라리 나뿐 꿈이나 주었으면 어떠리까?

너무나 아름다운 꿈이었기 때문에 차마 못 잊는 것이 아니오리까.

살아가는 것이 꿈이라면 잊어지기나 했으면 어떠리까?

잊어지기는커녕 꿈마다 되살아나서 마디마디 나를 괴롭히는 중에도 '당신의 고향은?' 하고 물으시던 그 평범하고 간단한 한 마디에서 울리우던 그 목소리는 독한 매력으로 변모되어 나의 뺨을 무시로 얼룩지게 함을 어쩌리까?

단순한 그 한소리의 울림이 내 뼈를 뚫어 영에까지 이르렀기 때문에 나는 들리던 그때는 그리 기뻤고 끊어진 지금은 이렇게 서러워진 것이외다.

당신도 그때 많은 내게 순일한 정의 울림인 행동 곧 순일일관으로 대해주었기 때문에 기쁜 날이 계속하였던 것이었나이다. 그런데 그런 기쁜 날에 왜 좀 늘 순일일관으로 못 나가주는 것이오리까?

그러나 당신은 세상일은 상대적으로 되어 순일일관으로만 나갈 수 없는 것이 정칙이라. 기쁨을 구하는 그 마음 때문에 구하지 않은 슬픔은 어차피 아니 올 수 없다셨나이다.

그러면 당신을 만나고 싶은 이 마음 때문에 당신을 못 만나게 되는 것이겠나이다. 그래도 나는 만날 생각 외에 다른 여유는 없는 것이 문제이외다.

나는 지금 감기가 대단하여 방 속에 들어앉았는데 간단없이 나는 기침이 당신을 그리워 아픈 가슴을 쾅쾅 울리나이다. 바람에 머리카락 하나만 날리어도 감기가 들까를 염려하여 주시고 깊은 숨만 쉬어도 근심 있어 한숨이나 쉬지 않나 하고 나의 기색을 살피던 당신이 아니 계신 오늘에는 나의 애정의 대가로 무엇이나 다 바치겠다던 남자들의 그림자도 다 끊어지고 약간의 고료 수입으로 방 하나 얻어 혼자 쓸쓸하게 지내는 나를 찾아오는 친구도 없고 때때로 써놓지 못한 원고 내라는 독촉으로 빚쟁이처럼 조르는 이들이나 드나들 뿐이고, 죽거나 살거나 돌아볼 이가 없는 오직 한 몸이외다. 다른 사람이야 있거나 없거나 무슨 상관이 있으며 남이야 돌아보거나 말거나 외로움을 느낄 까닭이 있사오리까. 오직 당신의 정도 당신의 몸과 함께 밀려가버린 구름 조각같이 아주 떠나버리고 말았는가, 하는 그 안타까움 뿐이외다. 나는 본래 척수隻手의 몸이지만 그래도 당신을 만나기 전에는 외로움은 외로움이 아니었나이다.

그 외로움은 외로움을 풀어줄 그 어떤 대상이 곧 내 앞에 나타나려니 하고 기다리는 달콤한 희망의 외로움이었나이다.

나의 지금 이 외로움의 정경은 밤낮 기다리던 외아들의 반가운 모양 대신의 객사했다는 부고 한 장 손에 들게 된 과부의 시름이라 할까. 이익을 남겨서 논밭 사고 장가들고 온갖 계획을 다 해보던 상인이 도망간 동상인에게 밑천까지 다 빼앗기고 빈 상점에 앉아 빚에만 졸리게 된 그 모양이라 할까?

당신이 잠깐 주었던 그 즐거움에 대가를 너무도 크게 받은 것이 아니오리까? 그러나 잔혹한 당신보다도 당신의 소행을 따지기는커녕 못 잊는 내 허물이 더 클 것이외다.

그러면 이 괴로움은 내 허물의 대가로 내가 받아야 할 것이오리까?

아! 나는 몰라요, 몰라요. 그저 진실로 나의 영의 울림을 주던 당신의 그 목소리 그렇게도 정답던 그 눈매를 순간이라도 접해보고 싶을 뿐이야요. 그러나 이렇게 그리운 고를 또다시 당하지 않게만 된다면 우선 이 괴로움을 얼마든지 참아갈 수가 있나이다.

따라서 지금 당신이 내게 아무리 야속하게 했더라도 몹시 따지지는 않을 터니 예전의 당신으로만 오시라는 것이외다. 밤은 좀 어슥해져서 사람의 발자취 소리도 드물게 들리고 옆의 여관집 대문도 좀 쉬고 있는 모양이외다.

멀리서 '군밤 사려우, 군밤 사려우' 부르짖는 소리만 고요한 밤 허공을 움직일 뿐이외다.

적적한 밤중에 은은하게 들려오는 그 소리에 나의 심금을 저절로 스르르 울리게 되어 당신과 지냈던 추억의 한토막이 또다시 나의 머리에 떠오르나이다.

작년 겨울 몹시 춥던 그 어느 날 저녁이었나이다.

당신이 따뜻한 군밤 한 봉지를 주머니에서 꺼내놓으면서 그 밤이 으깨졌을 거요, 내가 당신의 체온으로 여겨 꽉 껴안았으니까…. 이런 우스운 말씀을 처음으로 하시며 경쾌하게 내 방에 들어오신 당신은 그러지 않아도 서글프게 지내는 나를 깊이 동정하시던 차 방바닥이 너무 찬 것을 만져보시다가 내 입는 옷까지 두텁지 못한 것을 살피고 처연한 표정으로 외국에서 사서 입고 오신 품질 좋은 큰 재킷을 벗어서 나를 주셨나이다.

여자는 추위에 저항력이 남자보다는 약하니까 하시면서 내 옷이라도 벗어서 드릴 마음인데 당신의 하나뿐인 재킷을 받아 입을 때 반가운 마음이 있을 리 없으면서도 나는 사양 한마디 없이 멋멋하게 받아 입고 아직도 벗지 못하였나이다. 당신이 오실 때면 불이라도 좀 따뜻이 때어 놓고 음식이라도 좀 장만할 주변도 없이 당신이 오실 때만 되면 허다한 행인의 발자국 소리에도 다 가슴을 울리며 세상을 다 제쳐놓고 꽉 들어앉아 기다리는 것뿐이었나이다.

너무도 융통스럽던 자기 일이 스스로 우스우면서도 오늘날 당해서까지의 내 마음을 내가 살펴보아도 동심만은 나만치 지극한 이가 없을 것이다, 하는 생각으로부터 시조 한 구가 읊조려졌나이다.

> 몬겨눌 사랑불이
> 몸과 마음을 다 태우네
> 타고 남은 찬 재 위에
> 티끌마저 흩어지면
> 님 향한 삼매三昧 더욱 밝아
> 님의 앞을 비추리

우연히 풀려나온 시구가 현재 내 감정보다는 좀 초연한 듯 혼자 읊조려 보는 동안에 이런 저런 감정이 좀 완화되는 듯 따라서 이별한 설움에 울기만 하던 생각이 이별된 까닭을 좀 따져볼 여유도 생기게 되었나이다.

그러나 무조건으로 믿기만 하던 당신에게 무슨 원심있는 따짐이야 있사오리까? 다만 이 괴로운 이별의 원인이나 좀 알고 행방조차 모르는 당신을 향하여 물어 본들 무슨 소용이오리까?

다만 깨어진 사기그릇을 다시 맞추어 보고 대어보는 어리석은 여인같이 다시 돌아오지 못할 옛 꿈길을 더듬지 않을 수 없는 이 심경의 맺힌 짓인 것이외다. 글쎄 길이길이 서로 여의지 말기로 진실된 표정으로 힘주어 말을 하던 당신은 그때 그대로의 인간으로 어디서든지 태연하게 기거하고 계실 것이외다.

당신을 대하는 모든 사람들도 당신의 등 뒤에 따르는 나의 애달픈 혼의 음영을 알 길은 없을 것이외다.

만일 인연이 다하였다면 당신의 몸을 따라 그 음영 밑에서 울고 있는 내가 있을 리가 없을 것이 아니오리까? 인연이란 일방적으로 해결되지는 못하는 일이외다. 참! 인연이란 말을 또 하게 되니 전날 즐겁던 우리의 인연에 대하여 시비하던 이들에게 내가 대구하던 시조 한 구가 생각나는 것이외다.

그런 시조를 쓸 그때는 우리의 인연은 너무도 당연한 일 같아서 쓰게 된 것이외다. 그런데 인연 자체가 저를 끊어버리는 일임을 알 리 없던 때이기에 '청산靑山도 백천百千이요, 녹수綠水 또한 수 많지만 그 청산은 그 녹수에 인연따라 비치는데 청산녹수 마주 웃는 양 시비할 이 그 뉘랴.' 이렇게 쓴 종이를 당신에게 보였더니 당신은 별 흥미를 느끼지 않는 표정으로 "자연스러운 글구로군요. 그러나 남이야 이러거나 저러거나 상관할 게 있나요. 누구나 다 자기의 가장 좋은 시간을 만들어 누리면 낙원이지요. 나는 외국에서 돌아올 임시에 그 나라 여자 동창생을 동반하여 서전국西典國으로 여행을 갔었는데 둘이 결혼할 형편은 못 되고 더구나 교합의 신이 짓궂게 혼혈아라도 하나 점지한다면 그 여자의 입장은 대단히 곤란할 것임에도 불구하고 일시적 극락인들 어찌 그저 보내겠느냐는 합의하에 하룻밤 향기로운 꿈을 시종으로 하여 그만 이별이 되고는 다시 만날 길은 영원히 없었노라"고 말씀하셨나이다.

그러면 당신은 그 외국 여자 대하던 그런 기분으로 나를 만났던 것이오리까?

그러나 당신이 기분적으로 애愛의 대상을 취급하지는 아니 할 것을 아는 것은 당신이 영국에는 어느 시대에 남긴 것인지도 모르는 유적으로 인적이 이르지 않은 깊은 산속에 살림살이 집터와 화전을 일구어 먹던 자취가 더러 있는데, 그것은 사랑하는 두 사람만 들어가서 하늘의 보호 밑에 산과 수풀의 옹원하에 산짐승을 벗으로 하여 일생을 세상 모르게 살다가 죽어버린 그런 터전이라고 '로맨틱'한 그런 이야기를 들으면서 내 눈에는 우리 둘이 이름 모르는 산새들이 푸룽푸룽 날아갔다 왔다 하는 초가집 밑에서 노루, 사슴의 머리를 쓰다듬으며 재미있게 살다가 그만 아무도 모르게 사라져버리는 슬프고 향기로운 한 장면이 휘익 지나가는 것이었나이다.

그리고 당신이 우리 만주滿洲로 가서 조농사나 지어먹고 살며 수양 생활이나 해볼까요, 하기도 하시고 어떤 때는 산중에 토굴을 파고 정진해가며 둘이만 살다가 양식이 떨어지면 내가 몇십 리 밖 동리에 가서 양식을 구하여 짊어지고 오면 당신은 떨어진 소반에 정성들인 음식을 차려가지고 마중 나오며 내 이마의 땀을 씻어주는 그런 은근한 생활을 해볼 생각은 없소, 하고 진실한 태도로 말씀하신 적이 있지 않으시나이까?

하는 일이고 말씀이고 그렇듯이 참되고 순정적인 당신이었던 까닭이외다. 나는 사랑하는 사람끼리는 꿰맨 돌멩이 모양으로 한편이 끌면 다른 편은 끄는 대로 끌려갈 뿐인 줄만 알기 때문에 당신이 하시던 말씀에는 그저 네, 네, 하고 대답만 할 따름이었나이다.

어쨌든 당신은 이성에 대하여 피할 수 없이 친절하면서도 조심스러웠고 집정적執情的이면서도 침착하셨나이다.

더구나 인격적으로 서로 사귀는 것을 전제로 하셨고….

그러니 내가 당신을 믿었던 것도 잘못이 아니요, 따라서 당신이 나의 순정을 짓밟을 분도 아니오…. 그러면 이별은 대체 어째 온 것이오리까? 어째 이별이 닥쳤는지 그 까닭이나 좀 알아야 하지 않겠나이까?

아마 당신은 정적 생활보다 공적 생활에 정신을 더 기울인 데서 나를 떠나지 아니 할 수 없는 어떤 일이 생겼는지도 모르나이다.

언제는 당신이 무슨 말끝에인가 공적 생활에 몸을 바친 사람은 가정 생활에는 도저히 충실하게 해 갈 여가가 없을 것이다, 라고 하실 때 내가 가장으로서의 책임을 완수한 그 자리와 공인으로 공적 사업이 성취된 그 자리와의 거리가 어떻게 되나요?

하니, 당신은 한걸음 진보적인데, 하고 빙긋이 웃으셨나이다. 더구나 당신이 평소에 하시던 모든 일이 당신의 멸사권공滅私拳公의 정신을 증명하는 것이었나이다. 그리고 당신은 공적 사업을 하려거든 먼저 공인이 되어라! 하는 표식을 가지신 것이었나이다.

이 공인이란 세상이 생각하는 그런 범상한 공인이 아니라는 말씀이었나이다.

그 공인은 '나'를 완성하여 독립생활, 곧 일거수 일투족을 우주적으로 할 수 있는 그런 사람을 말씀하시는 것이었나이다. 그래서 당신은 당신의 그 완인을 만드는 수도[정신에 정신을 모으는 공부]편으로 생각이 제일 무거웠던 것이 이제 미루어 생각나는 것이외다.

석가불이 중생을 건지기 위하여 삼천대천세계를 배경으로 하여 대활약을 하시는 것이나 폐결핵균이 무리를 지어 언제까지 폐를 파먹어 마친다는 기한하에서 열심으로 파먹고 있는 것이 다같은 불사佛事라고 하셨나이다.

생각은 존재 곧 우주의 창조주라. 미균도 부처와 같이 생각이 있고 생각이 곧 자아라 자아의 생활에 충실한 것이 불사인 때문이라고 불사란 우주적 사업이라는 말이라고 하셨나이다. 그리고 균이 폐를 다 파먹고 나면 폐를 잃어버린 임자를 그만 집을 버리고 떠나고 나면 미균들도 냉방에서 쫓겨나서 모두 사라져버린 다음 세상은 쓸쓸해지고 말라버린다고 그러나 위대한 건설적 준비가 그 무無에서 비롯한다고, 석가불의 사업의 구경도 한 자욱도 남지 않은 그 자리[성성惺惺 적적寂寂]라고.

또다시 오는 유有의 세계에는 불佛과 균菌의 사업을 바꾸어 하게 된다고. 그런데 현실계에서 위치적 대차大差가 있게 된 것은 불은 우주를 자체화한 대아요, 균은 우주적 자아를 잃어버리고 가장 적은 한 조각 정신의 존재이기 때문이나, 균의 위치에서 비롯하여 현실에 충실하기만 하면 우주적인 자아의 위치가 복구된다고, 누구나 현실에 충실한 생활을 하게 되어 공비되는 시간이 없게 되어야 우주는 건전하게 된다고.

현실에 충실이란 현실적 생활 외에 외적 조건, 곧 고락 이해에 정신이 조금이라도 팔리게 되거나 지난 일, 올 일에 대한 고려나 불순한 일이 전연 없어야 한다 하셨나이다. 현실의 연장이 미래이기 때문에 현실 생활 곧 시공 전체 생활이라. 현실 곧 자기 가진 그 위치에서 발족하여 자타가 세계적 위치화하게 되는 것이라고.

현실을 다시 세밀하게 말하면 공간적으로 있는 질량이며 체적體績뿐 아니라, 시간적으로 나타나는 생로병사와, 시종과 성쇠와 촉감에서 생기는 온냉, 소리, 빛, 냄새 등인데 그것이 자체가 있는 것이 아니요, 우리의 생각의 감각뿐으로 헛것을 보고 이름 지으며 인연이라는 무지개 줄에 걸려서 거짓 형상을 만드는 것이라 허망한 일이지만 허망한 것이 허망 그대로 미래세가 다함이 없이 불멸상이 계속되니 허망 그대로 내버릴 수 없는 일이기 때문에 문제가 끊어지지 않는 것이요. 불멸상은 현실뿐인데 나와 현실은 하나요, 일할 나와 일이 두 쪽이 아니니 현실의 대상인 내가 먼저 현실화되어야 현실인 우주와 보조를 어긋나지 않게 되어 영원을 보전하게 된다고.

우선 내 앞 현실에서부터 충실한 생활 곧 생적 대가라도 지불해 가야 소아적 위치를 보전하게 된다고, 그리고 현실의 충실이란 현실적 사업뿐 아니라 정신적 수입이 더 많게 되어야 한다고.

그래서 자그마한 가대家垈나 하나 마련하여 동지를 모아 수양단이나 조직하여 자작자급을 하여 수양을 하여 볼까 한다고, 어쨌든 노력과 수양의 합치로 인격은 완전화하는 것이라고.

어쨌든 당신은 당신의 수양을 많이 생각하였을 뿐, 단란한 가정 살이 같은 것은 별로 생각하지 않았던 것이외다.

나는 우리들 사이에 외계에서 오는 무슨 사건이 있을 것 같은 것은 물론 생각나지도 않았고 당신의 마음 내 마음이 하나가 아닌 것은 생각조차 하지 않았기 때문에 때가 되면 어련히 결혼식도 가정 살이도 할 생각이 나리라고 하여 내편에서 궁금할 필요조차 느껴보지 않았나이다.

그러니 내 생각과 다른 일이 생길 무슨 염려가 있었사오리까? 우선 당신을 자주 오랫동안씩 못 만나는 것만 한이 될 뿐이었나이다. 그래서 이런 시조나 읊어지게 되었나이다.

　　겨울밤 기다리기에

잠긴 회포 풀랬더니

첫구비도 줄기 전에

새벽빛이 새로워라

그런줄 알았더라면

그만이나 감을걸

당신은 별로 나에게 정적으로 정신을 기울이지도 않았을 그
때이었겠는데, 나 혼자만 그리도 안타까워하던 것이외다. 그런
데? 당신이 공적 정신때문에 내게도 그리 담담하였다면…. 다른
여자를 가깝게 할 겨를이 또한 없었을 것이 아니오리까?

그래도 그때 당신에게는 다른 여자가 확실히 있었던 것이었
나이다.

당신이 내게 누구나 사람을 믿는다면 철저해야 한다고 믿는
그에게서 어떠한 의외인 일이 발견되더라도 실망없이 여전하게
믿어가는 것이 신의라고 하시던 그 말씀은 아무래도 무슨 비밀
이 탄로날 때 일의 대비적 말씀이었던 듯 그리고 내가 당신 계
신 데를 찾아간다니까, "나는 친구에게 신세를 끼치고 지내는데
친구가 나 찾아오는 객을 어디까지 후대하는 것이 미안해서 나
를 찾아오는 사람들은 다 거절합니다" 하시는 당신의 말씀에 아
무 이의가 없었지만 나에게 당신의 친구인 ○○씨가 찾아와서
금강산金剛山 신계사新溪寺에서 당신과 그 어떤 여인과 자기와 세
분이 환옹幻翁이라는 법사한테서 불경을 배운 일이 있는데, 그

여인을 당신 처소에서 보았다고 하였나이다.

그 여인은 당신과 어떤 경계선을 넘은 교제인가 보더라고, 그리고 그 여인은 이성을 홀리는 묘술이 있다고까지 말해 주었나이다.

그러나 사랑은 한자리에 붙박아 둘 수 있는 물건인 듯이 나는 '그 사랑은 내게 맡겨있으니까…' 하고 여부 없이 믿고만 있었던 까닭에 그때 그런 당치않은 소리가 내 귀에 들릴 리가 없었나이다.

그리고 당신은 시간을 엄수하는 분이지만 사랑하는 이들 끼리 만난 그 자리에 무얼 그리 시간적 구속을 느끼시던지 연방 시계를 들여다보시던 것을 지금 생각하니 당신의 애인인 어떤 여인에게 내가 있는 눈치를 안 보이려던 당신의 거동이었던 것이었나이다.

그러나 나는 그때그때 시간적 내 생활권을 지어놓고 그 권圈 밖의 것은 보이지도 들리지도 않는 절벽적 성격을 가진 이만큼 무슨 눈치고 챌 길이 없었나이다.

어쨌든 이 일이 뒤늦게 알았기 때문에 추억의 괴로움을 면하게 할 아무 능력이 없음이 유감일 뿐이외다. 다만 그때는 공석에서 잠깐씩 잠깐씩 슬쩍 추파를 교환하는 즐거움, 혹시 아무도 없는 조용한 구석에서 단둘이 만나서 이마, 코, 뺨, 손에 '키스'를 내리부어 주실 때 매서운 맛까지 느껴질 때가 있는 당신의 눈이지만 그런 때는 당신의 온몸이 웃으시는 당신의 정情의 눈매 그 하나로 화해서 나에게 바쳐버리는듯하였나이다. 그리고 내 방에 찾아오시면 여자를 극히 우대하는 외국인에 넘치게 친절한 남편같이 아주 무르녹게 굴어 주시는데 느끼는 그 행복감에 취한 나는 얼떨결에 7, 8개월이 지나가 버렸나이다.

그 즐겁던 생활이 내게서 영원히 떠나버리고 만 것이옵니까?

그 즐거운 날이 온전히 다 오지는 못 하더라도 아쉬운 대로 가끔 만나주시는 그 날이라도 있어지이다, 하고 내가 얼마나 애절을 하는지! 이 정경을 당신에게 통해볼 길조차 끊어 졌으니….

그래도 당신의 마지막 편지에 '당신만 안심하고 사시며 인물이 적은 여성계에서 건보健步를 걸어주신다면 그저 기쁘겠어요!'

사나이야 아무렇게나 굴면 상관 있어요, 가시기는 가셔도 나의 신상을 길이 염려하여 주실 듯? 이런 등등의 생각이 당신을 다시 만날 기회가 있을까 하는 일루一縷의 희망을 가지게 하는 것이외다.

그러나 저러나 당신에게는 내게 말 못할 무슨 사정이 있었나 보외다.

당신이 '나'를 알아 얻는 공부를 세속에서도 얼마든지 할 수 있는 것이 멀리 가서 찾을 것이 아니요, 지금 내가 보고 말하는 이것의 본면목을 알아내자는 것이기 때문이라고. 그러나 이 공부는 정진과 습성의 가열한 투쟁인데 세속에서 공부를 하려면 우주적 마군의 동력으로 새로 듣고 보고 느끼는 습성이 재래 가졌던 습성의 후원병으로 소집되어 시간으로, 수數로 늘어가게 되는 것이니 그러한 강력한 신구습성의 연합군을 나 같은 이의 미약한 정진력이야 무슨 수로 이겨낼 것이라고, 그러니 아무래도 나 자신의 힘으로는 별 도움도 못되는 사회 일을 그만두고 단 몇 해라도 입산수도를 해야 할까보다고 말씀하신 적이 있어도 그때는 무슨 말인지 잘 이해도 안 되고 그저 지나가는 말씀이거니 하였을 뿐이었나이다.

그러면 사랑에만 급급했지 나는 나에게 말을 붙여보아야 말귀조차 못 알아들으니 그래도 당신의 동지가 될 만한 불경을 같이 배우던 그 여인과 어느 절을 찾아가신 것이오리까?

그래서 행방조차 알리지 않으시는 것이오리까?

어쨌든 당신이 다른 여인과 동행하였다는 일이 내게 더 실망을 시키는 일이 아닐 수는 없나이다.

그러나 지금 와서는 당신이 안 계신 이 세계가 숨 막히게 어둡고 기다림으로 빈틈이 없는 내 방을 다시는 아니 찾아 주시는 그 일뿐이 나의 눈물의 자료가 될 뿐이외다.

이제 나는 당신께 대하여 시비도 따짐도 없나이다. 오직 당신이 내 앞에 나타나야할 절박한 그 일 밖에는…. 하나밖에 안 남은 이 길이 막혔으니….

나는 본래 행복한 여자는 아니었지만 이렇듯이 심각한 비애를 느껴본 적은 없나이다.

이제 내게는 참을 시기가 다하였나 하나이다.

나는 현 생활에 만족을 짓거나 지어서도 틀리는 때에는 달리 새 길을 만들어 걷거나 한 가지 결정을 지어야 하는 성미이외다.

차라리 당신은 나로 하여금 당신을 아주 단념할 만한 소식을 다시 한 번 전해주셔이다.

그러나 그러나 정적으로는 당신을 떠나버린다 하더라도 무량겁으로 걸어가야 할 내 길에 앞잡이이신 당신의 뒤를 아니 따르지도 못하게 되지 않았나이까? 당신은 조실부모하고 고모 슬하에서 자라다가 기미운동己未運動 때 청년사상가로 외국에 망명객으로 지내는 동안에 뛰어난 결심과 신용信用과 재조才操, 세 가지 자본만 가지고 사고무친한 외국에서 갖은 악조건을 극복하여 가며 꾸준히 노력한 결과 최고 학부를 마치고 최고 학위까지 얻어가지고 금의환향을 하셨으니 백천인의 뛰어난 정신력을 다생에 길러온 증명이 아니오리까? 그렇건만 나라 없는 백성에게 정치적 배경이 있나 사회적 환영이 있나 반가워할 가족이 있나? 그래도 십여 년이라는 짧지 않은 시일을 지나 고향이라고 돌아올 때 그렇듯 쓸쓸하리라고는 생각지 않았을 것이외다.

더구나 활약할 기관이 있나? 같이 일할 동지가 있나? 높은 자리와 이권은 모두 일인日人이 차지하고 아무리 굳센 장부의 심사라도 상하지 않을 수 없으련만, 내색도 없이 민중을 위하여 직업적으로 귀천도 수입적으로 다소多少도 불고하시고 닥치는 대로 일을 해가시며 남모르게 정진을 하시는 당신을 뵈올 때 나의 감동심이 과연 어떠하였으리까?

그러나 세상에서는 당신 같은 분을 크게 환영할 줄조차 모르는 것을 볼 때 지당한 보패寶貝는 발에 밟히고 반드시 찾아야 할 인물은 오히려 등을 지는 세상이로구나! 하고 탄식하였나이다.

어쨌든 당신 같은 분을 나의 남편으로 공공연하게 세상에 내세우게 되는 날을 얼마나 손꼽아 기다렸사오리까. 당신은 과연 황량한 가을 같은 나의 마음 동산에 봄바람을 날리워 온갖 꽃을 피게 하였나이다. 그보다 더 좋은 열매 맺을 가을날을 위하여 미리 기뻐하는 그 기쁨은 과연 어떠하였사오리까? 나는 지금의 추억만으로도 가끔 이별의 설움까지 잊어버리고 황홀한 환경에 배회할 때가 없지 아니하오이다.

그러나 잠시 맛본 추억의 즐거움은 기나긴! 현실적 슬픔의 학대로 내 가슴에 잠시 붓점을 못 하나이다.

아아! 떨어진 오동梧桐 한 잎새를 보면 가을이 온 줄 안다면 당신의 사랑은 아무래도 다시 만회할 수 없나 하나이다. 그러나 당신이 이 몸의 생멸이나 봉별은 상속하는 것이라, 만나는 즐거움이 있을 때 떠나는 괴로움이 있을 것을 미리 알아야 한다고 말씀하신 그것이 사실화한 지금도 내 정신이 돌지를 않고 그래도 당신을 영 못 만나는 그날이나 아주 남이 되는 그 시간이 설마 오기야 하려고 하는 능량凌凉한 그 희망이 내 가슴에 갈기渴氣를 품겨주나이다.

만일 그런 날 그런 시간이 있다면 내 눈물의 '정'이 그날 그 시간을 속여버리고 말게 될 것같이 믿어지는 나의 정경은 나 스스로 불쌍해 못 견딜 지경이외다.

어쨌든 상대적으로 된 것이 원리라면 안 보낼 그날이 갔는데 기다리는 이 날이 어찌 아니올 것이오리까? 그러나 올지 말지 한 이날을 만들어보는 정력精力을 정신 거두는데 쓰면 얼마나 좋으리까?

어쨌든 당신을 만나야 할 나의 욕구는 어떠한 철언에도 나의 아무런 따짐에도 사라지지 않을 고집이요, 병질이외다. 다만 모든 학설을 물리치고 온갖 고집을 부셔버리는 법, 곧 '나' 찾는 도리인 정진 외에는 이 고를 면할 별 도리가 없을 것이외다.

시간에 지나지 않는 일 곧 '나' 찾아 내 정신력의 의존이라는 이러한 막연한 생각보다도 요새 나의 앞에는 누구나 정신이 번쩍 차려질 한 사실이 생기기는 하였나이다.

나의 벗인 원주희元周姬라고 하는 여자가 예산군禮山郡 덕숭산德崇山 견성암見性庵이라는 절에 가서 중이 되었다고 당신에게 언젠가 말씀한 적이 있지만! 그 여자의 남편인 박○○도 어릴 때는 중으로 있다가 향학열 때문에 절에서 나와 고학으로 일본 조도전 영문과를 마치고 ○○중학에 교유教諭로 있는데, 몹시 정에 주리던 노총각이었던 탓인지 그 아내를 어찌 대단하게 아는지 안에 들면 아내의 춥고 더운 눈치를 보아 문을 닫고 열며 밖에 나갈 때는 업고 안고 다니듯이 아내의 잠시의 공간이 없어 옷자락이 늘어지고 신발 끈이 풀리는 것까지 남편이 먼저 알고 치켜주고 매어주며 등교 중에도 아내가 보고 싶어서 자기 집에서 시내 들어가는 길이 학교 옆인데 아내가 시내에 들어가는 날이면 그 시간에 지켜 섰다가 아내가 지나가는 모습을 학교 유리창에서 내내 바라보고서 자기 자리로 돌아간다고. 동료들이 "몰래 보는 남의 여편네나 같으면…. 밤낮 보는 내 마누라를…. 그리 못 잊을 바에는 한 책상에서 같이 사무를 보도록 주선해주리다." 하며 싱글벙글 웃고 놀려 먹어도 그는 빙긋이 웃으며 "내 남의 겸한 여편네니까…" 하며 겸연쩍어하지도 않았다는 것이외다.

그리고 아내가 혼자 어디 가게 되는 때는 "길을 횡단할 때나 전차, 자동차에 주의해요" 하는 철저한 외호자인 자기의 그 정신이라도 동행시켜야 거태평去泰平 래태평來泰平이라는 것이며 학생들과 수학여행을 가서 여숙 중에라도 아내의 어루만짐을 받는 꿈을 꾼 날이라야 경쾌한 몸으로 여행 중 높은 산, 어려운 길이라도 다니게 되고 집으로 돌아올 때는 기차에서 뛰어내려서 뛰어오고 싶을 만큼 아내가 어서 보고 싶어서 기차의 걸음 더딘 것이 미웠다고 하던 그 남편이 그 아내를 산으로 들여보내는 그 고민은 가히 헤아릴 수 없지 않으오리까. 그가 새로 결혼한 그 아내와 여러 해를 산 뒤에 그 친구가 그 전 가정 생활의 맛과 차이를 물으니 추억에 듬뿍 쌓인 한숨 속에서 겨우 새어나오는 소리로 "그전 아내와의 생활과 어떻게 비교해요!" 하고 고개를 떨어뜨리더라고. 그래서 체면 불구하고 그 아내를 따라 절에까지 갔다가 돌아오는데 아내가 산모퉁이까지 바래다주고 들어가면서 "안녕히 가시우" 하는 '쨍' 하는 소리가 귀에 울리자 가슴에서 불이 확 일어나며 눈에까지 뜨끔한 화기가 치밀어 더운 눈물이 푹 푹 쏟아져서 돌아보지도 못하고 집에 오는지, 어디를 가는지 행하는지 모르는 몽롱한 정신이었으나 그래도 고장없이 차에서 내려서 시름없이 걸어 성북동 고개까지 와서 저녁 노을이 비치는 자기 집 지붕이 바라보이자 그만 다리에 힘이 확 풀려서 그 자리에 털썩 주저앉게 되어 한참 진정해가지고야 겨우 집으로 돌아오니, 밥 짓는 계집애가 외로이 찬바람만 몰아가지고 마중 나오며 울먹울먹하는 양을 볼 때 그 감회야말로 이십 년 동안 쓸쓸한 세상에서 국내, 외국으로 돌아다니며 갖은 고생을 하던 그 고생 중에서 다각적의 큰 고와 만감의 설움의 합치적인 뭉치 하나를 따로 뭉쳐 두었다가 때맞춰 탁 안겨주는 원수가 숨어 있었던가, 하도록 형용할 수 없더라는 것이외다.

무한고의 하룻밤을 세우고 그 이튿날 아침에 일어나니 눈이 묵직한 것이 무엇이 덮인 듯 눈병이 났나 하여 안과에 가 보았더니 화기로 난 눈병이라 해서 비로소 산모퉁이에서 인사하는 아내의 목소리의 타격으로 인한 눈병인 줄 알았다는 것이외다.

홀로 남아서 사는 그는 짓밟힌 종이 부스러기만 남은 빈 정차장 대합실 같은 방구석에 아내의 환영만 어른거리는 집에는 있을 수가 없어서, 아내의 말이라도 들려줄까 아내의 냄새라도 남았을까 해서 아내가 다니던 길 찾아가던 곳을 돌아다니다가 하루는 결심하고 아내를 찾아 산으로 가다가 짓궂게 차가 고장이 생겨서 하룻밤 중로中路에서 자게 되는데, 아내를 어서 만나지 못하는 초조한 생각으로 밤새 고생할 것 없이 희망의 힘으로 걸음을 걷는 편이 났겠다고 험한 산길을 갔으나 자연 정情의 하소연이 없지 않았을 것이 아니오리까?

그러나 아내는 발심출가發心出家한 여자라. 도담이나 하러 오면 왔지 정담을 하러 올 곳은 아니라고 하는 냉연한 태도로 대하였을 것이 아니오리까?

그래서 원한적 격감에 불타 돌아온 그는 아내의 사진, 유품 등을 다 불지르고 아내의 몸 대신 싸고 감고 자던 이부자리까지 남 주고 나서 잠자리에 누워서 마지막 이를 갈며 오지 않는 잠을 억지로 자니, 그래도 꿈에는 귀엽고 정다운 아내로 변하더랍니다.

그래도 그는 현실로 돌아오지 않을 수는 없을 것이 사실이라. 그 후로 더욱 마음을 붙일 곳이 없게 된 인간인 그는 밤이면 극장으로 낮이면 행길로 모자도 쓰지 않고 돌아다니게 되고, 학교에서 학생들을 가르칠 때도 정상적 태도가 아니었다는 것이외다. 집에 와서는 취한 김에나 겨우 잠을 자게 되는 것을 알게 된 그의 친구들이 걱정이 되어 곧 주선을 해서 동덕여학교同德女學校 출신인 양 무슨 순이라나 하는 얌전한 여자와 결혼시켜서 한 5년 동안에 삼 남매나 낳고 잘 지내다가 사십도 아직 멀은 그가 식체로 이질이 되어 일주일 전에 그만 별세해버렸나이다.

한 사람 죽는 것이 그리 큰 문제가 될 것도 없고 더구나 남의 내외 정답게 지나던 이야기를 지루하시도록 늘어놓은 것이었을 것이외다.

그러나 남편이 아내를 사랑하는 것이 예사이지만 그 남편은 너무도 유달리 아내를 사랑했고 그 유다른 사랑에서 벗어나 남들은 꿈도 못 꾸는 별다른 길을 떠난 그 아내의 초월한 정신이 본받을 만하다는 것이지만 그보다도 그 남편이 사선을 넘어가는 전후의 대비극인 그 장면을 그려서 온 세상에 보여 그 일을 거울 삼아 모든 사람의 정신을 돌리게 하여야 하겠습니다.

다시 말하면 그네들의 일로 인하여 너, 나가 다 실성한 사람인 줄을 알게 하여 병 고쳐줄 부처님께 귀의해야 하겠기에 말씀을 하는 것이외다.

일평생 백년의 일도 크다는데 미래세가 다함이 없는 각자적인 생을 위한 이 초발족[정법들은 시초기에]에 행불행의 두 길이 갈리게 되는 크나큰 일이외다. 아직 나도 정신이 돌려지지는 않지만…. 누구나 다 습기로 이루어진 가정신假精神의 의존인 가인생假人生인 줄이나 우선 알아야 참정신을 찾을 방망幇望이나 가지게 될 것이 아니옵니까?

아래는 내가 문병 갔다 온지 사흘 만인 그가 죽던 날 목도하고 온 동무 숙희淑姬라는 이의 말이외다.

숙희는 그의 아내와 같은 불교 신자요, 제일 친하기 때문에 그가 몹시 반가워하면서 그저 입산한 아내 이야기부터 시작하더라는 것이외다.

입산한 아내는 움 속에 묻힌 보배 항아리처럼 평범한 여자인 듯하면서도 그 같이 내명內明한 여자는 드물 것이라고, 그렇기 때문에 어렸을 때 중이 되어 법문도 많이 듣고 고승이 되어 인부를 지도한다던 자기는 움직일 생각도 안하는데 자발적으로 구원을 얻을 길을 떠난 것이 아니냐고. 그들의 결혼 생활 6년 만이었는데 집 양복, 그의 회중시계까지 월부로 샀었는데 그 빚을 다 갚고도 좀 여유까지 있게 된 그때 그 아내는 입문하였다는 것이외다. 그 회중시계는 결혼 기념으로 샀기 때문에 정도程度에 과한 값으로 사서 귀중히 가지는 뜻은 시계는 삼라만상이야 변모가 되거나 말거나 세상에서야 울거나 웃거나 여여 부동하여 자기 책임인 시간만 엄격히 지키는 그 정신은 가정적 기반 정신을 삼을 수 있고, 오고가나 추우나 더우나 일시도 그의 품을 여의지 않고 죽음의 길까지라도 같이 갈 신의를 가지는 것은 아내의 사랑은 상징할 만한 까닭이었다고.

그 시계는 아직 그 품을 떠나지 않았기 때문에 아까도 이별의 눈물에 수없이 잠겼던 주인인 자기의 파리하고 더러운 손에 그 몸이 어루만져졌다고. 그러나 그 주인인 자기까지 저를 버리고 가게 되었다고…. 고랑이 진 그의 뺨으로 눈물 한 줄기가 주르륵 흐르더라는 것이외다.

물질과 정의 가난을 똑같이 느끼던 두 남녀가 근고勤苦와 절약으로 6년 동안에 가정적 윤곽이 꽉 잡히게 된 그때에 그의 만족은 지극하였다는 것이외다. 우선 각자적으로 자기의 눈앞 위치부터 확보되어야 세계인으로의 활약할 튼튼한 입각지가 준비된다고, 먼저 가정 생활의 안정을 목표로 삼고 하고 싶은 모든 일을 미루어 오던 그들은 결혼 생활 6년 만에 처음으로 어디 여행이나 좀 가보자고 하였답니다. 여행은 인천仁川 해수욕장으로 결정이 되어 신혼여행 기분으로 욕장에까지 가서 처음 날인데, 부부가 나란히 해변에서 거닐던 중 아내 되는 이가 저거 좀 바라보라는 소리에 그가 고개를 드니 동편 잡목 몇 개가 우뚝 서 있는 그 언덕 밑 해변가에 주먹덩이만 한 금강석金剛石이 칠색七色의 광명을 뻗치듯 황홀한 빛이 번쩍여서 호기심이 생겨 둘이서 빨리 가보니 한 개의 진주 조개껍데기였다고. 아내는 실망한 듯이 시무룩해 돌아와서 하는 말이 그 조개껍데기는 아직 남아서 황홀한 빛을 내고 있지만 그 몸뚱이는 어느 밥상에 한 젓가락 반찬 보탬이 되었고, 그 껍데기만은 아직 남아 반짝이고 있지만 조수가 밀려왔다 밀려나갈 때 같이 떠내려가다가 바위에 부딪혀 깨져버리거나 갯벌에 묻혀버리고 말면 적적한 해변에는 물새만 휘휘 날아다닐 것이 아니오. 내가 명예욕으로 대걸작품大傑作品을 하나 구상하고 있지만 내가 그 작품을 발행하여 천하에 이름이 높아진다 치더라도, 나는 일찍 혹은 오래 산다고 치더라도 한 삼사십 년 후에는 죽지 않을 수 없는 일은 이미 결정적이 아니오. 나 죽은 뒤에 아무리 영광스러운 명예가 남더라도 저 알맹이 없는 조개껍데기가 빛을 내고 있는 것과 무엇이 다를 것이며, 그 작품을 읽은 어떤 사람이 인생의 갈 길을 알았다 치더라도 인생의 천만 갈래 길 가운데 나의 가르친 길이 정말 정당한지? 나는 그 조개껍데기 보는 순간부터 달라진 인생관과 더불어 구상하고 있는 작품에 자신을 잃어버리게 된 것은 전에는 세상 일이 떳떳한 것으로 안 그 입장에서 만들어질 작품인 까닭이라고. 어쨌든 내가 먼저 사람이 되어 사람의 가야 할 길을 알아야 '인생의 정로'라고 곧 이야기하게 될 것이 아니냐고!

내가 인간인지 아닌지도 모르면서 어찌 인간의 이면을 살필 수가 있을까, 인간의 이면을 알지도 못하면서 인생의 외면을 아무리 묘하게 그려봤자 마치 얼음을 진실로 아름답게 아로새겨 놓아도 소용없는 미술품이 되는 것 같지 않겠느냐고.

아무 흥미가 없어진 아내 때문에 사흘만에 그냥 집으로 돌아오게 되었는데 불법佛法[이사理事로 우주단일화한 법]을 좋아하는 아내의 제의가 다시 생겨 경주 불국사佛國寺로 불교 유적을 보러 갔었는데 불법이 생활화 하였던 우리 선조의 유업遺業인 불국사 건물과 석굴암石窟庵 불상, 곧 압도할 만한 정신적 문화체를 보는 아내의 감격에 넘치는 그 반면으로 더욱 깊이 감상되는 것은 불교전성시대의 생활면을 직접 보여주는 그 고도적 문화의 유적은 저렇게 불교적 빛을 내고 있는데, 정말 불법은 지금에 와서 왜 이렇게 적적해졌느냐고. 그렇게 탄식하는 것을 곁에서 보던 교양이 있어 보이는 노스님 한 분이 아내를 향하여 하시는 말씀이 불교는 상상 전에 있는 우주적 창조성을 파악하여 현실화시키는 법으로 표현된 것은 중생을 건지는 한 기관으로 상상할 수 있는 명상법, 곧 사람의 기멸심으로 된 물질적 영역 안에 것이기 때문에 역사적 순환을 피할 수가 없고 흥망성쇠의 바다에 침윤되지 않을 수 없는 일입니다. 그러므로 현 우주와 같이 쇠퇴된 것입니다.

나신 부처님은 가시고 계신 하느님은 안 계시게 되며 부처님이니 보살님이니 하는 분들도 창조성의 피조물로 같은 인생이나 중생은 매昧해졌는데 그들은 자아[나의 근본]를 알아 얻어 쓰는 분들도 인생을 직접 구원할 수 없는 것이요, 구원의 길을 가르치실 뿐입니다.

구원의 길이란 '나'를 찾아 자유인이 되는 그 길입니다.

자유인만 되면 불교라는 그 권圈에서도 벗어나고 부처님이라는 그 우상도 떠나게 되는 것입니다.

물을 건너면 배가 쓸데없는 것과 같은 일입니다. 종교의 교리가 곧 우주의 원리원칙이외다. 그러므로 종교의 교리에만 국한하는 종교인이 되지 말아야 하는 것은 교리는 현실 곧 표면으로, 상대성으로 되었기 때문에 무상법입니다. 나를 찾는 법 곧 우주의 원칙의 반면은 교리의 이면이요, 일체의 창조주로 그것을 발견해서 쓰게 되어야 하는 일인 때문입니다.

그러나 처음에는 불교에 귀의하여 선조인 동시에 처음 선생[우주의 원리를 먼저 발견하여 선불先佛, 후불後佛이 계승]함인 부처님의 정신 곧 혜명慧命을 이은 선지식[일체 지식을 다 갖추었다는 의미]을 찾아 나를 찾는 법, 곧 자유인이 되는 법[참선]을 배워야 합니다.

지금 당시에 선지식으로는 예산禮山 수덕사修德寺[그 사내에 여승방 女僧房은 견성암見性庵]에서 교화하고 계신 송만공宋滿空이라는 분이 계십니다.

이렇게 정중하게 가리켜 주시는 말씀을 듣고 아내는 입산할 생각은 내었으나 곧 떠날 말이 없는 것을 다행으로 그 생각을 차차 잊어버리기를 바라면서 집으로 돌아왔는데 일체는 마음이 만드는 것이다. 아내에게 무상無常이 느껴질 일이 또 하나 생겼 던 것입니다.

아내는 꽃이라면 무슨 꽃이든지 좋아해서 남들은 달이 아름 답다, 봄 가을 시절이 좋다 하지만 달이나 시절은 서른 명의 사 람에게는 서른 감정을 돋우어 주는 점이 없지 않지만 꽃은 억센 산, 거친 들을 부드럽게 하며 화난 사람이나 불평을 품은 이 까 지도 평화와 위안을 주는 평화주平和主요, 일체를 정화시키는 정 화신淨化神이라고 그러므로 아내의 말이 꽃은 자기 동족은 남의 원망의 대상이 되어 본 적은 없다고 자랑하던 것이외다.

여행에서 돌아온 아내는 자기가 가꾸어둔 백 가지 꽃이 조그 만 집을 두루 빛내고 있다가 빙글빙글 반기는 것을 보고 정다운 여러 가족의 환영보다도 더 즐거워하였다고, 그렇게 환희를 느 끼며 쾌미를 맛보던 꽃은 아내에게 또다시 없는 벗이었다고. 그 런데 아내는 사람이 추위에 괴로울 것보다도 꽃이 얼어 죽을 염 려가 더 되었건만 사정없는 시간은 빨리만 가서 그해에도 어느

새 가을이 와서 어느 날 밤에 느닷없이 날리는 된 서리에 아내의 환락장歡樂場인 화단이 그만 폐허화하여 그 고운 꽃들이 형해만 남아 헐벗은 가지 끝에서 읊어 주는 비버새의 애도사를 듣고 있게 된 것을 본 아내는 인생도 초로 같아서 죽음이 호흡의 사이에 있음을 느끼고 그날 아침에 시급적으로 입산하기로 한 것이라고 그가 말하더라는 것이외다.

그들의 결혼 초에는 언제든지 같이 입산할 것을 의논하고 있었다는 것이외다. 입산하려는 그때 그의 아내가 그에게 말하기를 당신이 그때 그곳에서 그 몸으로만 쓰인 일시적 이용물인 세속의 학문을 배우느라고 이십 년간을 그 고생을 하느니 그 대신에 어느 때 어느 곳에서 어느 몸으로라도 써야 할 공부 곧 일체 우주를 나화하는 그 일에 힘을 썼다면 지금은 일체 구속을 벗어난 대자유인이 되었을 것이 아니냐고. 그러나 그 일은 이미 지나간 일이니 할 수 없지만 이제라도 나이 많이 먹기 전에 입산하여 오로지 정진을 하여 '완인'이 되어야 하지 않겠어요, 생활하기 전에 일에 착수하기 전에, 사람부터 되어야 하지 않겠어요, 지금 우리가 한다는 사업은 장님이 장님을 끌고 가서 없는 들에서 서로 붙들고 헤매는 셈이 아니요, 속담에도 '못池에 들어가서 고기를 탐내기 전에 차라리 돌아가서 그물을 만들어라' 하는 말이 있지 않아요, 하고 말하더라는 것이외다.

그러나 그는 전일에 중의 정진으로 이상하던 생각은 일체로 매昧해버리고 정의 배를 채울 날이 아직 멀어서 안타까운 정의 밥숟가락을 차마 놓을 수가 없다고 아내에게 아주 자백해버리고 3년 동안은 기다리고 있을 것이니 정진하는 법만 배우고 다시 와서 가정 살림을 해달라고까지 애걸해보았더라고. 사실 그는 어떤 때 혹 혼자서는 내가 중이거니 하는 생각과 한가지로 불법에 관한 생각을 좀 해보았을 뿐 속인의 정신으로 속인과 휩쓸려 사느라고 중이니 불법이니 하는 그 관념조차 잊어버린 세속인이 되어버렸으니 할 수 없었다고….

아내는 그러면 혼자라도 입산하도록 허락하라는 것이었다고. 그는 아내의 마음을 다소 이해할 수는 있었지만 이별하는 일만은 그에게 너무도 감당하기 어려운 일이었다고….

그러나 아내의 말은 우리가 사는 이 현실이란 한 꿈인데 꿈속에서도 가장 변하기 쉬운 것이 정이라 그래도 인생은 이 정을 제일 중요시하게 된 것은 인생뿐만 아니라 일체 생물이 모두 정에서 낳으니 정이 생의 시작이요, 생물의 생활 주체가 되었기 때문이라고. 그러나 그 정의 변화무쌍한 재주로 인하여 무시겁래로 일체 생물의 끊임없는 고를 받게 되는 줄은 당신도 잘 아는 것이 아니오. 그러니 당신은 아직 떠날 생각이 없다 하더라도 애의 쇠사슬에서 벗어나 자유로운 사람이 되려는 남까지 떠나지 못하게 방해하지는 않을 거라고 믿어요. 그러니 아내가 동심同心 아니 할 것은 분명하고 또 아내를 극진히 생각하는 그는 자기 감정을 얼마라도 희생할 수 있기 때문에 허락할 마음은 없으나 허락하지 않을 수 없었다고….

아내가 입문한 뒤 홀로 남은 그는 남의 남편이 되어서 아내를 사랑하는 일은 당연한 일이라 그러나 그는 자기가 생각을 해도 이 주계主界에 자기만큼 전적으로 아내를 사랑하는 사나이가 있을까? 하였다고. 그런데 빠져나갈 틈이 없이 간절하고도 세계를 덮을 만큼 넓은 자기 사랑의 품에서 초월할 만한 그 힘은 어디서 생긴 것이냐?

사랑의 배반에서 나온 그 까닭이냐 또는 신교信敎 신력信力에서 나온 그 힘이냐?

이 두 문제가 서로 싸우는 바람에 미칠 듯이 괴로웠던 것이외다.

이 수수께끼가 풀리지 않아서 술을 마시지 않고는 잠을 이루지 못하고 몸부림을 치며 지내다가 하루 저녁에는 활동 사진에서 천주교 신자인 어떤 처녀가 사애思愛가 깊은 애인을 버리고 사자굴로 스스로 들어가 순교하는 것을 보고 비로소 자기의 아내도 신교력으로 입산했으리라 하는 판단을 내리고야 겨우 마음을 진정하게 되었다고. 그러나 아내가 입산할 때에는 입산하는 이유가 이해된다는 것쯤은 이별고와 상살이 되어 발심發心할 여유가 없었다 치더라도 천주교 신녀를 본 시간 후니 자기가 애욕의 치우친 정신만 아니었다면, 겨우 마음을 진정할 정도에 그치고 말 것이 아니였건만 애욕에 치우치게 돼서 어릴 때부터 인연 깊었던 불법에 다시 돌아오지 못한 자기의 탓이니 수원수욕 誰怨誰欲할 것이냐고. 그리고 이론만 늘어가는 세속 학문을 위하여 이십 년 동안이나 배움의 길에서 그 고생을 하며 그래도 큰 희망이나 있는 듯이 몽롱한 살이를 하다가 최후의 길이 느닷없이 닥쳐서니 아무것도 모르고, 죽음에 공포심으로만 떠는 이들보다도 더 무서움을 느끼는 것을 모르고 지은 죄보다 알고 지은 죄의 갚음이 더 무거운 줄을 알기 때문이라고. 사방에서 타 들어오는 화택火宅에서 모르고 장난만 하는 아이들처럼 모르는 인간은 할 수 없지만 알고도 죽음에 대비를 하지 않은 나의 죄과는 스스로의 얻은 바니 어디에 사죄를 구할 것이냐고. 정신 차리지 않고 지나던 나의 사후 일을 뻔히 알게 되었으니 얼마나 떨릴 것이냐고. 금생 일생의 일도 작은 일이 아닌데 끝나는 날은 만날 수 없는 무진無盡의 전정을 환회換回될 길이 없는 이때서야 생각이 나다니…. 염라국 사자한테 청이나 해볼까, 명을 이어 부활의 공부를 하여 보게….

예전에 어떤 중이 중 노릇은 안하고 온갖 못된 일만 하고 지내다가 임종할 때가 닥쳐서 채사가 형구形具를 가지고 잡으려 왔는지라 자기가 한 짓은 잊고 일은 일어났는데 어찌할 줄을 모르고 떨고만 있다가 채사에게 지극히 공손하고 간절하게 "한 칠일 말미만 주시면 그동안에 중 노릇을 좀 해보고 죽겠습니다" 하고 청을 하니 채사들도 중 노릇 해보겠다는 일이라 할 수 없이 허락하고 물러간 다음에 평소에 들어두었던 화두인 '만법萬法이 하나'로 돌아갔다고 하니 '하나'라는 것은 무엇인고? 하는 의심을 우주화하게 되어 칠 일 후에 채사들이 천상천하를 다 뒤져도 그 중을 못 찾고 그저 돌아갔다고. 그 중은 칠 일 동안을 일심으로 하나가 무엇인가 의심하는 생각까지 끊어진 일념에 들어 있기 때문에 누구 눈에도 띄지 않게 된 것이라고. 곧 기멸起滅 자재自在하게 된 것이라고.

대인은 기멸이 한 경계요, 소인은 기멸경의 분별이 상속하기에 만생 만사의 고를 받게 되는 것이라고

지금 내 앞에는 만생, 만사의 생사 바다가 가로놓여, 그 바다에서 부침하는 고를 세세생생에 이어 받게 되었으니 큰 문제가 아니냐고.

지금이라도 모면할 도리는 채사에게 잡혀갈 뻔한 그 중처럼 앞뒤 일을 모두 잊어버리고 '적연불매寂然不昧'한 자리에라도 들 수 있으면 채사에게 잡혀가지 않게는 될 수 있지만 평소에 익히지 못한 정신적 힘이 새로 생길 리 없다는 이론의 삶을 아는 나는 채사에게 청을 할 생각도 없고….

아, 아, 이제 내일은 정말 큰일이다. 내가 평소에 해놓은 사업이란 과부 고아들을 만들어 놓은 그 뿐이고….

애愛가 고苦의 근본이라더니 그 애 때문에 지금에 내 아내도 자식들도 이 고를 받아 이 고가 그칠 날이 언제인지 모르지 않느냐고. 중이 된 아내는 이 애의 고를 벗어나 영겁에 해탈의 길을 걷게 되었으니 그와 나와는 이렇듯이 천양지판天壤之判으로 되는 것을 모르기나 했으면… 하고 찡그리는지 우는지 죽어가는지 그 얼굴에는 눈물비가 주르륵 흐르더라고. 숙희淑姬는 애

처로운 그 환자의 입에서라도 의외로 그런 좋은 말을 듣게 된 것이 기뻐서 숨소리도 낮추고 정성스럽게 듣고 있다가도 환자가 말하기 힘들어하는 눈치만 보이면 간호하고 있는 그의 장모와 같이 마루에 나가서 이야기도 하고 방에서 신문도 뒤적거리고 하면서 환자를 쉬지 못하게는 안 했지만 주치의는 환자의 곁을 아주 떠나라는 눈치여서, 숙희는 환자의 아내가 환자에게 아이들 울음소리 안 들리게 한다고 아래채 구석방에 임시 거처하는 데를 찾아갔다. 그랬더니 그 아내는 3년 전에 볼 때보다 뺨에 살은 좀 내렸으나 갸름하고 하얀 얼굴이 눈에 띄자 청상과부하는 싸르르한 느낌이 가슴에 획 들며 눈물이 핑그르르 나오는데, 그 아내는 도리어 안심해 보이는 태도로 어린아이들 있는 방이라 냄새가 나나보다고 미안해하면서 자리를 정해주고는 '임 선생이 어제는 참으로 위독했어요. 그래서 당신의 마지막 길이 깜깜하니 자연 불법을 멀리한 후회가 되는 동시에 불쌍한 유가족한테나 마지막으로 불법에 대한 간절한 말을 하는 것'이라며 꼭 명심하라고…. 시간이 주야의 상속인 것같이 현실의 생활은 생멸의 반복이라. 태어난 우리는 반드시 한 번 죽지 않을 수 없으니 자기의 죽음을 그리 슬퍼할 일이 아니라고. 그러나 아이들만 맡기고 이별의 길을 떠나게 되니 미안은 하지만 물질과 정신의 가장 좁은 한계 내에 있는 인간인 자기의 보호 밑에서보다 절대력 앞에서 생사간에 안심하고 더 잘 살아갈 도리가 있다고. 죽을 때 가서야 이런 말을 하게 되는 것을 이상하게 느낄지 모르지만 사실은 내가 내 가족들한테까지 이런 말조차 해주지 않던 나이기 때문에 마지막 갈 길이 이렇게 아득하게 된 것이라고. 사람이 죽을 때 착한 말을 한다더니 나도 죽을 때 하는 이 말은 참으로 보배로운 말이니 이 말을 믿고 실행한다면 과부, 아니 그대 목숨이 오천 번 끊어진대도 행복스러운 길만 열려 다함이 없을 것이라고. 가령 어디에 내가 요구하는 것은 무엇이나 다 주고 더구나 나를 무엇이라도 다 갖춘 사람을 만들어 주는 사람이 있다면 불원천리不遠千里하고 찾아가서 내게 있는 것은 다 바치고라도 그것을 얻으려고 할 것이 아니냐고.

그런데 앉은 자리에서 만날 수 있고 내게 있는 대로의 신심과 정성이라는 대가만 내면 얻어질 그 일을 가르쳐주마고.

그러면 우리에게 무엇이나 다 주고 무엇이나 다 줄 수 있는 사람을 만들어주는 이는 누구냐?

그 분은 관세음보살님! 그 분이라고. 관세음보살님의 말씀이 중생들은 현실에 팔려서 정신이 단일하게 되지를 못하니 어린 애가 어머니! 부르듯 관세음보살 관세음보살 내 명호名號를 자꾸만 부르면 처음에는 기계적으로 입으로만 불려지다가도 나중에는 심구상응心口相應하게 되어 그때는 나와 연락의 길이 열려 일체 소원을 다 이루게 해줄 뿐 아니라 구경에는 관세음보살, 관세음보살 부르는 자기가 곧 일체를 갖추는 완인 곧 관세음보살인 것을 알게 된다고 하셨으니 그러니 팔자를 아주 관세음대자모에게 맡기고 지내라고. 부모나 친척이나 자녀가 그대를 아무리 생각해준대도 나와 같은 인간으로 물질에도 제한이 되어 있고 능력도 없이 그대의 바라는 대로 못 해주지만 관세음보살은 시간으로 양으로 일체를 갖추어가진 자모시라. 시종이 없어 일체 소원을 이루어 주신다고.

어쨌든 이 말을 해주는 것이 보호해줄 많은 사람이나 재산을 넉넉하게 남겨주는 것보다는 참으로 큰 보배를 물려주는 것이라고. 그러나 무능한 때나 의타적으로 계신 관세음보살을 부르게 되는 것이라고. 실상은 관세음을 부르는 그 정체를 파악하여 나도 관세음임을 발견해야 된다고.

어쨌든 밥은 육체나 살리기만 하지만 염불은 영육을 다 살리는 양식이라고.

그 아내는 빙그레 웃는 낯으로 정말 그런 좋은 이야기를 왜 진작 안 해주었나? 하도록 감동했어요, 하며 그런데 임 선생은 용한 박 의사라는 이가 여러 가지 방법으로 치료한 어제 오후부터 좀 들렸는데 아마 아주 들리려나봐요. 숙식을 아주 못했는데 어젯밤에는 잠을 좀 주무시고 아침에는 죽을 한 공기나 잡수셨어요, 하며 아주 안심해하는 그 아내의 모양, 절대적인 자기의 안심에 대하여는 턱없이 바라고 믿는 인생의 심리. 그러나 그 아내가 자기 내외의 업을 녹일만큼 염불이나 지극하게 하였으면 모르지만! 아직 그런 신심도 없어 보이고….

아! 얼마나 가련한 희망이냐, 하는 생각으로 숙희는 남의 일 같지 않게 슬퍼지더라는 것이외다.

오후 다섯 시나 되어서 숙희는 병실에 가보니 환자는 기다리고 있었는지 반가움에 얼굴 근육이 잠깐 떨리더라고, 환자의 나머지 힘은 말하기 위해 있음인 듯, 말을 다시 계속하여 자기는 아무것도 모르는 아내와 문법問法한다고 핑계대고 포교당布教堂에 유흥겸 가보았고 불공한다고 간혹 절에 구경을 다녔을 뿐 누구에게 나 내 종가요, 내 조상[불佛]이 계시는 절에 가는 것을 그 후손인 사람들은 얼마나 무지한지 구경다닌다고 하게 되니 불교에 관한 말씀 한마디 들을 기회도 말할 기회도 없이 전연 속인으로 지내는 동안 처자에게나 학생들에게 종교적 사상을 고취할 생각은 하지 않고 다만 인간적 또는 정적 책임감을 갖었을 뿐이었다고. 그러다가 지금은 내 사정이 아주 절박한데, 될 말 한마디 해볼 때 없던 차 마침 숙희 씨가 와서 내 말에 절실히 감동하는데 힘을 얻어 의외로 말이 많아졌다고. 그런데 불법 중에 사난득이 있지요. 인생난득, 장부난득, 출가[승僧]난득, 불법난득이 사난득 중에 제일 첫째 한 조각 정신만 가진 이 몸이지만, 이 몸이라도 내생에도 잃어버리지 않게 되어야 할 것이 아니오. 사람의 몸이라야 사람의 정신으로 올바른 판단을 지어 법문을 알아듣고 정신 수습하는 공부를 하게 될 것이 아니냐고.

　그런데 천상 사람은 락樂에 취하여 지옥 사람은 고苦에 빠져서 짐승은 둔탁해서 공부가 안되고 다만 고락이 상반한 사바세계 인간이라야 '나'를 찾는 법 곧 진리 탐구에 제일 적당하다고 부처님이 말씀하셨다고.

자기는 사바세계에 인간의 몸으로 태어나서 더구나 장부로 출가까지 하여 '정법'을 만났으니 얼마나 환경이 좋았느냐고. 그런데 정情과 애愛라는 그 '독물' 때문에 백천만겁에 얻기 어려운 여러 가지 가장 좋은 조건을 다 잃어버린 마지막이 이 시간이 시간이 끝날 기약도 없는 극래적인 시간을 당하였으니….

십 년 전 봄에 입문한 아내를 따라 견성암이라는 절에 갔을 때 사람의 몸 가졌을 때 사람의 정신을 찾았으면….

가사 밑에 인신을 잃어버리는 것처럼 가련한 일은 다시는 없음이라! 하고 대중에 말씀하시던 만공 큰스님의 말씀 소리가 쩡쩡하게 내 상기의 귀에 지금도 들리기는 하지만, 환자는 어떻게 표현할지 모르는 표정을 하더니 별안간 이마에 푸른 기운이 꽉 차며 진땀이 흐르는데 목에서는 꿀꺽 꿀꺽 소리가 들렸다는 것이다.

숙희는 하늘과 땅과 환자와 자기가 함께 차차로 질식화할 듯 갑갑함을 느꼈는데 의사는 응급 수당에 급급 안 해 아이들 부모의 울음소리 그 광경은 처량하다는 말로는 표현하지 못할 슬픈 정경이고, 한편에서는 의사와 아는 사람들을 부르러 갔다고 야단인 이 장면보다는 이 환자는 이제 최고극말의 참극의 주인공으로 지금 보는 최극最極의 고통보다도 사선 넘어는 천야만야千耶萬耶한 구렁, 그 구렁 속에는 어느 겁劫에나 헤어날지 모르는 삼악도[지옥, 아귀, 축생]가 펼쳐져 있다. 그 구렁이에 처박히게 된 주인공은 이 찰나에 무슨 다른 정신이 있었을 것이냐고 말이외다.

그런데 이 육체는 이 정신 '나' 의 의복으로, 의복은 찢어지거나 낡으면 언제나 갈아입는 것이 아니오리까?

갈아입을때는 정신의 변모대로 육체의 모양도 따라 달라지는 것이 아니오리까?

천 벌 만 벌 내가 지어둔 대로 입힐 첩첩이 쌓아져 있는 이 옷인 육체야 천 번 만 번 바꾸어도 아무 일이 없을 것인데 이것을 '죽음'이라고. 이 일만이 문제라는 인생은 얼마나 무지한 것이오리까?

내 옷을 내 마음대로 갈아입지를 못하고 도리어 옷 갈아입는 것이 죽음이라고 죽음의 당자當者와 친지가 몸부림치고 슬퍼하면서도 실성은 아니하였다는 것이외다.

그러나 자기가 실성한 줄 모르지도 않은 환자는 사선넘어 그 위험에 놀라는 그 힘으로 죽음의 고통을 이기고도 남아서 다시 숨을 돌려 말을 시작하더라는 것이외다.

나는 지금 현실 폭로에 비애를 절실히 느낍니다.

나의 육체를 여의고 갈 길이 망망한 고혼은 앞에 서고 과부 고아들의 눈물바다에 잠긴 시체는 처량한 상여소리와 함께 북악산으로 떠나가고, 젊은 과부와 천애지심天涯地心에 고아들은 오늘은 밥이 있고 집이 있는 설움이지만 지아비 없는 훗날에는 주린 배를 움켜쥐고 추위에 떨며 남의 집 처마 밑에서 잠을 자게 되는 슬픔을 당할지 누가 알…. 말끝을 채 맞추기도 전에 사정없는 염라국 채사가 달려들어 불쌍한 그 영가를 끌어내니 영가는 아무 반항없이 조용히 따라가는 모양이고, 시체조차 뜻이 고와서 잠이 든 듯 적적하고 태평하여 보이더라는 것이외다.

그 아내는 남편의 유언대로 슬픈 중에도 관세음보살님의 대능력과 대자비를 믿는 마음으로 항상 입을 달싹달싹하며 태연하게 보살필 일에 착수하여 잘 해나가나 철없는 상주인 다섯 살짜리가 엄마 치마 밑으로 따라다니며 먹을 것 투정이나 하는 꼴이 보는 이로 하여금 눈물을 자아내는 일이더라는 것이외다.

마침 대비하고 있는 법사 스님이 시다림屍茶林을 하시는데 그 게송구偈頌句 가운데 한 구절 적어온 것이었나이다.

생종하처래　　　　사향하처거
生從何處來　　　　死向何處去

생야일편부운기　　사야일편부운멸
生也一片浮雲起　　死也一片浮雲滅

부운자체본무실　　생사거래역여연
浮雲自體本無實　　生死去來亦如然

독유일물상독로　　담연불수어생사
獨有一物常獨露　　湛然不隨於生死

그의 사십구재는 그 아내였던 주희周姬가 중으로 있는 견성암이라는 절에서 지내기로 하였는데 그것은 그곳에는 영가를 천도해주실 법력있는 만공스님이 계시기 때문이었나이다.

그가 죽을 때 갔던 숙희가 7일이 되는 초재初齋에도 참석했다 가 주희의 감상담을 들어온 이야기외다.

　내가 처음 그 살림을 시작할 때에는 내외적 생활의 안정을 전제로 하고 남편은 전차비 십 전이라도 내 손에서 타서 써야 먼지에 쌓인 먼 길 가까운 길을 걷지 않게 되고 나는 고료로 들어오는 적은 수입까지라도 살림에 보태느라고 떨어진 양말에 빛 바랜 세루옷이나 입으며 그릇까지 내가 사서 들여다 놓고 알뜰히 살아서 빚도 다 갚고 살림살이에 윤곽이 잡혔지요.

　이 아무 이상 없는 부부애를 갖추었습니다. 평생 정과 물질의 가난으로 고생하던 남편은 나만 믿고 한참 만족을 느끼는 판에 밥 짓는 계집애 하나만 남겨놓고 아무도 없는 빈집에 세간까지 한편 방에 모두 쌓아놓고 떠날 임시에는 남편은 절 살림을 아는 탓으로 칼, 가위, 전등, 수저까지 챙겨 유학보내는 어머니가 딸의 짐을 싸주듯이 친절하면서도 불가항력의 고를 지긋이 참아 겨우 지탱하는 침착한 태도로 어이없이 바라만 보는 남편을 떼어버리고 돌아서게 될 때 아무리 절대의 희망의 길을 떠난다 하여도 그래도 발길이 가볍지는 못하였지요. 그러나 절에 와서는 냉정하게 비판해본 결과 그가 3년만 있다가 다시 와서 가정살림을 하자던 말이나 사랑의 맛만 보다가 어떻게 그만두라느냐는 애愛에 '맺힌' 소리를 차차로는 같이 입산수도하자는 의논까지 하고 결혼한 처지요, 더구나 제자 불보살 앞에서 서원을 세우고 계戒를 받은 후 최상복最上服을 입고 인천의 스승이 될 무상법을 배우는 불제자였던 그가 그런 무서운 말을 어찌할 수가 있었을까? 더구나 중생 중생이 다 사랑의 쇠사슬에 걸려서 무한겁에 지극한 고를 받는다는 법문도 들었을 뿐 아니라 현재 남이 받는 고를 보고 듣고 나도 사랑 때문에 그 괴로움을 느끼면서도 그래도 여전히 사랑에만 탐착하게 될 수가 있을까, 하는 생각을 하게 되었지요. 그래도 너무 정에 주리던 이라 처음 얼마간은 그렇게 될 수 없을지 모르지만 차차 마음을 돌릴 날이 있을 테지 하였더니 끝끝내 돌이키는 생각은 조금도 없었던 그의 말로가 그렇게 다른 도리가 있었겠나요.

그리고 임종에 후회를 한 것도 법문은 들어서 인과법은 짐작하니까 자기 전로가 망망하여 무량무진無量無盡한 고의 길을 여의하지 못하게 되니까 두려움에 견디지 못해 부르짖는 것뿐이였던 것이 증명되는 것은, 천주교 신녀가 사자굴에 뛰어드는 광경을 보고 감격하고도 종교에 귀의하지 못한 것이 후회되었다면 죽음이 눈앞에 닥친 자기로 종교에 위대성을 설교할 겨를이 어디 있을 것이오. 더구나 종교에 대한 인식 부족을 발로시킨 것이 오직 종교심이라는 것은 지극한 마음인데, 지극에는 대가 끊어져서 지극이라는 명상까지 버려야 하며 종교도 믿음도 부처님도 예도 다 여의게 되는 그 자리를 이야기로 늘어놓고 있었던 것이오, 그러나 천주교 신녀의 행동은 장하지만 그 내용이 지극하지는 못하여 보이는 이로 지극에 이를 감격을 하지는 못하였는지도 모르는 것이지만 나는 예전 보광불 때문에 일념이란 여인이 병자에게 자신의 고기를 일주일을 두고 매일 한 근씩 베어 팔아서 천금을 받아 그 돈을 모두 보광불께 예禮단으로 바치고 시심시불是心是佛이라는 간단한 법문 한마디를 얻어 듣고 곧 완인이 되었다는 그 이야기를 듣고 과연 감탄불이感歎不己하였지요.

나는 입산 후에도 정진이 잘 되지 않아 내가 무엇인지 알 수는 없고 어떻게 번민이 심한지 성불을 하거나 인간이 되거나 다 그만두고 차라리 소멸되는 도리나 있었으면 좀 좋을까? 그러나 물질이 불멸하는데 물질의 바탕인 진생명이 없어질 까닭은 없지 않은가! 마을에서 잘 때는 극단으로 절망할 때는 일체 포기의 자살이라는 피난처가 있는 줄 알고 안심도 할 수 있었지만, 죽지 못하는 원리원칙을 안 이때에 고민이야 말로 절정에 이르렀으니 참으로 숨이 막히는 일이 아닌가 하고 한없이 울어보기도 했지만, 그래도 사자굴이나 불구덩이나 뛰어들어가 '나'를 알 수 있다면 곧 뛰어들 수가 있었지만 일주일을 두고 매일 살을 한 근씩 베어내는 일은 견딜 것 같지 않으니까.

그 여자의 행동은 과연 지극에 이른 것이외다. 그 여인이 7근의 살을 베어내고도 죽지 않은 것은 생은 독립적인 창조성을 지닌 정신이라 육체에 의존하지 않기 때문에 육체는 정신이 만들고 버리고 하는 것임으로 정성껏 물질적 정신과 정신의 정신이 합치되는 때는 육체적 생사는 정신의 임의대로 되는 것이외다. 그리고 전체적 정신의 소유자로 나에 체달되지 못하였어도 신심만 견고하면 정신 하나로 어떠한 기적적 행동도 할 수 있는 것이 예수께서도 믿음이 겨자씨 하나만 하여도 이 자리로 태산을 곧 옮겨 온다고 말씀하셨다지 않아요.

믿는 마음이 곧 내 마음이라 내 마음의 다음은 일체의 창조주이기 때문입니다. 그리고 다시 말하지만 지극은 남김 없는 것이라서 나 하나를 남김없이 바치는 일이라. 바치면 일체 우주를 남김없이 얻어 우주적 행동을 하게 되는 것이요, 다 버려야 다 얻어지는 것인 원리이기 때문이지요.

다시 말하면 소아인 나를 바치면 대아를 얻는다는 말입니다.

어쨌든 그가 최후 시간에라도 자기를 다 버리는 지극한 후회를 할 수 있었다면 만사가 해결될 것인데 그리 못한 것이 유감이로군요. 지극히 후회가 된다면 죽어갈 길이 아득한 것조차 생각할 겨를이 없는데 따라 말길이 끊어진 적적한 자리에서 후회에 느낌조차 느낄 틈이 없을 텐데, 설지 않은 울음에 에누다리처럼 요령 없는 말이 무엇 그리 많았으면 죽어갈 길을 몰라서 쩔쩔매면서도 불쌍한 처자가 못내 잊을 수 없으니. 그러나 이 현실이 환幻인 만큼 전로가 망망하니 악도가 무서워하는 것도 망상이라. 다만 망상의 근본인 내 정신을 찾아야 할 뿐인 것을 알아 선정에 들 겨를이 없었으니 종교적 인식을 마지막까지 가지지 못한 것이지요. 그러나 평소에 양심적인 사람이었고 늦게라도 후회하는 마음만은 없지 않았고 생각으로 다시 불전에 귀의하여 자책하는 마음으로 고요하게 죽었으니, 내세에는 불법을 다시는 여의지 않게 벼랑에서 한 걸음 헛디뎌 향하일로로 걸어가던 사람이요, 또 사람이 죽어 사람이 되기가 백대 일도 안 되는데 믿을 수도 없는 일이지요.

그런데 내가 그 분 초재 때 지장보살님께 '불쌍한 영가를 잘 천도해 주십사' 하는 염원이야 없지 않았지만 아주 무념으로 절을 하는데 어째서인지 손등에서 난데없는 물방울이 구르는데 혼자 빙긋해지더군요, 하며 다시 빙긋하는 주희는 가벼운 한숨을 쉬며 인연 깊은 그와의 일막 희비극은 그만 끝이 난 모양이군요, 하고 고개를 들며 그러나 저러나 이런 급한 소식을 늦게 듣고 늦게야 들어왔으니 촌각이 아까운 내 시간인데, 하면 긴장된 표정으로 몸을 가누어 바로 앉으며 어쨌든 이런 전감前鑑으로 정신을 차려 정진에 더욱 힘을 써야할 뿐이오, 하고 담담하게 고개를 숙이더라는 것이외다.

나는 이런 이야기를 듣고 나서야 비로소 주희가 사랑하는 남편과 아름다운 가정을 버리고 출가한 곡절을 알게 되었나이다.

그리고 있어지고 없어지고 좋은 것, 언짢은 것이 분명히 보이는 일 곧 현전에 내가 재산을 많이 가졌다든지 무슨 상업이 잘 되어간다 하더라도 그대로 한 보조로 현상을 유지하기도 어려운데 눈에 보이지 않은 내 의식적 곧 내 마음대로 운용되지 않은 정신적인 일에 문하門下되기가 쉽지 향상되기야 얼마나 어려운 일이옵니까? 그래서 주희가 남편 되었던 것의 생전 지나던 일을 미루어 장래[사후] 일을 염려하는 말이 다 이해가 가는 듯

하오리다.

그리고 당신도 오랫동안은 아니지만 정신적 향상을 위하여 얼마나 내게 간절히 말씀하셨나이까?

그러나 그때 나는 당신의 일체 것을 사랑으로 합체화시킬 뿐이었나이다.

그렇게 된 위인이라. 지금까지도 정신이 바짝 차려질 만한 이 일을 보면서도 다만 놀라운 생각이 날 듯할 뿐 그저 정신이 먹먹하기만 한 것이 마치 어두운 산길에서 먼 데서 비치는 불빛을 잠깐 보고 다시 어둠에 잠겨버린 사람이 동행인을 잃고 이리 가면 태산이 가로막히고 저리 가면 구렁텅이의 험한 입이 벌어져 있고 아득하고 답답하여 헤매는 그 상태와 같은 이 정경을 당신의 눈에 한번 슬쩍 보여라도 드릴 수 있었으면 할 뿐이외다. 아마 사랑의 줄은 너무 억세고 내 마음은 너무 약한 탓인가 하나이다.

어쨌든 최후 승리자가 될 수 있는 강한 마음을 알아 얻은 인간은 자위일체自爲一切 곧 너와 남이 없는 '하나'를 이룬 인간이라 하셨나이다. 그러면 인생들이 성性이 성을 그리고 육이 육肉에 줄이어 애태우는 꼴들은 봄 꿩이 제 구슬픈 목소리에 서러워서 울다가 울다가 피를 토하고 죽는 것 같은 인생의 비극이외다 그려!

그러나 인간은 다 이 극중 인물인 것이외다. 그래서 석가불도 사랑의 길이 둘만 되었더라도 성불을 못 하였을 것이라 하셔다지 않았나이까?

야박하기 짝이 없는 애별고愛別苦를 참고 참아 성불하신 부처님 같이 나도 일시적 적막을 견뎌서 만겁에 외로움을 면해야 할 것이 아니오리까.

그리고 뜨거운 사랑의 반면에는 반드시 차디찬 적막이 숨어 있을 것을 왜 모르기야 하오리까.

그러나 마치 불빛에 불나방이 무더기로 쌓인 동무의 시체조차 눈에 보이지가 않아 불로 뛰어들어 제 몸을 태우는 것같이 나도 애욕에 눈이 어두워 무진한 삼악三惡의 험난한 전정을 헤아릴 길이 없나이다.

그리고 닭의 눈에는 금강석 한 개가 보리 한 알만도 못하다지 않나이까.

나는 지금 당신의 정 그 외에 성불 같은 것을 생각할 여유가 없나이다.

인욕忍辱도 할 수 있고 재욕財慾도 금할 수가 있지만 애착심만은 마치 졸음이 폭폭 퍼붓는 안타까운 그때 같아야 어쩔 수가 없으니 어찌 하오리까?

안 계신 그제도 안 계신 이제처럼 내 마음 빈틈없었던들 당신은 가실 길을 못 찾았을 것을.

아! 어쩌다 가셨던지 당신은 그만 가버렸으니 가신 뒤뜰에는 나의 기다림이 차서 넘치게 되고 초조한 나의 생각은 시간의 숫자와는 당치도 않게 길고 짧은 헤아림조차 잊어버린 아득한 시

일이 그래도 머나멀게 지난 듯 느껴지이다.

무엇에나 극에 이르면 끝장이 나는 것이 아니오리까?

기다림의 필두에 이른 내가 돌아올 마음조차 사라진 빈 보따리만 짊어지고 영 그만인 길을 떠나버리게 될지도 모르나이다.

그제사 당신은 내가 기다림으로 몸부림치던 빈 뜰 앞에 돌아와서 하염없는 덤불을 허우적거리며 눈물을 흘린들 날아가는 새들의 웃음거리밖에 더 되오리까?

아! 이제라도 좀 빨리 오셔 주사이다. 기다림으로 지탱해가는 이 숨소리가 끊기기 전에….

이런 넋두리 앞에 나타나는 현실은 당신이 꼭 보아야만 할 나의 편지가 책상에 수북히 쌓인 것이외다.

이 편지가 어느 때라도 당신의 손에 들어가 어루만져질 때가 있기는 있사오리다.

그때에는 당신도 인간적 감동심으로라도 한 줄기 동정의 눈물은 아끼지는 아니하올 것이외다.

그 눈물의 소개로 당신이 혹 회심이라도 되실까 하는 애달픈 희망으로 나의 실감을 샅샅이 적어 흐르는 물에 띄어 보내는 양 언제 어떻게라도 보내 볼 도리가 있을까 하고 써놓기는 하였나이다.

그리고 그 애달픈 희망을 이루는 날 이곳 이별의 슬픔이 다하는 날일 것을 미리 울어보는 아쉬운 나의 심경인 것이외다.

그러나 흐르는 물에 띄워 보내는 양 아, 아! 얼마나 막연하고 처량한 말이냐! 향하는 곳이 어디라는 것조차 알리지 않고 하늘 끝 땅 밑 어디로인지 달아나서 다섯 달째나 감쪽같이 자취를 감춰버린 야속한 그 사람이 그래도 잊어지지 않아서 이 안타까운 심정을 알려 볼 양으로 온갖 슬픈 사연을 다 적어는 놓았으나 어디로 보낼 데를 모르니…. 흐르는 물 백천만에 흐르는 냇물 강물 어느 흐르는 물에 띄워 보낸단 말이냐. 아! 이 얼마나 아쉽고 기막힌 말이냐!

정말 가랑잎에 부쳐서 날려야 하느냐! 비행기에 넣어 떨어뜨려야 하느냐. 아무래도 보낼 곳이 없지 않으냐. 주소도 모르는 이 편지를 천상, 지하 모든 배달부를 다 불러서 부탁한대도 전해질 길은 없지 않으냐! 보낼 곳이 없는 이 편지를…. 내가 미친 짓을 한 것이 아니냐….

나의 싱겁기만 하던 나의 가슴에서도 불이 후끈 치밀었나이다.

편지를 그만 벅벅 찢어버리고 싶은 것을 그래도 참고 구겨 뭉쳐서 내동댕이쳐버렸나이다. 편지는 미닫이 밑에 픽 쓰러지면서 구겼던 뭉치가 이리 저리 펼쳐버렸나이다. 편지는 아무 죄도 없건만 원망도 괴로움도 없는 표정으로 일으키기를 바라는 듯 가만히 누워 있었나이다.

나는 가엾은 편지를 더 학대하기가 미안해서 도로 끌어다 안았나이다. 나는 편지를 끌어안고 몸부림치며 흐느껴 울기를 마지않았나이다. 나는 편지를 끌어안고 운 그때처럼 끝없이 슬프기만 한 때를 천애에 고아로 부모의 상喪을 당한 때도 경험한 것 같지 않았나이다.

운다고 말릴 사람이 있나 동정할 이가 있나 싫어할 이가 있나 실컷 혼자 울다가 울다가 제 품에 지치니, 슬픔도 그쳐지고 눈물도 마른 듯 마음이 텅 비어졌나이다.

나는 우두커니 앉아서 어둠을 방위하고서는 각군의 미닫이를 물끄럼이 바라보다가 "반가운 사람을 맞아주고 보내주는 두 가지 책임을 한꺼번에 사면해 버릴 날도 있을 것이냐!" 하고 미닫이에게 묻게 되는 작년 봄 그때 생각이 슬쩍 떠오르는 것이외다. 그때는 그런 당치 않은 생각은 부질없이 왜 하나? 하고 스스로도 이상했던 그 생각이 '이제 와서는 정말 맞추고 마는구나' 하고 새삼스럽게 무상히 느껴지는 순간에 생각이 획 돌이켜졌나이다. 그날 당신이 믿지 못할 것은 세상 일이라 만난 기쁨이 가기 전에 떠나는 설움이 오는 것이니 이 기쁨에만 취하지 말고 오직 우리가 할 일은 '하나화'에 이르는 공부를 하여 봉별이 하나요, 애증이 둘이 아닌 법을 증득하게 되는 날 비로소 만나거나 떠나거나 사랑하거나 미워하거나 부동적 평안함을 얻는다 하였나이다.

어쨌든 나는 절망의 바위 끝에서 눈물의 바다에 빠졌던 그때에 비로소 당신의 말씀을 상기하는 데 따라 참으로 무상한 현실은 나의 피조적인 것을 알게 되니 당신에게 들은 온갖 말도 내 말뿐인 것을 알았나이다.

어쨌든 현실은 변화의 과정이라. 절대의 위인도 경국의 미인도 숨 한 번 들이쉬고 내쉬지 못하게 되면 백 년이 다 못 가서 그 무덤 위에 논밭을 갈게 되고 논밭을 갈던 소 사람도 필경畢竟은 논밭으로 화하는 날이 있고야 말 것이 아니오리까?

논밭 또한 무너져 늪이 될 날도 그러면 장래는 아닌 것이 아니오리까?

과거는 흘러갔고 현재도 자꾸 흐르고 흘러오는 미래와 합류되어 흘러가버리고 남김없이 이러한 허망한 윤회輪回라는 수레바퀴에서 인생은 돌고 도는데 무엇이 실實답다고 나는 당신을 놓지 않으려고 몸부림을 친 것이오리까?

볼 수 있고 상상할 수 있는 것은 모두 변하고 천류되는데 정이 어찌 그대로 있으리라고, 그것은 완고한 줄로 믿고 의지하였던 것이오리까?

나는 그것을 모르고 당신만 믿는가 대들보가 부러지면 집이 무너지듯이 당신이 떠나는 날 나는 온갖 희망으로 더불어 절망의 바다에 잠겨버리게 되었나이다.

그러나 환멸경還滅境이 다하면 진실경眞實境이 나타나는 것이외다. 현실이 허망하지만 현실 생활은 영원의 순역으로 포기할 도리는 없는 것이 원칙으로 되었나이다. 다만 현실의 애착으로 일어나는 고뇌를 면하게 되는 법, 곧 현실의 근본인 안전지대를 찾아내는 것이 진실경이외다. 진실경을 발견하는 데는 오랜 시간을 요구하는 것도 아니요, 종교 교리에만 의지하는 것도 아니요, 꼭 정한 무슨 법칙이 있는 것도 아니외다. 다만 언제나 정신없는 것이니 이 정신의 반면인 털끝 하나 남지 않은 전정신에 체달하면 그만이외다. 나는 믿을 데도 없고 의지할 데도 없는 이 절망의 바위 끝에서 눈물 삼매에 들었다가 한 걸음 더 나아가 마음이 단일화하게 되어 비로소 세정을 단념하고 이 정신의 정체 곧 '나'를 발견하는 법을 따라 전력을 기울여 보려는 생각을 결정하게 된 것이다. 결정하고 나니 우주가 그래도 하나라. 현실은 나의 몸이요, 현실의 육체 본질 곧 면목이 나타나지 않은 현실은 나의 정신이라는 것이 명확해졌나이다. 아, 아, 이런 묘한 도리가 아니었다면 내가 스스로 만들어 놓은 그 사랑의 쇠사슬에 얽혀가지고 세세생생의 한없는 고생을 받았을 것이오리까? 전화위복이라더니 이렇게 된 경우를 말한 것인가 하나이다. 만일 내가 당신과 더불어 즐거운 가정이나 꾸렸더라면, 믿지 못할 세상일이라는 것도 순일한 정신으로 돌아갈 기회를 얻기 어려웠다면, 정진하기 더욱 어려웠을 것이 아니오리까? 음식은 육체를 살리지만 정진은 정신으로 육체까지 살리는 참된 식량 아니오리까? 그러나 지금 내가 말하는 이 인식이 어느 정도까지는 가져진 것은 스스로 모르나 사람은 정신을 떠나서는 진생명이 살길을 잃어버리는 줄을 알았나이다. 그래서 지금 우선 한가한 마음으로 정진할 수 있게 된 것을 기뻐할 뿐이외다. 이것이 당신이 주신 크나큰 선물이외다. 다 이룬 다음에는 더 크나큰 감사를 드리겠나이다. 나는 '득소위득得小爲得'해서는 안 될 것을 아나이다. 곡종穀

種을 심어 가꾸어 거두기까지 노력은 가치 있는 것이지 김을 매다 그만두거나 다 익은 후라도 거두지 않으면 중간 노력은 헛노고에 지나지 않는 것같이, 완성이 되기 전에 만족을 느껴 그만 둔다면 본래 우매한 중생과 마찬가지로 생사고를 못 면할 것이 아니오리까?

그래서 나도 곧 주희 씨와 같이 견성암 중이 되려 하나이다. 더구나 그곳은 도량, 도반, 도인이 계신 원만한 수도장으로, 만공 대선사가 계시다 하나이다. 지금은 바람이 혼자 잠이 오지 않는지 사르르 숨소리를 내며 캄캄한 밤 골목을 거닐 뿐 군밤 장수의 외치는 소리까지 끊어졌나이다. 눈이 반반해져서 이왕 잠이 오지 않을 바에는 우선 이 무상의 기쁜 소식을 곧 천하에 알려야 하겠기에 원력을 세운 노래를 불러보겠나이다. 나는 노래를 부릅니다. 나의 노랫소리에 시간의 숫자와 공간의 한 자도 그만 녹아버립니다. 나는 나의 노래에 절대 자유를 위하여 노랫가락의 고저와 장단을 맞추는 아름다운 구속도 사양하였나이다. 그저 내 멋대로 나의 노래를 소리 높여 부를 뿐이외다. 나의 노래는 슬픔을 품고 기쁨을 돕는 서정시도 아니외다. 더구나 착한 것을 권하고 악한 것을 말리는 교훈의 글도 아니외다. 그렇다고 하늘 사람의 거룩한 말씀이나 지하 사람의 고통의 부르짖음도 아니외다. 그리고 나의 노래를 찬양하거나 뜻을 안다는 이가 있다면 그것은 나의 노래에 흠점을 낼 뿐이외다. 그러면 석가불도 모르는 우주의 원리원칙을 들먹거려 보려

어느 수도인의 회상

느냐고요. 그런 망발의 생각을 할 리도 없나이다. 다만 유정, 무정이 일용하고 있는 백천삼매百千三昧의 묘구 그대로 읊조릴 뿐이외다. 그래서 썩은 흙덩이나 마른 나무 등걸이라도 나의 노래에는 감응이 있게 되나이다. 허공이 너무 느껴지는 바람에 비가 눈물을 그치고 바람이 웃음을 멈추게 되나이다. 끊임없이 요동하던 파도는 바쁜 걸음을 멈추고 우주적 게으름뱅이 평평한 대지가 다 궁둥이를 들먹거리나이다. 천상에서는 주야로 그치지 않던 환락적 음악 소리가 제무렵에 부끄럼 자지러지고 지하에서는 간단없이 지옥 죄인을 때려부시는 그 채찍이 넋 잃은 사자의 손에서 슬그머니 떨어져 버리나이다. 그러나 부르는 장소가 시장이외다 그려! 싸구려, 비싸구려 장사치들이 대지를 흔들어 넘기는 그 소리에 나의 노래는 저기압에 눌린 연기처럼 사라지기만 하나이다. 마치 밑 빠진 항아리에 물을 길러 붓는 것처럼 지니지도 못하는 노래이지만 그래도 나는 더욱 소리 높여 부를 뿐이외다.

밑 빠진 항아리에라도 언제까지나 물을 길러 붓기를 그치지만 않는다면 필경 물이 대륙에 스며 넘쳐서 밑 빠진 항아리까지 차오를 것이 아니오리까?

나도 나의 노래를 세세생생에 불러서 삼천대천세계에 차고 넘친다면 나의 노래는 하고야 말 것이 아니오리까?

아, 아, 나는 그저 소리 높여 내 노래를 부를 뿐이외다.

나의 등뒤에서 시계가 세 시라고 소리 질러 알려주나이다.

세속에서는 때가 한창 쉴 때이기에….

허공의 숨소리까지 그쳤건만 어느 절에서나 날마다 이 세 시에는 일어나야 한다고 당신이 말씀하신 적이 있었나이다.

재작년 여름에 금강산 표훈사表訓寺에서 내가 하룻밤 잘 때에 그 절에 노스님이 유화한 목소리로 세 시에 '석釋'을 하고 소리에 몹시 감동하여 드러누웠다가 황송해서 몸이 몹시 피곤했지만 일어나서 읍하고 앉아서 듣던 일이 기억에 나타나나이다.

따라서 고요한 새벽에 가만히 앉아 정진하고 계실 줄로 상상되는 당신의 모양이 그 전에 구경한 생동감 있는 모습으로 내 눈에 스르르 떠오르나이다(어떤 여인과 쌍으로 앉았는 듯).

그러나 내게 그렇듯 정을 느낄 줄 알던 당신이 어떤 여인과 동반을 하여 가셨다면 나를 버리고 깊은 산속에까지 떨어지지 못하고 동행하는 그 여인에게 얼마나 애정을 깊이 느낄 것이오리까?

그렇다면 오롯이 정진은 아니 될까 오히려 동정同情이 되나이다.

그러나 이 동정이란 애인의 결혼식에 결혼 축하 선물인양 애달픈 자기의 정회를 실어 보내는 가엾은 꽃다발은 아닌 줄을 잘 아시오리다.

어쨌든 눈물을 흘리며 '펜'을 들던 엊저녁 때와는 딴 감정을 가지게 된 나인 것만은 사실이외다.

나는 이때 나의 이 경험으로도 마음 하나도 생사고락을 임의로 할 수 있는 것을 알게 되었나이다.

그리고 생존의 책임은 반드시 스스로 가져야 하는 정칙을 모르기 때문에 현실 생활의 표준이 명확하지 못하였던 만큼 생명이 험열함과 그 결의와 피의 법도를 알 길 없이 지나던 철없던 나의 일은 얼마나 위험한 것이었나이까?

이제 잠깐 사이에 나의 딴판으로 갈린 이 감정면을 실연의 애끓는 모든 남녀에게 보였으면 하나이다.

다시 말하면 한 생각이 일어나면 생사고락과 피차와 남녀의 분별이 생겨지는데 피차라는 경계선에서는 독처에 대립이 생기고 남녀라는 성별경에는 대하는 것마다 성을 범하게 되는 것이외다.

어쨌든 우리가 다겁, 다생으로 살아오는 동안에 누구와는 부부가 안 되었을 것이며 무엇하고는 인연을 아니 맺었나이까?

그러니 마주서면 인연이요, 돌아서면 이별로 담담하게 살아가며 네 부인, 내 남편, 하고 다툴 것도 없고 잊네, 못 잊네 괴로워하지도 말고 자유롭게 지냈으면 인생이 얼마나 평화한 생활을 하게 될 것이오리까?

천상인들은 애착심이 없기 때문에 애정적 교환이 교환되는 그 시간 안으로 결산되고 만다 하나이다.

그러나 애욕과 소유욕, 명예욕이 굳센 중생계에서는 사랑 때문에 고와 다툼은 끊어지지 아니 할 것은 사실이외다.

다만 사랑과 미움이 둘이 아닌, 성性과 성性이 본래 하나인

'나'에 체달해야 할 뿐이외다.

나의 체달만 되면 사랑하거나 미워하거나 천상인이 되거나 지하 중생이 되거나 탈선되지 않는 독립적 생활을 하게 될 것이 아니오리까?

이렇게 사는 것이야 말로 대아적 생활을 말하는 것인데 먼저 소아적 내가 털끝 하나 남지 않고 다 소멸돼야 할 것은 사실이 아니오리까? 우선 살아서 이 육체와도 남이 되어야 할 것이 아니오리까?

그러나 이 현실이 아무리 환멸경이라 하더라도 우리가 영원히 무궁하게 현실생활의 반복을 계속하여 살아온 것은 사실이니 이 복잡다단한 생활에 젖은 그 습기를 그리 쉽게 해소시킬 수 없을 것이외다.

그러니 우리가 얼마나 애를 써서 정진을 해야 할 것이외다.

밤은 다 새었나 보외다.

어떤 큰 어둠이라도 내 눈앞에 닥쳐도 당당한 기세로 군림하였던 전등불의 눈빛도 희미해지나이다.

모든 생의 움직이는 이런 저런 소리도 들려오나이다.

나도 펜을 놓고 나의 새날을 맞이해야 하겠나이다.

오늘은 내게 천재일우에 처음 오는 새로운 날이외다. 부활한 인생의 초발족의 자리외다.

무량수로 지나간 생활에서 나는 자업의 술모로 인하여 얼마나 많은 희비고락을 겪었는지는 모르지만 그 모든 생활에 화장

식火葬式과 함께 금생에서 당신이 주신 양극단적 생활, 곧 만나서 무척 기뻤고 떠나서 실컷 슬펐던 그 살림의 영결식도 오늘 같이 치러버리기로 하였나이다.

동시에 무궁한 내세를 개척하기 위한 출발일도 또한 오늘 이 시간으로 정한 것이외다.

우선 길 떠나기 전에 준비[적연불매寂然不昧하게 정진해감]를 갖추고 나서게 되며 만족감을 흐뭇하게 느끼나이다.

세속에서는 웬만치 전일한 정진으로 하는 일은 다 정진이라고 하지만 이 정진은 그런 류의 정진이 아니외다.

생각이 끊어지고 말길이 딱 막힌 상상도 허락지 않는 성성한 무념처에서 자성을 발견하려고 애쓰는 정진이외다.

어쨌든 일체 우주는 '나' 하나뿐이니 부분적인 굳은 살[실성]의 생활을 돌 내 본체 곧 우주적인 내 육체의 혈액과 신경이 고루 통해질 그 공부[정진]를 하여 토목 사석까지 함께 웃고 울며 살아가야 하지 않겠나이까?

그래야 성[견성]한 사람 노릇을 하게 되는 것이 아니오리까?

어쨌든 누구나 회광반조回光反照, 곧 생각의 반면을 살펴보면 '나'는 기어이 발견되는 것이 아니오리까?

이제 당신은 나를 버려도 좋습니다.

취해주신대도 싫지 않을 따름이외다.

지금 당신이 당장 나타나신대도 놀라게 반가울 것도 없나이다.

그리고 당신이 길이 오지 않으셔도 나는 울지 않을 큰 아이가 되었나이다.

지금 나는 당신의 애인도 동지도 될 자격이 이루어 졌다는 자신이 생긴 때문이외다. 그리고 만나고 떠남은 둘이 아님을 알았습니다.

더구나 나는 당신에서부터 인천人天에까지 스승이 될 만한 희망의 장래도 기필하는 것이외다.

나는 부처님이나 하느님의 존재 전 존재인 일찍 사람 곧 중[승]이 되기로 하였나이다.

사람 인人 글자에 일찍 증曾이 합친 중 승僧이라는 글자는 일체의 존재 이전 창세 전 사람으로 인천의 스승이라는 뜻인 것이 아니오리까?

일찍 사람은 존재 전에 정신이 같은 어진 인간이외다.

중이 못된 존재한 인간으로도 생활이 시작되기 전에 정신이 갖추어져야 참 인간이외다.

더 크게 한 번 외치나이다.

"백 년의 교육이 한 생각 돌리게 하는 것보다 못하다고!"

생각이 곧 일체라 남김없이 다 돌리면 즉석에 '대아'를 이루고 조금만 돌려져도 이만한 쾌감을 느낄 수 있습니까!

아 아! 생각을 조금만 돌려도 내 세계는 이렇게 크고 넓은 것을 내가 시공화되면 내가 이제 하늘을 향하여 땅이 되어라 하면 하늘이 땅이 되어 내려와 엎드릴 것이요, 땅에게 하늘이 되어라 하면 땅이 금시에 기운으로 풀려 슬슬 하늘로 올라갈 것이요, 방향을 틀어 동을 서로 만들고 북을 남으로 변하게도 할 것이외다.

그리고 내가 살고 싶은 세계라면 내가 앉은 이 자리에서 곧 천당이고 지상이고 건립이 될 것이며, 내가 남녀든 무슨 성을 가지든지 하늘이나 창공까지고 내 성의 대상이 되어 성에 맞추어 음양에 응하여 줄 수도 있는 것이외다. 다시 말하면 생각하지 않는 곳에 욕구적 자료는 남김없이 다 갖추어 있기 때문에 생각의 임의로 일체의 것을 현실로 쓸 수 있는 것이외다.

내가 상상할 수 있는 한계 내에서는 무슨 엄청난 말이라도 할 권리가 있고 말은 현실이라 어떤 어마어마한 일이라도 현실화할 능력이 내게 있는 것이외다.

거짓말이란 이 사바세계에만 있다 하나이다. 천상계에는 말과 실현의 시간과 장소가 어긋나지 않기 때문에 거짓말을 모르나이다.

우주가 곧 나니 만유가 나 밖에 다를 것이 없기 때문이외다.

어쨌든 중생은 자기가 각양의 형구를 갖추어 놓고 자기를 때리면서 형구가 벌을 주는 줄 알고 충천의 원망으로 몸부림치는 것이외다. 나도 그중에 한 여인임을 비로소 알았나이다.

이런 유치한 이야기를 늘어놓는 것은 우리 중생은 하잘 것 없는 일에도 인간은 불가능한 일이라고 하면서 어떻게 해볼 도리를 찾을 생각도 없이 그 구속 아래에서 부자유하기 짝이 없는 생활을 하는 것을 설파한 것뿐이외다.

다만 내가 나를 찾아 내 생활을 하는 데에 인간이라는 의의가

서는 것이외다.

소아적 나를 아주 소멸[전무화]시켜 대아[만능적 자아 곧 전우주]를 증득하여야 할 뿐이외다. 다 버려야 다 얻어지는 것이 우주적 원리 원칙인 때문이외다.

어쨌든 내 상상이 현실이요, 실제요, 존재인 까닭에 일체능을 가진 것이 인간이 아니오리까. 이렇듯이 자유자재한 나를 버리고 내 스스로 한 여성이 되어 막다른 골목에 고개를 처박고 당신이라는 한 남성을 피나게 부르는 그 실성한 짓이 얼마나 우스웠습니까?

내가 곧 당신이요, 당신이 곧 나인데 내가 나를 부르며 헤매는 실아失我의 모양은 또한 얼마나 가여웠으리까?

만일 한 생각 돌릴 길이 없었다면 일부분인 정신이나마 탈선이 되어버릴 날까지 있을지도 모르는 일이 없나이다.

이 육체적 생활의 일막적 생활이 잘못되는 일도 적은 일이 아니라는데 하물며 이 일막의 연장이 불가사겁으로 오고 오는 내 생활인데 그 생활의 시작이 잘못되는 일이 얼마나 어마어마한 각험却險이오리까?

내 생각 한 털끝 사이에 행불행의 두 갈래의 길이 펼쳐져 영원화해버리는 무시무시한 판이 아니오리까.

없어지지 않는 것이 있는 것이 아니외다. 움직인다고 산 것이 아니외다. 있다는 가치표준은 힘이 있고 삶이란 생사적 자유인 정신의 움직임인데 나는 남이 볼 수 있고 내가 움직이는 산 인형이었나이다.

아아! 한 생각 돌리게 한 당신에게 나는 어떻게 보은을 해야 하오리까?

다만 보은할 만한 인간이 되어야 할뿐이외다.

보은할 만한 인간이라야 은인에 보은을 하게 되고 남의 부모, 자녀, 국민으로도 책임을 다할 수 있는 인간 곧 인간적 사명을 완수할 수 있는 완인이 되는 것이 아니오리까?

그러므로 나는 보은할 만한 완전한 인간, 곧 내가 나를 회복[부활]한 자유로운 인간이 되기 위하여 미래세가 다하고 남도록 정진과 노력의 쌍수적의 길, 곧 인생의 정로에만 매진할 것이외다.

병신년 4월 28일 견성암에서

[20여 년 전 일의 상기想起]

11
살활의 검을 내리소서

———

반환된 선물을 안고서

30년이 훨씬 넘은 그때 가깝게 생각하면 하룻밤도 지나지 않은 방금 전의 일 같고 멀리 생각하면 까마득한 그 옛날에 스님과 나는 이미 결혼 생활의 맛까지도 본 중년의 남녀였건만, 소년 소녀 이상으로 순진하고 열정적인 사랑, 우주화한 애정에 잠기게 되었던 것입니다.

그러나 그것은 이미 지나간 추억일 뿐 이제 와서는 스님은 초연한 성모 나는 세속에서 공연히 분주한 평범한 남자입니다. 그래도 나는 장차 성불하려는 원력 아래에서 스님께 합장하고 기도를 드리는 모습으로 한바탕 푸념이랄까 하소연을 해볼까 합니다.

스님과 이별한 지 30여 년간은 영생적 시간에 비교하면 가장 짧은 한 토막의 시간에 불과하지만 근시안적인 범인인 나의 감각으로는 퍽이나 오랜 세월로 느껴집니다. 그러나 그리도 오랜 시간 중에서도 내 편에서는 스님과 공간이 없는 생활을 계속하였습니다.

이제는 스님 뒤에서 하는 행동이 전면화되었으니 그만 다 털어놓아 버리겠습니다. 24년 전에 부산 시내에 아담한 암자를 새로 지어 놓고 스님을 입승[선방에 입법권자]으로 모시러 사람을 보냈던 이도 나였고, 3년 지난 후에 정심행正心行이란 보살을 보내어 일련사一蓮寺로 오시면 병약한 몸을 치료해줄 의원까지 청해 왔었다고 하던 이도 나입니다. 그 보살에게 스님만 모시면 사중 생활비 일체는 내가 대준다는 조건부였습니다.

그 후 4, 5년이나 지났을까? 그때 대전에 볼일이 있어 갔던 길에 예산군에 있다는 수덕사 견성암까지 가려다가 그만 돈 30만 환만 무기명으로 부치고 말았던 것입니다.

스님은 스님의 스님이라는 만공스님이 '성품이 백련白蓮같이 되어 세속에 물들지 않게 될 때까지 덕숭산 아래를 내려가지 말라'는 수계문受戒文을 받았다고 하시면서 마음으로 하는 정진은 업력[흔력]에 눌려 임의로 못 하지만 마음대로 할 수 있는 행동은 가고 오는 일까지 선생님의 하라는대로 하지 않고서야 제자라고 할 것이 무엇이냐고 하더라는 말을 듣고는 인정적인 나의 힘으로는 스님의 행동에 간섭하지 못할 줄 알고 스님을 못 잊어 사라지지 않는 아픔을 지긋이 참고 20년간을 지내왔습니다.

20년이란 짧지 않은 시간도 소위 사업이라는 다단한 일에 긴

장된 정신이 일일무수래의 진도盡度를 가파르게 보내 주었습니다. 스님은 칩거적 인물이건만 많은 사람의 화두 거리로 되었기 때문에 늘 깊이 여겨 듣고 장차 구세주가 되시길 하고 빌 뿐이었습니다.

지난달에는 대구 지사에서 사원들이 출장 나갔다가 견성암까지 가서 스님을 만났는데, 그 선원은 기본 재산이 없어 좀 곤란하게 지내는 모양이라기에 그 선원을 위하여 스님과 연락만 된다면 장래 어떤 보좌라도 해드릴 생각을 했지만 우선 약간의 돈을 부치면서도 반환될 예감을 하게 되었습니다.

과연 반환되었습니다. 아주 소식을 끊은 때에 비교하면 훨씬 반가운 일입니다. 더구나 마음을 써서 보내신 포교문은 문서로도 보물로 삼고 간직하겠지만 그 뜻을 아주 깊이 깊이 명심하겠습니다.

나는 지금 떨리는 손으로 스님의 편지를 몰아적 정신으로 읽고 있습니다.

의외에도 선생의 편지를 손에 들게 될 때 30여 년 전에 선생을 여의고 몹시 슬퍼하던 그 어느 여인 곧 이 중의 전신이 옛날에 본 활동사진 장면에 나타나는 비극의 여배우같이 내 눈앞에 떠오르게 되어 무서워졌습니다.

보내신 천표백만 원은 신심으로 주는 시주의 돈이라면 얼마나 반갑겠습니까. 지금 이 선방에는 백 만원은커녕 만 원, 천 원도 퍽이나 필요합니다. 납자[결사乞士]들의 집단이기 때문입니다. 그러나 정신은 자족을 얻은 당자當者들입니다.

선생은 상속받은 많은 재산을 더욱더욱 많이 늘여 다면적인 자선적 사업가로 사회, 학교, 고아원, 암자 등을 설립하며 각 기관의 내외부면의 일을 몸소 지배하고 계신다는 말을 들었습니다.

그러나 스님의 사업이란 우주적으로 보아 창명滄溟의 일소계류一小溪流에 비교할 수도 없는 가장 작은 한계 내적 사업입니다.

더구나 정신적 수입인 사업이 밑천을 장만하지 않는 사업은 생산이 없는 당자의 파산적 비운 같은 말로가 닥치게 됩니다. 여하튼 사업비는 미리 장만되어야 합니다. 사전의 일을 다 해놓고 사후의 일이 시작되는 것이 일의 순서가 아닙니까?

인간적 사업은 우주적입니다. 우주가 내 소유[실實은 자체]요 내 사업의 장소이기 때문입니다.

사업을 어디에 근거하여 할 것입니까? 사업적인 일체를 다 잃어버린 인간이….

우선 먹을거리인 쌀을 먼저 장만하여 놓아야 밥을 짓게 되는 것같이 내 소유부터 찾아놓아야 할 것이 아닙니까?

우주는 공유물이라서 벌레도 허공도 소유권을 가졌습니다. 존재적 가치기준은 자신의 소유를 다 찾아 쓰는 존재에 서게 된 것입니다. 인간이 최귀하다는 것은 그 점에 있습니다. 우리는 인형만 가진 인간급에 겨우 들게 된 인간입니다. 우리도 내 소유를 다 찾아 인간 노릇을 하게 되어야 할 것입니다.

이 선원은 인간이 되려는 공부 곧 정신을 수습하는 정진을 하고 있습니다. 이 정신이란 희로를 느끼는 물질적인 이 정신이 아닙니까?

이 육체와 정신의 주인공인 창조성입니다. 언어가 끊어지고 마음을 향할 곳이 없는 무형한 존재이기 때문에 '무無라, 공空이라' 합니다.

이 선원 안의 일원인 나는 대중으로 더불어 우주가 각자적인 내 소유임을 확인하고 찾을 수속을 밟고 있습니다. 여기에는 그 수속을 밟으려고 집단되어 있습니다. 이 수속은 종이라는 바탕도 글자라는 표식도 없는 무인無印, 무일자無一字의 문서입니다. 종이와 글자가 아닌 무념, 무상입니다. 앞뒤 생각이 아주 끊어져버린 성성 적적한 시간, 곧 시공의 제재를 받지 않는 시간을 얼마라도 마음대로 가질 수 있으면 우선 수속은 끝이 난 것입니다.

일심불란一心不亂하여 생각이라는 생각까지 끊어진 우주화한 무념으로 일주일만 계속할 수 있으면 그 자리에서 한 생각[상기 곧 각覺]이 일어날 때 우주는 내 것이 됩니다. 이때가 대승경大乘境에 이른 때라 어떤 몸으로 어떤 생활, 무슨 행동을 하던지 탈선되지 않는 완인으로 독립적 생활을 하게 됩니다. 비로소 인간이 되어 인간적 생활이 개막이 됩니다.

여하튼 한 생각이 일어나기 전 일체 생각의 근본을 알아 얻어야 합니다.

상기 전 생각[물체 전 행동력]은 형상이 없기 때문에 물에 젖지도 않고 불에 타지도 않기 때문에 고락과 생사에 걸림이 없고 우주가 다 무너져도 홀로 남아 분명하고 무량수적 원천이기 때문에 누구든지 언제나 얼마라도 취하고 얻어도 줄어짐이 없습니다.

이 무진無盡의 '화수분'이 각자적 내 것인데 내 것이라는 것도 오히려 거리가 면소됩니다. 나 자체입니다. 그런데 우리들이 망상을 일으켜 온갖 것을 구하려 외계로 헤매다가 멀고 먼 험지인 여로에 헤매는 것입니다.

우리는 실성한 인간으로 내 집을 버리고 해독을 입히려고 하는 무서운 존재가 들끓는 무서운 산과 들로 헤매었다는 것을 알게 되면 되돌아서야 할 것이 아닙니까? 나는 그 일을 알고 27년 전에 단연히 입산하여 돌아올 노정기路程記를 배우고 있는 것입니다.

나는 물 냄새를 맡은 사슴이 물이 있는 곳으로 곧바로 가는 것같이 갈 방향은 알게 되었습니다. 그러나 아직 눈이 떠지지 않습니다. 소경이 '너는 소경이다' 하는 증명을 남들이 해주고 스스로의 지각으로 자증하는 증명을 하게 되어 자기가 소경인 줄 확인하는 것같이 나는 소경인 줄은 알았습니다.

생생무수래의 생을 눈이 멀어 어떻게 살아갈 것입니까?

다함이 없는 순역자가 길을 모르고 어떻게 갈 것입니까?

눈이 밝아지고 길을 알게 된다는 일이 곧 나인 우주의 창조성을 찾는다는 말입니다. 이 창조성이란 나라, 우주라하는 생각의 반면이라 알 것도 없고 찾을 것도 없고 갈 것도 올 것도 없는 이 생각이라. 이 생각의 반면은 이 생각과 떨어져 있는 것이 아니기 때문에 이 자리, 이 시간을 여의지 않은 것입니다.

그러나 우리가 망상으로 알기와 가기를 익혀 쌓은 것이 누겁다생에 연장으로 이에 이르렀기 때문에 모르는 데로 돌아서는 것으로 다시 익혀야 하는 것을 수속手續이라 합니다. 곧 생각 생각을 소멸시켜 무상無想에 이르러야 합니다. 모를 줄 알고 찾을 것이 없어져야 합니다.

미궁에 들기 시작하면 그 속이 보여질 때까지 번뇌가 끊어지지 않고 의심의 길이 다 가기 전에는 마음을 놓을 수 없는 것입니다.

모를 줄을 알아 맞히는 때인 무념경에 이르면 일체 존재의 빈 바닥 곧 이 찰나만이 일체임을 알게 됩니다. 그때가 무를 증득한 때인데, 거기서는 백천경계百千境界에서 일체화의 작용을 하게 되어 무슨 일, 무슨 요구든지 자재하게 됩니다. 뚝 떨어진 현실입니다. 이 눈앞에서 증명되지 않는 일은 완전한 해결법이 아닙니다. 무지만 채취한 민도대로 현실화시키게 되기 때문에 부처님이 부인한 의심나지 않음이니 누구나 무슨 일이나 명백하게 내가 알아볼 일인 것입니다.

그러나 우리는 그 일들[현실화]이 다 망상의 소작임을 알았을 때 비로소 자족함을 느끼는 당자가 됩니다. 이 선원은 이 자족인의 집단이라 항상 넉넉한 생활을 하고 있습니다.

가난에 쪼들리는 선생이 당자인 우리를 동정한다구요?

나는 나의 돈 백 만원을 희생하여 선생의 반조反照를 기다리겠습니다.

감사함을 느끼면서 묘의妙意로 도로 보냄을 헤아리시기 바랍니다.

견성암見性庵 비구니比丘尼 일엽一葉

얼떨결한 정신으로 단숨에 스님의 편지를 다 읽어버렸으나 첫 줄에 나를 여의고 몹시 슬퍼하던 그 어느 여인이라는 그 한 마디 말에 스님의 검푸른 호수 속 같은 눈에서 눈물이 방울방울 이어 떨어지는 모습이 금시에 내 목전에 나타나기 때문에 스님의 눈물과 합류적인 눈물이 내 가슴에서 끓어오름을 느껴서 설법의 뜻을 알아볼 길이 없었습니다.

그러나 그 슬퍼하던 여인은 스님의 전신의 일이라고요? 그 후신인 지금의 스님은 나와 아무 관련성을 가지지 않으셨단 말씀이지요. 그러나 전에 구경한 기억이 있음도 나와의 이어져 있는 무엇이었기 때문입니다. 그러나 그보다도 스님은 스님의 전신이라는 몹시 슬퍼하는 그 여자, 나를 길이 원망하는 그 여인이 되어주셔요!

나는 이제 아주 몹쓸 놈이 되어도 좋아요. 용서 못할 죄인이 되고 싶어요. 그리하여 엄연한 여왕 앞에 결박된 몸으로 꿇어 엎드려 사죄하고 싶어요!

지금 내게는 스님의 법상에 높게 앉은 성녀보다 차라리 흰 머리를 내 가슴에 기댄 범속의 할멈이 되어주셨으면 얼마나 좋을까요. 몹시 슬퍼하는 스님의 전신은 불쌍하면서도 오히려 극적인 운치가 있지만 지금의 스님의 성상은 불쌍하니 외로우니 하는 그런 속된 말은 감히 못 붙이겠지만 신비로운 고독상이랄까. 어째 내게는 눈물에 자료가 좀 더 되는군요. 더구나 나는 스님과 오래 떨어져 있는 동안에도 내가 스님을 배반하는 행동 곧 부모의 권하시는 대로 어떤 처녀와 약혼하느라고 이 주일이나 소식을 끊었다가 스님을 만났는데, 스님은 그 동안에 당신의 몸이 몹시 불편하여 못 오시나 하여 관세음보살 관세음보살만 불렀다고 했습니다. 그러고는 누가 선생이 약혼하였다고 하기에 되지도 않는 말 말라고 하였다고…. 나를 아주 의심할 여지없는 사람으로 믿고 나의 사랑을 더구나 조석변적 애정을 놓아두지 못할 유일의 보물을 혼자 맡고 있는 듯이 하는 순진의 극에 이르는 여인인 스님을 배반한 나는 스스로 죄적 회심으로 20여 년간을 가슴의 쓸쓸한 한 뭉치가 풀어지지 못하여 스님을 만나 사죄의 태도로 스님의 눈치를 바라보면 스님은 모른 척하고 슬쩍 지나가버리던 것입니다. 스님과는 과거세에 오래오래 인연을 맺어왔던 탓일 것입니다.

그러다가 이번 스님의 편지에 몹시 슬퍼하던 여인이라는 그 한마디가 아직까지 못하고 있던 노여움에 크나큰 자극을 준 것입니다.

그러나 무상법을 증득하려는 지성녀인 비구니를 타락시키지 않겠다는 양심은 있습니다. 청정비구한 사람을 파계시키는 죄가 수미산 높이까지 간다는 말씀도 들었습니다.

속녀로도 그리 너그럽던 스님이 지금은 더구나 자비경慈悲境에 계시니 30년을 옷 끈을 풀지 않고 정진하며 깨끗하게 수양한 몸과 마음에 모독을 준다고 거리낄 스님은 아니지만 속정적 실감을 털어 성좌에 드리게 된 일은 죄송하지 않을 수 없습니다.

다만 노老 오물汚物의 가슴에도 이런 맹렬한 정열이 잠자고 있었던가 생각하면 스스로도 의외일 뿐입니다.

사실은 아내와 사별한 지 5년이나 지났는데 재혼하라는 이들이나 추파를 건네는 여인 무리도 있었습니다. 그러나 인생선로에 해가 이미 저물었으니 빨리 귀향(후생사後生事를 위하여) 하겠다는 생각으로 대자모이신 관세음보살, 관세음보살, 고성염불을 하고 있습니다.

생전에 해온 염불로 모아 온 정신력이 목적지에 이르지 못한 과도기적 발작증을 일으킨 줄 알지만은 치료 기간이 좀 걸릴까 합니다. 스님이 계신 그 산에도 남선방男禪房이 있다니 달려가고 싶으나 스스로 억제하고 어느 고요한 곳에 가서 여년은 사의 대비에 힘써야 하겠습니다.

더구나 스님과 영구적으로 여의지 않는 경지에 이르면 스님이 걷는 정로를 같이 걸어야 할 것을 알았습니다.

스님이 내가 가서 수양할 장소 하나만 지정하여 주세요. 그 장소는 스님의 정신을 받은 스님의 장소가 연장된 스님의 자리라. 그 장소에 내가 가서 앉으면 스님과 같은 장소에 앉아 공부하는 것이 아닙니까. 관세음보살, 관세음보살 부르는 것이 일엽 스님, 일엽 스님 불러지더라도 심구心口가 상응하게만 되면 관세음보살 일엽 보살, 이 보살이 하나화한 무념경에 이르게 될 것이 아닙니까.

그때가 우주를 찾을 수속이 마쳐진 것이요, 영생적 살 채비가 된 것이요. 그때는 안심하고 무궁한 살림을 살아갈 수 있을 것입니다.

스님은 살활殺活의 검을 나에게 내리신 것입니다.

12

영원한 삶의 밑천

—

공으로 돌아가라

"천상천하에 오직 나 홀로 높다[천상천하 유아독존天上天下　唯我獨尊]"라고 석가모니 부처님이 각자적인 나를 대표하여 외쳐주신 것을 알아야 한다. 나는 우주의 머리요, 꼬리요, 중심이다. 그리하여 우주적인 나는 영원을 돌고 돌아 또 돌아 영원을 상속한다. 언제나 정신의 기반으로 사는 존재를 인간이라 한다. 정신은 나를 여의지 않기 때문이다. 언제나 나에게 시발始發한다. 나는 나와 가장 가까운 거리지만 나를 떼어놓고는 끝이 다한 거리까지도 갈 수가 있기 때문인 것이다. 나를 여읠 수 없는 나는 나를 여읜 남을 만날 수 없으나, 나와 연결된 남이니 남의 생사고락을 나도 같이 하게 된다. 그리하여 나는 일체 생의 책임자인 가장 귀한 존재로의 위치를 보지保持한다. 나라고 생각하기 전의 내가 참 나다. 생각하는 나는 너를 만든다. 너는 또

다른 너를 만들어 분열이 시작된다. 생각하기 전에 나는 분열을 일으키지 않기 때문에 언제나 나와 네가 하나로 행동하게 되며 그러므로 탈선되지 않는다. 이하의 나는 '하나'가 시작되기 전의 '하나'인 수에 들지 않는 하나다. 숫자적 '하나'는 둘 셋으로 분열시킨다. 나와 정신은 둘이 아니다. 우리는 산산이 조각난 그나 그 정신의 의존이다. 나와 정신은 상응하게 되어야 내가 내 생활을 하는 존재다. 나와 정신이 합치적 행동을 하는 인간이 참된 인간인 것이다. 즉 하나하나의 인간을 말함이다. 나와 정신이 합치적인 하나화의 행동을 하려면 물질적인 이 정신의 본질적 정신을 파악하여 쓰게 되어야 한다. 물질이 생명인 줄 아는 존재는 물질이란 쓰레기에 묻혀 나까지 그 속으로 끌어들여 인간성을 잃어버리게 한다. 우주의 주재자가 인간이 아니라 인간이 곧 우주 자체다. 우주의 창조주는 무아無我요. 무아인 피조물은 현 우주인 나다. 무아가 참 나다. 너의 대상이 아닌 너와 나의 통일인 일체화 된 내가 나다. 나라고만 하면 너라는 반쪽이 일그러진 내가 되기 때문이다. 내가 나를 만들고 또 만들어진 나는 너라는 대상을 짓는다. 나라고 생각하기 전은 전체적인 나 즉 일체 생이요, 생의 작용이 나라고 생각하는 나를 만들고 그 나는 너를 만들고 그 너는 온갖 수용품인 참 나라는 현실상을 만든다. 우주, 인간, 나, 정신, 생각, 마음, 도, 자성, 불성, 혼 등은 이름만 다를 뿐 하나의 뜻이다. 글자로 나타나는 것은 여러 생령의 본체의 껍질이요, 나라고 생각하는 나는 나의 존재를 알릴 뿐이요, 정신이라는 것도 느끼는 정신은 물질적인 한 조각의 정신이다.

내 자체는 언제나 이율배반이란 순역順逆의 이중 작용을 한다.

내 생각이 배가 고프다고 느끼기 때문에 밥을 모아 들인다. 그다음 생각은 소화, 즉 없애서 버리는 이율배반적 행동을 한다. 제3의 생각은 소화된 찌꺼기까지 내게서 나와 쫓아버린다. 나는 나의 반역자인, 내 권속인 내 생각들 때문에 또다시 곡식을 심고 가꾸어 거두는 고역을 치러야 한다. 또다시 먹어야 생존을 부지하게 되기 때문이다.

어리석은 나는 배고프다는 나에 대한 반역자인 생각들에 순응하여, 먹고 썩히고 배설하고 배설물에 의존하여 또다시 먹을 것을 만들지 않을 수가 없게 되는 것이다. 그리하여 시종이 없는 노역자가 된다.

내가 생각의 적이냐, 생각이 나의 적이냐? 나는 생각 때문에 살고 또 죽어야 하고 생각은 나 때문에 기멸의 반복을 계속한다. 나는 생각 때문에 수난의 존재로 영존해야 하고, 생각은 나 때문에 언제나 수고하게 되는 것이다. 나와 생각의 머리와 꼬리가 서로 붙어 생사의 수레바퀴에서 영겁으로 맴도는 것이 인간의 생활이다. 나와 함께 우주와 생령은 생사와 기멸이 상속되어 미래세가 다하지 않는다.

나는 생이다. 생은 불멸이다. 생의 작용인 생활도 끝나는 날은 없다. 나는 생각을 위하여 순응하게 되고 생각은 나를 위하여 끊임없는 노역을 하게 되니, 나와 생각은 서로 이利와 해害를 상반으로 주고받고 있다. 내게 목숨을 바치는 자가 장차 내 목숨을 노리게 된다.

이를 바라거든 먼저 주어라, 얻는 것이 곧 잃는 것이다. 다 버리면 다 얻어진다.

돕는 자가 해치는 자가 된다. 생각은 내 것이다. 꿈은 내가 일으키는 생각이라 내가 실현시키는 것이다.

사랑이 곧 원수다.

슬픔의 어깨 너머로 기쁨이 웃고 있다. 기쁨의 발꿈치에는 슬픔이 따른다.

적이 곧 이아적利我的 존재다. 나의 이율배반적 행동은 곧 나의 순응이다.

불합리가 즉 합리다. 나의 생활은 윤회와 변화와 집산의 되풀이로 시작과 끝은 없다.

주야의 날과 춘하추동의 철과 신구新舊의 해와 생로병사하는 생사와 성주괴공成住壞空의 변화 작용은 생령이 영원에서 영원으로 타고 다니는 명암의 쌍두마차다. 생령은 생사와 고락의 명암의 쌍두마차를 여읠 수 없는 영원한 나그네이다.

우주는 나의 자체라고 말한다. 속이 마른 알맹이요, 길이 마른 껍질이요, 그림자다. 즉 속마른 우주의 본질이요, 겉마른 현실이다. 다만 생사와 고락이 서로 엇갈리는 현실에서 어긋남이 없는 생활을 하려면 말 탄 사람이 몸의 중심을 잃지 않는 것과 마찬

가지로 정신적 균형을 잃지 않고 살 힘을 가진 존재라야 인간이다. 대립적인 입장, 상반적인 생활 궤도에서 탈선되지 않을 정신력을 가져야 영원한 편안을 얻는다. 탈선되지 않을 정신이란 너와 내가 다 한 생명줄에 의존한 존재임을 확인한 존재의 정신력이다.

관민官民이 한 몸이 되고 부모 자녀가 한 마음이 되고, 부부 동기가 한 뜻으로 된 국가, 사회, 가정에는 자유와 평화가 있다. 누구나 명암의 쌍두마차를 탄 생령이다. 주야의 명암이나 생활의 고락이 모두 같이 붙어 다니는 되풀이의 원칙인 줄 알게 되어야 고통 없이 살게 된다.

지금 우리 인간은 전체적 정신을 상실하였다. 우리는 누구나 다 나를 상실하였다.

우리는 모두 다 기억력 상실자다. 천만 조각으로 부서진 가장 작은 한 조각 정신[혼]의 의존이다. 몸이 쉬면 육체적 행동력을 얻게 되고 혼이 쉬면 정신력을 모으게 된다. 정신의 전체력은 만능이므로 인간이 정신을 떼어놓고 살 수 없다는 것은 알면서도, 마치 돈 가지고 무엇에 써야 할지를 모르는 것처럼 자기 정신을 가지고도 마음대로 쓸 줄은 모른다.

혼이 쉬고 쉬면 모든 혼이 모인, 혼의 대휴식체에 이른다. 혼이 쉬고 쉬어 하나화한 자리가 혼의 대휴식처이다. 우주적 대무식은 '하나'가 무엇인지 모름이다.

누구나 다 나의 것들과 나를 하나화하지 못하여 불평불만이 있다. 집단적 생활에는 더구나 한 정신으로 살게 되어야 한다. 장소를 같이하고, 보는 데, 듣는 데 관점이 통일되고 이익을 균등하게 나누고, 고락을 함께 하게 되면 목적지에 무난하게 이르게 된다. 하나만 이루면 온갖 어긋남과 모든 차질과 여러 혼란한 사건이 모두 평화 일색으로 되어버린다.

하나화하는 비결은 남을 억제하지 말고 나 스스로가 남과 동화되는 데 있다.

'하나'는 생령의 본체다.

혼이라 하는 것은 낮에는 몸의 의존으로, 생각으로만 돌아다니다가 밤이면 육체의 기능을 잃고 잠들었을 때는 흔히 자기의 혼체를 따로 나타내어 자유행동을 하다가 생명의 옷인 육체를 벗으면, 생전에 지은 업의 기준대로 천상, 인간, 짐승, 지옥 등으로 그곳에 해당한 옷[육체]을 갈아입고 또다시 생활이 계속되는 것이다.

천당도 극치적 물질문화 세계이며 현실계다. 자기가 지은 업의 척도대로 천 년이고 만 년이고 한바탕 좋은 꿈의 생활이다. 천당 생활도 지나고 나면 허무감을 느끼지 않을 수 없게 된다.

혼이 대휴식처에 이르면 비로소 전체적 정신력을 얻는다. 혼의 대휴식처라는 것은 일체 혼의 합치적 혼, 즉 생각이 뭉쳐져 한 생각도 없는 생각의 통일체다. 한 생각도 없는 무는 나의 본체이므로 나는 내 본체만 회복되면 내 생각대로 다 이루어진다. 모든 문제는 무에서만 해결된다. 무는 우주의 본체요, 생명의 본원이다. 생각은 내가 하는 것이므로 내 것이 분명한데 우리는 생각이 내 것이라는 생각조차 못하기 때문에 우리는 내 생각을 누구나 다 같이 지녔건만 내 생각대로 무엇이든지 현실화 할 수 없게 된다. 생각은 곧 현실이다. 망설임 없이 내 생각대로 결행만 하면 못 이룰 것이 없다. 믿음을 터라고 한다면 실현은 건물이라고 할 수 있을 것이다. 정신을 떼어놓고 하는 일은 없고 동시에 두 정신이나 두 일은 할 수가 없는 것이다. 한 정신으로 일하고, 또한 일은 외곬으로 해나가라. 나라고 하면 적어도 나만은 내 마음대로 하게 되어야 나라는 의의가 성립되지 않겠는가. 내가 나를 마음대로 못 하는 우리는 나를 상실한 인간인 증명이 되는 것이다. 정신력을 얻는다는 것이 내가 나를 회복한다는 말이다. 근본적인 나는 의식하기 전의 나다. 근본적인 나는 의식적인 존재가 아니다. 근본적인 나의 분신은 생각하는 나로부터 일체다.

전체적인 나를 회복한 인간이 가장 높은 인간이다. 석가모니 부처님께서 말씀하신 유아독존적인 나다. 우주는 나요, 우주의 삼라만상은 내 혼의 파편이다. 각 혼의 변화 작용이 각 우주를 만들고 개체를 낳고 생활을 짓는 것이다.

근본적인 나와 변화 작용이 합치되면 구체화된 정신으로 구현화의 현실을 창조한다. 변화 작용인 혼은 나 곧 생각하게 하는 근본 혼의 분열이요, 부동체이다. 온 우주는 나의 부동체요, 만유는 나의 분열적 존재이다. 분열된 혼을 남김없이 모으고 부동체를 기운조차 가라앉힌 그 자리가 생각하게 하는 생각, 즉 모든 혼이 합치된 대휴식처다. 대휴식처는 유정무정의 생명의 본체다. 생명은 불멸체不滅體다.

생명의 생활도 그침이 없다. 생명력은 전지 전능적인 물체 이전의 존재이므로 모습조차 보이지 않지만 만능적 작용을 한다. 생명의 존재 가치 기준은 생명력을 얻어 임의로 쓸 수 있는 존재에게 세워진 것이다.

생각이 즉 마음이라 마음이 일체를 지은 것이다. 일체는 마음을 떼어놓지 못하는 것이다.

지금 우리가 쓰는 마음은 조석으로 변화 작용을 일으키는 물체다.

이 물체의 본체가 입지를 조성한 것이다. 산산조각으로 부서지는 이 마음의 합치체가 창조주다. 마음이 다한 곳에 서야 창조주의 전체적 능력을 발휘하게 된다. 마음의 본체는 일체의 요소를 모두 갖춰서 꽉 차서 빈틈이 없으므로 건드리지 못하는 부동체이며, 느낌조차 끊어진 존재지만 일반 생령의 씨가 되어 있다. 내 씨를 살리는 생령이라야 생령이다. 있다고 존재가 아니요, 꿈적거린다고 생활이 아니다.

생명력으로 살고 생명력을 발휘하는 생령이라야 생령적 가치가 있는 생령이다. 오늘의 인간은 자기가 자기의 생명력을 모두 상실하고 한 조각 생명력으로 살고 있다. 오늘의 우리는 한 조각 생명력의 의존이라 전체력을 발휘할 수 없는 줄을 모르고 인간은 자기의 당연한 행동력인 만능을 기적이니 신통이니 하는 것이다.

오늘의 이 사바세계에는 생명력으로 사는 인간을 믿어 줄 생명력을 가진 존재도 극히 드물게 되었다.

생명은 오직 한 줄기로 되어 있다. 일체 생명은 한 넝쿨에 붙은 열매다.

생명의 본 줄기는 하나지만 그 갈래와 줄기는 입을 가지고는 세어볼 엄두조차 낼 수 없는 무량수로 펼쳐져 있다. 생명의 본래 줄기는 몸이 없으나 적은 갈래는 물체이므로 한 갈래의 같은 없을 지은 중생끼리만 한 줄기, 즉 같은 우주, 같은 족속으로 붙어 산다. 동업 중생끼리의 줄기는 일련적이므로 한 우주 한 족속이 쓰러질 때 차례로 없어진다. 또한 마찬가지로 이런 존망이 영겁으로 계속된다.

한 줄기에 같이 있는 생명체로 너 나 할 것 없이 남이 죽을 때 나도 죽는다는 것을 모르는 이 사바세계의 생령들은 서로 죽이는 일을 예사로 하게 된다. 마음은 나의 사도이므로 내가 시키는 대로 순응하게 된다. 자비와 사랑이 없는 것이다. 너와 내가 연결된 하나로 서로 돕는 것은 나 자체를 위한 일이기 때문이다. 내 마음을 순응시킬 수 없으므로 내가 불편한 것이다. 내 마음만 극복하면 지옥에서도 편안하게 참고 살 수 있다. 행복이나 편안을 다른 데서 구하지 말고 내 마음을 내 것으로 만들어 쓰게 하라. 우주도 다 내 소유요, 내 마음도 내 것이다. 내 마음으로 하여금 우주의 온갖 것을 가져다 쓰는 때라야 가장 부유한 때다. 행불행과 빈부가 다 나의 마음의 작용이다. 내 마음을 내가 부릴 수 없는 때에는 우주에 있는 온갖 것을 모두 다 가진다 해도 내 마음 저 깊은 곳에서는 아쉬움이 그저 남는다.

마음은 생의 원천이요, 고향이다. 영원에서 영원까지 향수에 젖은 삶을 사는 중생은 마음을 상실한 탓이다.

우리는 먼저 내가 내 마음을 부릴 수 없는 인간은 인간이 아님을 절실하게 느끼게 되어야 인간 될 가능성이 있다는 것을 알아야 한다. 내 마음을 내가 발견하여 쓰는 것이 인간이다. 마음을 떼놓고 살 세상은 없지 않은가?

천당을 가야 편하고 지옥을 가서는 못 견디겠다는 그런 마음을 버리고 먼저 환경에 휘둘리지 않을 마음을 가져야 할 뿐이다. 나무 등걸이라도 망설임 없이 능력자로만 믿고 마음으로 기도하면 나무 등걸은 반드시 기도의 대가를 지불하여 준다. 기도는 내 것을 도로 찾는 일이다. 생각하는 이 마음[혼]은 물체가 눈으로 보인다. 보이는 물체이므로 몸으로 감각하고, 귀로 듣고, 입으로 먹는다. 혼은 둔감한 육체를 벗어난 영리한 존재라. 혼은 좋은 맛있는 음식을 더욱 느끼고 설법도 잘 납득한다는 것이다. 혼은 제사 때, 천도식 때 불려와서 잘 먹고 설법을 듣고 제도를 받는다.

개체적 혼의 한 자리에 둘이 서지 못한다. 동시에 두 생각을 못한다. 생각 즉 혼을 모아 일체 혼을 만드는 혼의 휴식처는 산산조각의 개체적 혼을 하나씩 정리하여 하나로 만들어야 한다. 동무도 애인도 혼에 자장가를 불러주는 이를 사귀라. 혼은 언제나 쉬는 자리에 앉아서 고요하게 질서 있는 행동을 하면 탈선할 일이나 차질이 생기지 않는다.

혼이 쉬는 자리는 느낌조차 끊어지고 마음과 생각이 다한 공계空界다. 공은 절대, 다[실개悉皆], 정正, 진실, 진리이다. 공에서 행하는 것이 정당이요, 공에서 보는 눈이 바르고, 공에서 듣는 귀는 그릇됨이 없다. 공에는 상상할 수 없는 것까지 꽉차서 빈틈이 없다. 공만 얻으면 유有는 다 내 것이다. 공은 생의 공동 소유이다. 공은 벌레의 것도 된다. 공을 여읜 생령은 물에서 저절로 생긴 벌레가 제 몸이요, 세계요, 생활인 물 밖으로 나와 헤매는 셈인 것이다. 얻고 싶고, 하고 싶고, 먹고 싶고, 만나고 싶고, 보고 싶고, 가고 싶거든 나의 고향인 공으로 돌아가라. 공은 나다. 나에게는 없는 것, 못하는 것도 없다.

공은 본자연이다. '루소'는 공의 소식을 몰라 자연, 자연 하고 부르짖으며 발버둥치다가 그만 가버렸다. 루소는 지금쯤은 느끼는 자연 그 테두리에서 벗어나서 자연의 출구를 발견하였는지도 모른다.

공이 만유의 내적 본질이요, 생령의 본체요, 혼의 대휴식처요, 생각하게 하는 나요, 우주의 창조주다. 공을 여읜 인간은 인간이 아니다. 공은 마음의 마음이요, 일체 생의 씨다.

생령은 공에서 떠나 살게 되면 항상 구하고자 하는 마음이 그치지 못한다. 인간이 공을 여의기 때문에 자족하지 못하는 것이다. 인간이 언제나 아쉬움이 사라지지 않는 것은 공이란 자기 본고향에 대한 향수적 고민 때문이다. 가장 만족한 생을 누리려거든 공을 여의지 말아야 한다. 가장 높고, 귀하고, 부하고, 자유롭고 편한 생활을 바라거든 본 고향인 공으로 돌아가라.

공을 여읨이 없는 현 생활인데도 늘 구하여 괴로운 생활을 하는 것은 마치 밥통 안에서 주리는 것 같은 일이다. 공이 즉 만滿인 것을 모르는 그 무지 때문이다. 공만 얻으면 만유는 자동적으로 내 것이 된다.

우리의 가장 큰 무지는 무진장의 보고인 공이 내게 지녀 있다는 것을 모르는 것이다. 보고 중에서 가장 가치 없는 이 몸을 보배로 알기 때문이다. 장차 썩어질 이 몸은 생명의 껍질이다.

공에는 시종도, 생사도, 고락도 없는데 느낌이라는 이변이 생사와 고락을 만들어낸 것이다. 생사와 고락은 공의 존재를 알리고 가치가 생기게 한 것이다. 금덩이가 보배지만 깨뜨려 만드는 데 가치가 있고 소용품이 된다.

공은 일체의 바탕이므로 공을 가지면 못할 것이 없다. 짐승이라는 말은 공이 자기의 자기, 즉 본마음을 찾아 쓸 줄을 모르는 존재의 일체를 가르침이라.

금덩어리 전체를 다룰 줄 아는 자가 기술자임과 같이 공을 남김없이 파악하여 쓰는 존재가 부처요, 하느님이라는 인간이다. 부처님이나 하느님이란 선생에게 귀의하는 뜻은 공인 내 전체적 정신력을 잘 다루는 일 즉 우주 창조자인 기술자가 되는 법을 배우자는 것이다.

부처님이나 하느님은 공을 파악하여 그 재료로 우주를 창조한다. 예수교에서 마음이 가난한 자는 복이 있다는 말씀과 불교에서 몸과 혼을 남김없이 불살라서 느낌이란 여운까지 없이 하는 말씀이 다같이 공에 체달하라는 말이다.

예수교의 교주도 공에 체달은 못 했는지 성경에 명확한 해설이 없는가 한다. 공은 이론이나, 글이나, 말이나, 표정으로 얻어지는 것이 아니다. 다만 각자의 이 자리에서 시공의 제재를 받지 않는 공의 시간, 즉 느낌까지 끊어진 경지, 즉 적적하고도 성성한 그 시간을 얼마든지 마음대로 가질 수 있어야 되는 것이다.

그런 경지에 체달되었다면 한 생각의 기멸을 따라 생사와 건괴建壞가 있게 된다. 우주가 자체가 되어 신축伸縮을 마음대로 하는 인간이 인간인 것이다. 우리는 인간이면서 인간이 무엇인지 모르는 것이다.

공만 얻으면 만[만, 유有]은 모두 내 것이 된다. 공만 얻으면 만유의 주재자요, 생령의 으뜸인 인간적 가치 기준을 세운 존재가 되는 것이다. 공만 얻으면 천당, 지옥이 다 나의 처소요, 선악적 행위에서 탈선되지 않는다. 공은 결합과 해소의 이중 작용을 영원에서 영원으로 계속하여 다하는 날이 없다.

부정이 긍정이요, 긍정이 부정이다. 대진리는 대모순이요, 극선은 극악이다. 마불魔佛이 하나요, 중생과 부처가 둘이 아니다.

너와 나도 하나다. 생사도 고락도 하나다. 영생은 영멸의 상태다. 일체의 것은 표리로 여읠 수 없는 하나로 된 존재이기 때문이다.

공의 것이 아닌 것은 없다. 몸도, 혼도, 나도 다 공일 뿐이다. 공은 빈 공이 아니기 때문에 나라는 생각을 일으키고, 생각의 집적인 일개 혼을 이루며, 혼이나 몸은 물체이므로 변화적 작용으로 모였던 사원소[地, 水, 火, 風]로 돌아갔다가 또다시 혼의 기준대로, 무슨 형체로든지 살게 된다. 몸은 혼의 그림자이고 혼은 생명의 심부름꾼이다. 그러나 현대 인간인 우리는 거꾸로 몸은 혼의 감옥이고 생명은 혼의 심부름꾼이 된 생활을 하게 된다.

신이니, 영이니, 하느님이니, 부처님이니 하고 생각하는 존재는 우상이다. 그 우상이 가진 정신 즉 나의 정신의 정신을 믿는 것이 진실한 믿음이다.

생각하는 것은 현실이요, 생각하기 전이 현실의 본체다. 본체는 볼 수 있는 모습이 없으므로 공이라고 한다. 현실의 일체가 다 공의 안에 있다. 일체를 내포하고 있는 공이니만큼 일체 작용을 임의로 일으킨다.

젖먹이가 똥을 싸서 뭉개다가 장성하면 온갖 자유로운 행동을 할 수 있는 것처럼, 공을 얻어 운용할 수 있는 완전한 인간은 예사 행동으로 되는 것을 모르는 중생들에게는 기적이니 신통력이니 하는 것이다. 생각은 표현 즉 그림자이다. 온갖 자유를 가진 만능적 생각의 정체는 공이다.

공은 인간의 영원한 삶의 밑천이다. 인간은 정신적인 삶의 밑천을 먼저 장만하여 가지고 인간 생활이 개막되어야 유유하고 올바른 생활을 하게 된다.

정신력을 잃어버리지 않은 인간은 자신을 배반하고 이적 행위만 하게 된다. 정신적으로 생활의 기반이 서지 않은 인간은 자기 마음도 믿을 수 없고 자기 정신도 의지처가 못 되므로 항상 아쉽고 불안한 삶을 살게 된다.

우리는 오직 정신만이 삶의 밑천임을 확인하지 못하고 있기 때문에 땅도 없이 농사짓는 농부 같은 헛된 노고가 많은 삶을 살게 된다.

필목을 짜는데 시와 날이 합해야 하는 것같이 정신과 물질은 종횡으로 여의치 못할 생활 요소이다. 생각하는 것은 물질을 생각하기 전의 정신이지만 그 정신은 모습이 없으므로 공이라, 무無라 하게 된다. 무는 존재적이 아닌 것이다. 물질의 내적 본질이며 존재적이 아닌 정신은 씨의 정체와 같아서 모습은 나타내지 않고 다만 온갖 것으로 자체를 표현하는 작용만 할 뿐이다. 다만 존재와 현실이 있을 뿐 현실 외에는 있음이 없다.

긍정될 것은 현실밖에 없지만 믿을 것은 못 된다. 무상하기 때문이다. 낮인가 하면 밤이 되고, 밤인가 하면 낮이 된다. 만나면 헤어지고, 헤어지면 또 만난다. 불행이라 느낄 때에 기쁨이 온다. 기쁘다고 느끼다가 금방 슬픔이 닥친다. 태어나면 죽고 죽었다고 할 때 이미 태어나는 것이다.

무상의 안에는 항존恒存이 있다. 허무의 반면에는 진실상이 있다. 못 믿을 나의 안에는 우주가 무장을 하고 대들어도 이길 수 없는 강력한 내가 있다. 강력한 그 나는 우주 창시 전 즉 부처님이니 하느님이니 하는 이름조차 생기기 전, 생령의 피도 엉기기 전인 공에 이미 갖추어졌던 나다. 그 속은 비었지만 온갖 것을 모두 다 가지고 있는 것이다. 그 나는 불변의 생명체다. 삶의 지배도 받지 않고 죽음이 데려가지도 못한다.

아주 빈 곳에 아주 빈틈없이 차 있다. 빈손만이 다 쥘 수 있는 것이다. 한 생각도 가지지 않은 때야만 모든 생각을 부리는 생각의 주인공을 발견[覺]할 수 있다.

한 글자도 몰라도 한 글자 속에 내포한 모든 진리와 학리와 우주의 본질을 깨달을 수 있다. 학문은 배움보다 깨달음에 의의가 있다. 학문은 배우는 것을 목적으로 하지 말고 한 글자 깨닫는 것을 목적으로 해야 한다. 학문은 인간이 되고자 배우는 것이다. 학문은 진리 탐구를 목표로 하지만 느끼고 생각하고 글로 쓴 그 진리는 벌써 진리는 아닌 비진리이니라. 불출구의 진리가 진리다.

학교의 교육으로는 배우고 종교 교육으로 깨달아 환경에 휘둘리지 않는 사상적 기반이 확립되고, 사업적 방안을 명백하게 정하고, 일관적 노력을 하게 되어야 인간적인 생활을 하는 존재가 된다.

배워서 얻는 것은 없다. 각자가 이미 지니고 있던 현실의 본체이기 때문에 주었던 것을 받고 잃어버렸던 것을 깨우침 받는 것뿐이다. 종교의 종주에게도 상실된 내 정신을 회복하고 잊어버린 내 행동을 다시 찾는 방법을 배울 뿐이다.

이 현실상은 꿈이다. 행불행이 되풀이되는 이 생활은 곧 길흉을 반복하는 꿈인 것이 사실이다. 인간이 꿈에 탐착하여 자체의 생활이 꿈인 줄을 모르고 실감적으로 울고 사는 것이다.

낮 꿈은 현실적이다. 더욱 탐착하기 때문에 더 명백하고, 밤 꿈은 과거, 미래의 꿈을 혼동시키며 기억력을 상실하고 지내기 때문에 같은 현실적인 꿈이지만 희미하게 느끼는 것이다.

꿈에서 나타난 일은 아주 상실되어 억천만 번 되풀이한 꿈이라도 도무지 기억하지 못하는 것이다.

기억력이 상실된 증명으로는 죽을 때의 고통은 어느 정도 짐작하면서도, 태어날 때의 고통은 감쪽같이 잊어버리고 있는 것으로도 알 수 있다. 즉 핏덩이가 엄마의 골반의 뼈까지 일그러뜨리고, 그 좁은 문을 기어이 통과할 때, 깨지는 듯하고 터지는 듯한 그 최고 극말적인 고통을 겪은 애기의 일은 전연 동정할 줄을 모른다.

현실 생활이 꿈이라 영화의 장면이 금방금방 바뀌듯이 꿈의 한 장면 한 장면이 되돌아오지만 명확한 현실은 현실이므로 생사와 고락을 아니 느낄 수 없는 것이다. 아무리 꿈이라 해도 영구한 내 꿈이므로 아니 꿀 수는 없는 것이다. 어차피 아니 꿀 수는 없는 꿈이요, 꿈 생활이라고 무책임하게 지낼 수도 없는 것이다. 더구나 꿈을 부인할 수 없는 것은 꿈꾸는 것이 내 생명이며 꿈을 부인하는 것이 곧 내 생명을 부인하는 셈이 되기 때문이다.

꿈은 내가 꾸는 것이며 꿈꾸게 하는 정체가 나에게 있을 것이므로 내 정체를 파악하여 꿈을 조절하게 되어야 내 정신을 내가 쓰는 존재가 되는 것이다.

내 꿈은 꿈의 시발점이 내게 있는 것이니 온갖 꿈의 무리들이 모여 있는 그 시발점을 내가 찾아 모두 다 현실로 등장시킬 수 있다.

꿈 즉 상상은 무한대의 자유가 있어 그 꿈을 저해할 아무도 없는 것이다. 어떤 엄청난 꿈이라도 내 꿈은 내가 현실화시킬 수 있다. 내 꿈의 자유와 함께 내게는 한계가 없는 자유와 행동력이 있다.

생적 절대 평등한 권리는 꿈의 세계에서 얻는 것같이 현실계에서도 얻는다. 꿈이 즉 현실이기 때문이다.

우리들은 어떤 경우에 있어서든지 언제나 나로서의 정당한 자신력을 상실하기 때문에 이미 지닌 자기 능력을 못 믿고 큰일에는 인간의 능력으로는 할 수 없다는 열등감을 갖게 되었다.

그러나 무한량의 자제력을 지닌 꿈의 세계의 주인공은 바로 나인 것이다.

만유의 주인공으로서의 자격을 회복하려면 일체를 하나화한 존재 즉 나와 꿈과 현실이 분열되지 않은 통일된 생활을 하려고 노력하는 데 있다.

공 외의 것으로 상상할 수 있고 이론화된 것은 현실이며 따라서 모를 것도, 못 할 것도 없다는 것을 아는 것은 상식이다. 모를 것도 못 할 것도 없는 것이 인간이다. 남이 달라는 것을 다 줄 수 있는 것은 인간적 책임이다.

13

‘나’를 알아 얻는 법

—

참선과 심득

참선과 심득

무언가 희구希求하는 인생

인생은 언제나 무엇을 희구하고 있지만 희구대로 되지 않아 항
상 불만에 헤매고 있게 되는 것이다.

그것은 일체 요소를 갖춘 '마음', 곧 삶의 바탕을 장만하지 않
는 탓으로 마치 쌀 없이 밥을 지으려는 것과 같은 까닭이다. 그
바탕을 장만하는 법은 참선[수도, 곧 마음 거두는 일]인데 오직 그 법을
알아야 할 뿐이다. 그런데 각 종교가나 인생의 지로자指路者들은
부처나 예수를 믿어 천당이나 극락세계라고 하는 현실계에서
상상할 수 있는 물질적 영역을 내 것이 희구대로 되는 구경처라
고 가르치고 있는 것이다.

오직 참선으로 망망한 무념이 우주화하여 각覺에 이르러야

비로소 일체 희구를 얻어 안심입명[열반]을 하게 되는 것을 모름이다.

다시 말하면 내가 나를 대상 삼는 법, 곧 내가 나를 반조하여 만능적 자아 일체를 갖춘 마음을 알아 얻어 어디서 어떤 몸으로 무슨 생활을 하든지 안심하고 살 수 있는 도리인 불법에 이르지 못하였기 때문이다.

불교는 만인의 종교

그래서 불법은 불교인의 불법이 아니요, 개개인의 마음, 곧 자신이기 때문에 불교의 흥망이 곧 나의 행불행이며, 불교의 성쇠가 곧 국가와 세계의 성쇠인 것이다. 불교는 전 우주의 정신을 다스리는 곳이다. 그 증명으로는 빛나는 역사적 인물로 불교인이던 우리 조상의 작품, 곧 불교 유적이 현대의 기공문화체에는 비할 수 없는 현묘적인 정신적 문화체로 각자의 생리 작용까지 발휘하는 것이다. 그 수혼手澤만 볼 수 있는 오늘날에도 우리의 영육과 함께 사심을 떠난 안도계安堵界로 스르르 끌어들이지 않는가.

그것은 불교전성시대인 그때에 우리 조상의 생활이 불법화되어 유유하게 지냈던 일을 여실히 보여주는 것이다. 그런데 불법이 쇠망한 오늘날 그 후손인 이 민족의 생활 상태는 어떠한가?

이로서 불법을 모르는 것이 자기가 자기 자신을 모르는 제일 무지임을 알게 되는 동시에 무지인의 생활이 어찌된다는 것을 느끼지는 것이다.

불법, 곧 '나'를 알아 얻는 법은 오직 참선법[수심收心]뿐이다.

개인, 국가, 사회, 세계, 심지어 짐승, 무정물의 문제까지 이 참선이란 법 하나로 해결되는 것은 제성諸聖이 공증하는 바이다.

그러나 일체 문제를 해결하여 인생의 구경 목적을 이루는 지극한 보배의 법이라 해서 참선하는 일이 그리 어려운 것은 아니다.

부딪쳐 감촉을 느낄 수 있는 사람은 다 할 수 있는 일이다.

누구나 다 무량수의 시간의 소유자요, 일체 요소를 갖춘 '마음'을 지니고 있기 때문에 먼저 알아 얻은 부처님께 가르침을 받아 찾으면 그만인 것이다.

그러나 부처님이라는 선생을 믿는 것은 나의 의식까지 여읜 경지에 이르러야 하는 것이다. 어쨌든 전생의 상속인 습성과 금생에 느끼는 망상이란 대적大敵을 이겨 나가도록 정진할 수만 있다면 어느 각도에서 출발하든지 목적을 이룰 수 있는 것이다.

참선과 선지식

다만 몰아경, 곧 인간적인 모든 감정을 여읜 청정하고 평온한 마음을 가져야 참선 준비가 된 것이다.

그리만 된다면 승속간에 누구나 다 할 수 있는 일이라 하겠
지만, 쉽게 독립적 정신을 얻으려면 전문적 수련이 필요한 것은
사실이다. 그래서 언제나 승단적 대구속을 치른 그 대가로 세세
생생적 대자유를 얻게 되기 때문에 구태여 출가위승出家爲僧을
하는 것이다.

이 생에서 속인으로 대성취를 하게 되는 것은 전생에 이미 승
단생활을 치른 까닭이다. 그러나 계속해서 수지를 맞춰가야 현
상유지라도 하게 된다. 그리고 참선은 몰아적 신심을 넘어 단일
경에 이르러야 하기 때문 내 몸은 법당 곧 선실이요, 내 정신
은 공부인이라 행주좌와行住坐臥, 어묵동정語默動靜에 늘 정진을
할 수 있다. 그러나 천만 갈래의 믿음 길은 지도자 없이 되지 않
을 것임을 잊어서는 안 되는 것이다.

그러나 초학자로는 조용한 곳에 돌아앉아 익혀가게 되는 데
허리를 펴고, 고개를 반듯하게 들고, 눈을 반개半開하고, 평좌平
坐를 한 후에 화두話頭를 들어 의심을 해가는 것이다.

선성先聖의 천칠백 공안이 있지만, 현전에 내가 일용하고 있는
그 어느 것이나 다 화두가 안 되는 것이 없는 것이다.

가령 "나를 걷게[步]하는 이것이 무엇인가?" 한다든지, 누구
나 언제라도 생각이 없을 때는 없으니 "생각하는 이것이 무엇인
가?[시심마是心麼]" 하는 등 인연대로 해갈 일이다. 의심하는 법은
일체 생각의 수풀을 제단하며 졸음과 혼침昏沈에 빠지지 않고,

앞 뒤 생각이 뚝 끊어져 의심이라는 생각까지 없어진 망망한 무념처로 우주화하면 늦어도 일주일 안으로 생각의 '정체'인 나를 발견하게 된다. 이 생각의 정체, 곧 내 정신으로 사생육도四生六道를 순력할 수 있으면 인생 문제는 해결되는 것이다. 그러나 이런 글만 보고 혼자 참선하다가는 그릇되기도 쉬우니, 반드시 선지식을 찾아 삼가 배워가며 참선을 해야 한다. 한 생각 돌리면 얻어지는 법이라 매진하면 곧 얻어지는 것이니 하루가 멀다 하고 정진을 해가되 쉬이 성취할 결심으로 초조한 마음을 내지 말 것이다. 그렇다고 느즈러진 생각을 한다면 갖은 마장魔障이 생길 것이므로 십분 주의할 것이다.

어쨌든 보고 듣고 알고 느끼는 데서 얻지 못하는 것을 잊지 말아야 할 것이다.

을미년 9월 5일
선대 화상인 만공스님의 법문을 들었던 기억에 의지하여 씀

14

삼매경에 이른다면

—

기
도
와 염
불

기도와 염불

참선은 내가 나를 반조返照하여 나를 발견하는 법이지만, 기도
는 구함이 있어 하는 일이기 때문에 응해줄 대상이 있는 것이다.

그 대상이 관세음보살, 세상 소리, 마음을 관찰하여 그 소구所
求를 이루어 준다는 뜻이라 하면, 관세음보살은 일념으로 내 이
름을 불러 나와 영락만 취하면 너의 원하는 바를 다 이루어 주
리라고 우리 중생과의 약속이 있으신 것이다.

인생(가장 저열하여 강도強度의 근시안적 생활을 하는 이, 이 지구 위에
사는 인생)은 눈에 보이는 것은 물질이라 하고, 같은 물질이건만
눈에 보이지 않는 것은 정신[영]이라 한다.

영이 영의 주인을 찾았다면 영의 본능을 다 발휘하게 되어 물
질적 양면을 다 현실화시킬 수 있는 것이다.

그런데 우리는 혼미한 영의 소유자라 우리 눈에 안 보이기 때

문에 못 미치는 물질면의 일은 일체 능력을 갖춘 관세음보살님
께 구하게 되는데, 수명이나 재능이나 아들이나 지위나 재색복
이나 그 외 무엇을 구하든지 각각 본래 가지고 있는 업, 곧 그
밑바탕의 질량을 기반하여 있는 일이기 때문에 어렵게, 쉽게 이
루어지는 것이다.

어쨌든 구하는 그것이 해당한 대가를 지불하지 않으면 얻어
질 수 없는 것이다.

돈, 쌀, 향, 초 등을 준비해 가지고 불전(일체가 불전이지만 중생
심衆生心으로)에 나아가 몸의 수고와 의식을 갖추어 기도를 하는
것이 본식이지만, 그리 못되는 경우에는 관음은 불위佛位와 함
께다.

그래서 우주 그대로가 그의 보좌가 되시기 때문에 어디서나
향념만 가지고, 흩어지는 마음을 조절시키며, 일심으로 '관세음
보살, 관세음보살' 하고 고성염불을 한 뒤 삼매경에 이른다면
관음보살님과 연락이 될 수 있는 것이다.

그리고 그때가 심구가 상응하게 된 참된 염불이며, 자타가 끊
어진 자아에 이르는 자리도, 얻으려는 그것의 대가로 이미 지불
되어 자신의 향상과 함께 소원이 성취되는 것이다.

이 법이 일체 성공의 비결이다.

그러나 염불의 대가로 소구를 이루었다면 주고받은 그 결산決
算과 함께 염불심을 잃어버리기 쉬운 것이다. 초세껏 얻어진 것
으로 만족하지 말 것이 인생의 소구일체所求一切는 좋은 것이지

만, 좋은 반면에 언짢은 것이 붙어 있는 것이라, 좋은 것이 곧 언짢은 것이다.

애써 언짢은 것을 얻으려고 기도하던 자기 일이 나중에 생각하면 오히려 우스울 것이다.

그리고 유[현실 곧 마魔]·무[바탕 곧 본질]는 불佛인데, 불이란 글자 생각까지 마경魔境이니, 하물며 구해 얻은 것이랴. 마경, 곧 환멸경에 착着하는 결과는 영겁의 생사고경生死苦境을 순역할 뿐이다.

다만 구하는 마음을 지나 염불 삼매를 계속하여 우주화하게 되어 염불하던 그 정체, 곧 만능의 자아인 내가 관세음보살이었던 것이 발견되어 만능인 자아의 생활을 하게 되어야 할 것이다.

15

영생을 사는 길

―

언론인들에게

생명의 참뜻

이 중이 입산하기 전에 사람들이 다 살 거리를 장만하지 못하고 살기 때문에 몹시 곤란하게 지내는 것을 알고 나는 살 거리를 장만해야 하겠다는 것을 알았어요. 즉 살 거리를 먼저 마련하려는 것입니다. 비유하자면 전답을 장만해야 농사를 할 수 있고, 쌀을 준비해야 밥을 지을 수 있는 것과 같은 것이지요. 또 선로를 잘 닦아 놓아야 기차가 잘 운전되는 것과도 같은 그런 얘기입니다.

살 거리란 것은 다른 것이 아닙니다. 즉 도道라고 하는, 생명이라고 하는, 마음이라고 하는, 생각이라고 하는 그것입니다. 그리고 그걸 통틀어 말하면 '나'라는 의의를 세울 수가 없어요. 그

'나'는 부처님, 곧 석가모니 부처님께서 삼천 년 전에 하신 말씀입니다. 부처님께서 말씀하신 '천상천하에 유아독존'이라는 것 말입니다. 그 '나'는 내가 있고 네가 있는 상대적인 '나'가 아니에요. 공동적인 나예요. 절대적인 '나'예요. 즉 생명 있는 일반적인 것을 말합니다.

벌레도 "나는 천상천하에 유아독존"이라고 할 수가 있어요. 그것은 생명의 본체가 같기 때문입니다. 그러면 왜 벌레가 되었는가 하면 그 생명체가 천만 조각, 억만 조각에서 가장 작은 조각 가운데의 하나이기 때문입니다. 가장 혼미한 조각에 의지한 존재이기 때문에 벌레가 된 것이죠. 그러니까 부처님께서 하신 말씀이 '천상천하에 유아독존'이라 하신 다음 '사생四生은 자부慈父'라고 하셨습니다. 사생이란 태난습화胎卵濕化라는 것입니다. 우리 인간은 태로 낳았기 때문에 태생胎生, 병아리는 알로 낳았기 때문에 난생卵生입니다. 습생濕生은 썩은 데서 태어나는 구더기나 균 같은 것이지요. 화생化生은 매미 같은 것을 말합니다. 굼벵이가 썩은 처마 속에서 한 8년만 묵으면 매미가 되어 나옵니다. 부처님께서는 구더기의 아버지도 되신다는 말씀입니다.

그러니까 우리 인간들은 또한 구더기의 형제도 된다는 말씀이에요. 왜 그러냐 하면 부처님이나 하느님이나 인간이나 귀신이나 악마나 독사나 벌레까지도 원래 하나의 생명체라는 말이에요. 그러기 때문에 생명적 절대평등권을 세상에서 이야기하지 않아요? 그러나 벌레가 어떻게 인간들과 평등합니까? 즉 벌레가 어째서 제 생명의 권리를 못 갖느냐 하면 앞에 말씀드린 대로 가장 미소한 존재, 가장 혼미해서 제가 저를 잃어버리는 것이 심해서 않는 거예요. 그런데 우리 인간도 벌레보다 낫지 못하는 경우가 있습니다. '나'라고 하는 생명의 의의가 서야 하는데 그렇지 못하는 사람들이 있거든요. 생명의 의의란 마음대로의 '나', 곧 내 생명을 마음대로 쓰는 생명적인 생활을 하는 것을 말합니다.

자연이 다 정신

아까 나는 생명의 살 거리를 말했습니다. 생명체란 살 권리, 즉 정신을 말합니다. 짐승은 너무 혼미해서 그저 배고플 때 먹으면 됩니다. 배부르면 되니까요. 또 남녀 간 만나는 것도, 수컷, 암컷이 만나는 것도 미운 것, 고운 것을 아나, 뜻이 같은 것을 아나 성性과 성이 합하면 재미스럽게 느낄 뿐입니다. 재미스럽게 지나니까요. 그렇지만 사람은 내용을 가졌어요. 정신이 혼미해도 다른 벌레나 짐승보다는 생명력을 조금 가졌어요. 누구든 가졌단 말예요. 욕구 불만이란 것은 있다는 말씀예요. 욕구 불만이란 것은 생명력의 제정신을 못 가지기 때문에 있는 줄 알아요. 그러니까 무한량의 자원인 내 정신을 가지고 있는 줄 모르고 내 정신을 내가 채취하려고, 할 때는 그 욕구 불만의 생각이 즉 내 것인데 생각이 날 때는 소원하는 원인이 있어서 나올 거 아녜요. 그런데 여러분께서 생각이 내 것이라고 확인해보셨어요? 물건도 내 것을 못 쓰면 병신이라고 하는데 직접적인 내 생각을 내가 못 쓸 때 이상하지 않겠어요.

다시 생각해 보세요. 내 것이 우러나지 않았어요. 그러니 시발始發이 내게 있으니 내 것이 아니면 누가 일러 줬어요, 보여주었어요? 그런데 내가 생각할 때는 내 생명체, 생명이 있을 것입니다. 생각하는 모체가 생명이요, 그 생명이 곧 나입니다. 부처님께서 천상천하 유아독존, 나를 상실, 내 생명을 상실했다면 그러니까 '나', 나타난 '나', 전에 보인 '나'가, 그것이 생각이랄까 정신이랄까, 자, 생각이라고 해둡시다. 그 생각이 즉 혼이요. 우리가 배고프다, 목마르다, 희로애락을 느끼는 것은 다 혼이 들어오기 때문에 그런 거예요. 육체가 아닌 거죠.

그런데 우리는 육체가 생명인 줄 알고 살다니 어디 인간입니까. 생명이란 것은 말하자면 상대적으로 됩니다. 그러기 때문에 생각은 절대絶對입니다. 그 생각이란 경계선이 있습니다. 즉 국경이지요. 생각하기 전 그때에는 본청이 들어가서 그 물체가 생명이거든요. 그 생명이 창조주입니다. 기독교는 좀 더 성화聖化되어야 합니다. 창조의 본 목적은 내 정신을 찾아서 내 생활을 하자, 일체 우주를 자체화하자, 이겁니다. 자율적으로 살자는 소리인데 내가, 즉 생명의 무한한 자원이 뭔지를 몰라요. 그래서 내게서 채굴할 걸 모르고서 다른 절대자가 있느니, 다른 사람이 나를 봐주느니, 다른 사람 잘못으로 내가 못 사느니, 이렇게 생각해가지고 신이요, 하느님이요, 부처님이요, 이렇게 모두 부르짖게 되었어요.

그래서 종교라는 것은 믿음의 대상에 의지해서 자체 내에서 꿈적거리고 있는 그런 것인 줄 안단 말이에요. 종교라는 건 뭔지 몰라요. 종교란 교육원이요, 근본적 생명을 얻어서 영원한 생활을 내가 살아야 한다는 것을 가르쳐요. 정신은 곧 물질화해요. 신이라 부르지 말고 내 본정신 일체 요소가 다 갖춰 있어요. 무한량의 자연이 다 정신입니다. 생명입니다. 그리고 창조주는 생명이에요. 생명이라 나타낼 수가 없어요. 그래서 부처님께서 49년 설법하시고, 그걸 기록한 것이 《팔만대장경》이거든요. 부처님 말씀이 표면화, 물질화해서 끝까지 가야 상대적으로 밖에 안 되니까, 한쪽 밖에 안 되니까 아는 사람에겐 지식밖에 되지 않는다는 것입니다.

그러니까 성경이니 불경이니 하느님 말씀이니 부처님 법문이니 하는 것이 전부 이정표에 지나지 않아요. 그러니까 왜 발표하고 말씀했느냐 하면, 단지 내가 다 내포하고 있는 것이니까, 그 말씀을 들어서 내가 마음을 응할 수 있다는 거예요.

불법이란 우주 자체

생명은 절대경絶對境입니다. 그래서 조금도 흔들리지를 못해요. 흔들리면 벌써 상대적으로 물질화하니까요. 그래서 생명은 곧 창조주입니다. 그러니까 하느님이니 부처님이니 하는 것도 생명의 필수품이에요. 그런데 중생과 모든 초목, 동물이 같이 존재하면서도 왜 권리를 못 부리느냐 하면 단지 생명을 상실해서죠. 그런데 그 분들은 우리의 생명을 다 알아 얻어서 명명하신 것입니다. 어릴 때는 가르침을 받아야 하고 모르는 건 배워야 하니까 어른을 부모로, 선생님으로 절대로 믿어야 합니다. 엄밀한 의미에서 말하면 예수교 같은 건 종교라고 할 수가 없습니다. 여러분들 중 예수교인 있으면 선입견 갖지 마세요. 나는 불교인이고 중이라고 해서 내가 믿는 불교만 제일이라고 하지는 않습니다.

그런데 이 불자라는 걸 상식적으로 알아두실 건 모두라는 대칭대명사입니다. 느낄 수 있는 것은 모두 물질이에요. 물질의 내적 본질, 즉 생명, 그리고 본질과 현실 다 합해서 법을 만들어 불법佛法이라 합니다. 하니까 불법이란 우주 자체를 말하는 것이고 성불成佛이란 완전한 인간을 말하는데 그 인간의 대표가 부처님이라고 합니다. 그 부처님께서 갑자기 생명을 얻은 것을 여러분도 자주 들어 보셨겠지요. 불교란 것은 그래요.

어떤 종교이고, 이치이고, 존재이고 일체가 다 여기에 내포되어 있어요. 그러니 어떤 게 불교가 아니겠습니까. 그러니까 지금 초계단으로서 누구를 의지하는 건 이름이 다 다르고, 불교가 아니라 하더라도 부처님께 의지해서만 되는 거지요. 또 수복 불교, 즉 복을 구하는 불교, 언론 불교, 그런 불교가 있고는 정말로 인간을 만드는 학원, 또 나도 인간이 되기 위해서 불교에 귀의하고 그런 정신을 갖춘 사람이 퍽 드문 일예요. 즉 우주의 흥망성쇠가 불교의 흥망성쇠예요.

불교란 것은 우주 문제, 인생 문제를 마지막 해결하는 것인데 그게 해결되지 못하고 학문하는 사람은 학리學理에, 종교 믿는 사람은 교리敎理에 의존하려고 한단 말씀예요. 그러니까 상대적으로 영원히 해결되지 않다가 교리 문제로 이 교를 믿어야 부처를 이루느니 서로 면박하고 파쟁을 일으키는데 그것이 잘못이에요.

근본 목적은 정신 통일, 생각의 일념, 일심화, 그것입니다. 생각의 단일화, 의지의 통일, 생의 일치와 합치 그것이 되어야 정신이 본고향에 돌아가는 거예요. 내 생명의 본체에 돌아가는 것입니다. 거기서 또 한 걸음 더 나가야 해요. 그래야만 내가 내 생명을 비로소 운영하게 돼요. 그러니까 소승도 행자行者로 오래 있었고, 한 40년 동안 이걸 전공해봤어요. 그런데 마음을 돌리고 습관을 고치는 게 대단히 어려워요. 즉 본래의 나를 떠나서나, 곧 필체가 똑 하나인데 피아의 생활을 몇 겁, 몇 년이나 했는지 모르죠.

정신적 초월이 문제

그전에 본래 나와는 너무 거리가 멀어져서 본연이 아닌 것이건만 무언의 소립니다. 시공 그 이야기도 괜히 하는 거요. 이 생각하나, 생각이라는 것도 생명의 작용입니다. 생각하는 것이 곧 생명은 아니에요. 절대경, 그 지배를 받는다는 게 어려운 일인데 생은 포기할 도리가 없어요. 또 생의 책임은 생자生者 자신이 져야 해요. 터럭 끝 하나, 물 한 방울 누가 거저 주지 않습니다. 다 대가를 내야 하니까요.

그런데 오늘의 우리는 참 떨어지고 떨어져서 짐승같이 돼버린 거예요. 인간의 가치 기준을 왜 인간에게 줬느냐면 가장 높은 위치에 있기 때문이에요. 인간이란 우주 자체예요. 한 조각이에요. 책임이라면 다시 어쩔 것 없이 다 얻어진 거예요. 물론 책이란 그 말과 그 뜻도 꼭 부합됩니다. 그런데 지금은 책이 얼마나 흔하고 헐어빠지고 도무지 천하기 이를 데가 없어요. 아무 데나 버려두고, 귀중한 줄도 모른다 그 말이에요. 그러니깐 가짜 인간들, 가짜 생활을 한다는 줄이나 알아야 할 건데 자기가 자기를 상실한 줄도 모르고, 그러니까 찾을 생각도 없고, 이런 집단이 지구 덩어리에 꽉 차 있다는 건 놀라웠어요.

그러나 거기 앉으면 천리예요. 여러분, 내가 과정을 칭찬해서 스스로를 사양하자는 게 아닙니다. 단지 여러분에 대해서는 1회만이라도, 여러분은 남잡니다. 사는 길이 있어요. 벌레, 초목까지도 생명체는 하나라고 하지 않았어요? 그런 것들은 인간 되기 어려워요. 남자 되기, 다음에 출가하기, 중 되기 어려워요.

그런데 중이라고 하는 것은 산중에 들어왔다고 중이 아니고 집을 나왔대서 중이 아니에요. 정신적으로 초월하는 것을 말해요. 그러니깐 제가 재가在家한 사람이라도 정신이 초월해 가지고 내 정신을 회복하려고 공부하는 사람, 즉 다시 말하면 내 정신을 가다듬어 성의껏 노력하는 한 다 출가한 사람이라고 볼 수 있습니다. 성불하기, 인간 되기 다 어렵습니다. 인간만 되면 일체 문제는 다 해결돼요. 그런데 우리 인간이 목적만이라도 인간 되는데 있다는 그것이라도 깨닫는다면 그냥 살아야 하고, 성취한 분 그 분이 지도하는 대로 따라갈 수 있는 거예요. 지금 그런 사람들이 있어요. 내가 말하는 것은 내 마음대로 안 되는 건 뭐든지 안 되는 거죠. 한 조각 정신, 극히 근시적으로 요즘 사람들은 돼가고 있다고요. 인간이 되면 하는 일입니다. 신통이니 기적이니 하는 것도 그래요. 내가 인간이 되어야만 마음대로 행동하게 됩니다.

그러면 그것이 이론만이 아니에요. 그것을 마음대로 하는 인간으로서 내가 회복되려면 인간이 소멸돼야 해요. 그래서 나는 '청춘을 불사르고'라는 말을 해 봤습니다만, 그 소리가 즉 내 몸과 혼을 다 사른다는 말이에요. 그런데 습관을 고치기가 어렵고, 마음을 돌리기가 어렵더라고요.

그래요. 본인이 어떻게 하면 된다는 걸 알았어요. 그러나 이것

이 대단히 어렵기 때문에 청춘을 불사르려고 했을 따름, 다 살
라지지 않았어요. 그러니 여러분에 대해서 어떻게 할 말이 없어
요. 그러나 단지 이건 현실적이고 증명적인 일이니까요.

바른 인생을 사는 길

그런데 여러분 중에서 비현실적이니, 비과학적이니, 그 정말 무
책임한 이야기입니다. 왜냐하면 알아볼 책임을 가지고 알아보
지도 않고 아무 근거 없이 비과학적이니 비현실적이니 한단 말
씀예요. 과학 만능이라고 지금 떠드는 것은 두꺼비 꼬리 흔드는
격이에요. 무슨 꼬리가 있어요. 달 구경하는 시대니 해서 여러
반증도 나오겠지만 이 생명을 상실했으니까, 찾는 길을 가야 하
겠다는 생각으로 소승은 입산을 했던 거죠. 그런데 어떤 사람이
땜통을 지고 지나가거나, 화려한 옷을 입고 지나가거나 하면 그
들에게 따라가서 말리고 싶어요.

　그래, 어떤 사람들은 날더러 묻는 말이나 대답 안 하고 왜 자
청하느냐고 하는데 단지 내겐 바른 길, 인생을 사는 길이란 게
확인 됐으니까 인생의 살 거리 장만을 한 거죠. 그래서 나와 같
이 행위를 같이 하자는 겁니다. 여러분들한테 아까 말했지요.
남자 되기 어렵다고. 나는 남자 되기와 성불하기와 같이 어려운
줄은 알았어요. 여러분들은 설혹 내 법문을 듣는다 하더라도 지

식 수준으로는 나보다 비중이 높아요. 그러니까 여러분들이 나를 납득해서, 가서 곰곰이 생각해 보세요. 그래서 거기서 대답할 분이 계시다면 금방 내 선생님이 되지 않겠어요. 누구나 어느 분을 막론하고 알리고 싶어요.

더구나 여러분들은 언론 기관에 계신다니까 간절히 말씀해 드리는데 부디 선입관을 갖고 듣지 마세요. 이 말씀이란 정신을 차려 들으셔야 합니다. 직접적인 내 이야기니까, 주의 주장이 다 있지만 나를 상실하고 해서 모든 걸 상실했어요.

그래서 내가 살던 과거 일, 지금 죽을 때 일이면 죽을 뻔했다고 하지만, 뱃속에서 날 때부터 얼마나 컸는지 지적을 했죠. 또 젊을 때까지 잊어버리고 보면 기억력 상실에 걸릴 거 아닙니까. 서양 사람들은요, 천당 가는 이야기나 들었겠죠. 그러나 그들은 진실로 예수라도 믿기 때문에 고해 행동을 같이 하려 하고, 예수교에선 복음을 말합니다. 말하자면 농사 잘해서 부지런히 잘 사는 일이지요.

그러나 우리는 산 생명을 장만해서 현실 생활을 하려는 거예요. 천당도 현실 세상, 지옥도 현실 세상, 우리가 실제로 이곳 덕숭산德崇山 환희대歡喜臺 하면 도봉산道峯山 어디 있던 문제가 아닙니다. 천당 갔다 오는 사람을 나는 보았습니다. 막연한 이야기로 현실적이고 증명적이어야 합니다. 이상하지만 만들어 낸 이상理想만이 아니에요. 하느님이 계시고, 부처님이 계시고, 생각하는 것이 더욱 심화되는 것입니다.

소승인 나와 대승인 내가 합치돼서 정신의 본고향인 생명체에 들어가야 해요. 여러분들께서 아셔야 할 거 아닙니까. 즉 다시 말해서 사람이 살 거리, 생명을 장만해야 하겠습니다. 또 길을 평지로 만들어야 하지 않겠습니까. 높은 산도 넘고 깊은 물도 건너고 하려면 판판하게 만들고 다리도 놓고 해가지고 정신적인 생명의 길을 마련하는데 천당 가면 잘 살고, 지옥 가면 못살고 하는 이런 생명력을 가지고 무슨 인간이라 합니까.

본목적은 태평, 이것밖에 없어요. 인간의 목적이 평안이라 이거요. 평안 없이는 천당 지옥이 무슨 쓸 데가 있어요? 어떤 때 어떤 생활하던 내가 평안해야, 즉 독립적인 정신을 발휘하는 생명력을 얻어야 하겠다, 이거요.

그러면 그것을 알려줄 선구적인 사람이 언론 기관에 계신 여러분들이 아닙니까. 말이 있다면 사실이 있고, 현실이 있다는 거 아니겠습니까. 말은 껍질이에요. 그 껍질은 알맹이 때문에 있는 거죠. 물체가 있기에 그림자가 있지 않아요. 물체가 있으니 그림자가 있듯, 말이 있으니 현실이 있다는 것쯤은 상식 이하일 겁니다. 그것도 확인 못하면서, 앞잡이로서 그 사람들이 도무지 '나'를 모르면서 나간다면 어찌 여러 사람들을 인도해서 언론을 바로 하겠습니까?

책임은 일반 민중, 사회 사람들, 온 인류를 바른 길로 가게 인도하는 책임이 있는 것입니다. 여러분들은 일체의 활동이 다 위안입니다. 바로 가도록 가르쳐야 할 텐데, 매사 잘했네, 못했네

시비하고 보도하는 것만으로 그 책임을 다 못합니다. 어디로 가거나 당신네들은 앞잡이예요. 당신네들이 먼저 그 점을 알아야 할 것입니다.

1966년 단오절

노스님의 원고를 베끼고 나서

인연과 책임을 버리고 입산한 것은 잃어버린 본정신부터 찾아 정신이 있는 인간이 되려는 것이지만 노스님은 정신 잃어버린 줄도 모르는 모든 인류에게 알리겠다는 원력을 세우신지 30여 년이었습니다. 글을 쓰고 읽기 전 일이 바쁜 선방에서 금단의 일을 하는 것은 그리 쉬운 일이 아니건만 노스님은 틈틈이 애써서 미묘한 법문을 엮어 놓았다가 이번 포교문으로 완성된 책이 나오게 되었습니다. 이 일은 출가한 지 얼마 되지 않아 깨달음이 적은 소녀요, 이제 불문에 발을 디딘 작은 '사미니沙彌尼'로서도 이 기쁨을 비할 데가 없습니다.

불법佛法을 전혀 몰랐을 때는 아롱진 소녀의 꿈으로 아름다운 꽃다발을 가득 실은 쌍두마차와 같은 찬란한 꿈이 있었고, 불전을 동경하면서부터 이런 것은 전부 낙엽처럼 바스라진 애쓰런

내음이었습니다.

그러나 화려한 세속 꿈은 허망하다 하여 버려버리고 이른바 입산수도에 뜻을 두게 된 소녀인 나의 꿈은 또한 소녀를 탈피하지 못하였던 것입니다.

비운悲運에 눈물짓는 젊은 '비구니', 먹물 들인 장삼과 얇은 새로 지은 하얀 고깔 아래로 비치는 파리한 머리…! 그리고 푸른 달빛에 하얀 소매를 날개인 듯 날리며 애처롭게 나부끼는 승무!

달밤 추녀 끝 풍경이 울 때 사바의 번뇌를 잊고자 청산의 적막을 깨뜨리는 목탁 소리 그리고 청아한 미소년인 여승의 염불 소리! 또한 송락松落 아래에 고요히 빛나는 눈동자를 초롱삼아 낙엽을 밟으며 가을이 오는 계절이면 버섯을 따고 여름이 짙어진 오후에는 도라지를 캐는… 등등은 출가 전의 작은 소녀에게는 하나의 지워져버릴 공상만이 아니었고 한없는 동경의 대상이었습니다.

많은 세인들이 여승에게 매력을 느낀다는 점은 앞에서 말한 여러 가지의 선입견의 소작일 것입니다.

노스님 법하로 들어와 삭발 남복하고 수도한 지도 벌써 일 년이 넘었지만 알려 주시는 미묘한 법, 타일러 주시는 깊은 진리들은 소녀다운 센티함은 물론 10년 수도한 비구니의 가사 위에 눈물방울 같은 허무함은 소승에겐 있을 수 없고, 오히려 여승이 불쌍하다고 동정하는 속인에 대하여 애석함을 금할 수 없었습니다. 우리 어머니는 딸이 중이 됐다고 통곡하며 아버지, 오빠,

동생까지 가련하다고 눈물방울이 흐르시었고 친우들의 애석해하는 모양, 울고 있는 영상들이 모두 허무 그것이었고 어느 배 밑바닥에 잠재해 있던 감정들도 부동不動 그것이 되었습니다.

이것은 오로지 노스님의 강경한 법문과 그 교훈의 결과였던 것입니다.

한 인간적인 감정을 죽인다는 것보다 불제자로서의 나의 위치는 나를 그렇게 하고도 남았던 것입니다.

노스님은 언제나 소승을 앞에 꿇어앉히시고 강경한 법문을 하셨습니다.

'월송月松'아, 우리 인간은 무한극수적 수명을 가졌기 때문에 생을 포기할 수 없는 것은 결정적일이요, 생을 포기할 수 없다면 생에는 반드시 평안이 따라야 하느니라. 배고플 때는 밥을 먹어야 편안하고 하고 싶은 일은 하게 되어야 안심되지 않느냐? 어차피 살아야 할 때에는 살 채비인 그 편안을 얻지 않을 수 없는 것이다. 평안의 대가 곧 생적 대가는 각자 자기가 지불하게 되는 것이다.

남이 털끝 하나 그저 주지는 못하는 것이니라. 교환조건부인 것이다. 편안의 대가는 물질이 아니요, 희로를 느끼는 정신도 아닌 것이니라.

다만 무념이란 시공 밖의 보배인 것이다. 무한극수적 수명을 가진 우리 인생은 시공의 제재를 벗어난 시간 곧 무념에서 본 정신이 발견되지 않으면 안신입명[열반]을 할 수 없다고 하였습니다.

다생루겁에 얽힌 중생의 습기란 너무 무서운 것이어서 번뇌의 씨는 특히 사랑에서 오는 것인데 아라한을 태운 잿더미 속에도 그 씨가 남아 멸함이 없는 것이니라. 태우지 못할 사랑도 잊어버리고 억제할 수 없는 욕정을 모두 눌러가기 위하여 대구속을 치러야 하느니라. 대구속을 치러야 대자유가 얻어지는 것이 원리원칙이기 때문이다. 아무튼 하면 되는 일이니 안 할 수 없는 일이니라. 잠시 곤란을 치러 만년의 편안함을 얻어야 할 것이 아니냐? 이런 자세한 설법을 듣고도 중심이 움직이지 않는다면 내세에 인신도 다시 얻지 못하리라고 말씀하셨습니다.

"백년일생사도 큰일이라는데 다함이 없는 이 생을 너는 어떻게 책임지겠느냐?" 하시는 노스님의 법문을 들을 때마다 보다 더한 각오로 힘차게 정진하는 동시에 소승의 위치를 한층 더 다행하게 느끼게 되었습니다.

노스님께서 하시는 모든 말씀은 곧 부처님의 말씀이었습니다. 그러므로 소승은 이 원고를 베끼는 광영을 얻음도 너무 감사함과 함께 글귀에 조금도 틀림이 없도록 세심한 주의와 정성을 기울였던 것입니다.

과거 3천 년 전 '카필라' 국왕의 태자로 부귀를 버리고 입산하여 대도大道를 성취하신 석가모니 부처님은 이 인생을 고해苦海라 이름하셨습니다. 과연 이 인생이 고해가 아니라고 부인하는 사람이 없을까 하는 의심이 듭니다. 없다면 우리는 이 고해에서 벗어날 채비를 해야 하는 것입니다. 생각을 가진 인간으로서는 마땅히 가져야 할 일인줄 압니다. 소승은 이렇게 믿습니다.

학생은 한 학교의 선생님을 믿기 때문에 배우고 실천하며, 한 사회에서 어떤 분이 진실한 의미에서 공경받는다 함은 첫째, 거짓이 없기 때문입니다.

한 가정의 건실하고 자비로운 아버지도 자식에게는 거짓이 없는 법입니다.

그런데 지금까지의 사바의 교주라는 선입견이 없더라도 3천 년이 지난 오늘까지 세계의 3대 성인의 한 사람으로 인정해 내려왔고 그분의 대자대비한 말씀을 여의지 못하고 기록해온 지금을 미루어 보아 대성인이시고 삼계의 대도사大道師이신 석가세존이 우리 우매한 중생을 현혹하고 매혹시키기 위해서 지옥극락 기타 49년 동안의 긴 설법을 하셨다고는 절대로 믿어지지 않는 동시에 있을 수 없는 일이라고 생각합니다. 만일 그러셨다면 3천 년 전부터 그분을 지표로 살아온 동양 인류가, 아니 우리의 조상들이 전부 사리를 판단하지 못하는 바보들이었을까요?

사바세계에 육도윤회六途輪廻를 면하지 못하고 '탐貪, 진瞋, 치痴' 삼악도에 떨어져 고해를 면하지 못하는 중생들을 제도하고자 49년을 설법하신 바도 있었지만 깨닫는 이가 예나 지금이나 많지 못하여 이 인생 문제는 해결됨이 없고 고苦는 다함이 없었던 것입니다.

부처님의 정법을 이을 공부를 하시고자 불문에 들어오셔서

30여 년을 보내고 육십이 넘으신 노스님이 대자대비하신 원력으로《어느 수도인의 회상》이라는 포교문을 내시어 중생의 옳은 등불이 되게 하심은 자타가 기뻐해야 할 일이며, 또 이 포교문을 보는 천상천하의 무한히 많은 중생들이 불가에 귀의하여 본정신을 찾으려고 노력하게 된다면 노스님의 원력이 실현화한 것입니다. 누구나 다 부디 깨침이 있기를 작은 사미니가 애타게 기원합니다.

끝으로 우주 안의 중생들에게 관세음보살의 가피가 있으시길 두 손 모아 염불합니다.

손상좌孫上佐 이월송李月松

어
느
수
도
인
의
　
회
상